마법
술술한자

지은이 **박두수**

- 한학자 집안에서 태어나 어려서부터 부친께 한문을 배우기 시작하여 가업을 잇는다는 정신으로 대학에서 한문을 전공하였습니다.

- 한자 때문에 힘들어서 울고 있는 어린 여학생을 보고, 저자도 어린 시절 부친께 한문을 배우면서 괴롭고 힘들었던 기억이 생각나 어떻게 하면 어려운 한자를 쉽게 가르칠 수 있을까 연구하였습니다.

- 오랜 시간 한자를 연구하여 새로운 뜻과 새로운 모양의 부수를 완성한 후 한자의 자원을 쉽게 풀이하고, 부수를 통해서 한자를 중국어 간화자로 변환시킬 수 있는 중국어 학습법을 개발하여 뜨거운 호응을 얻고 있습니다.

- 저자가 연구하여 완성한 새로운 뜻과 새로운 모양의 부수를 통해서 쉽게 배우는 한자와 중국어 간화자 학습법을 알리기 위하여 일간신문에 '박두수의 술술한자'를 연재하고 있습니다.

- 저서로는 새로운 뜻과 새로운 모양의 부수를 제시하여 전국 판매량 1위를 기록한 한자능력검정시험 수험서 《마법 술술한자》(전9권), 초등학교 교과서를 분석하여 초등학생의 눈높이에 맞는 한자 공부법을 제시한 《초등 학습 한자》(전6권), 한국어문회에서 실시하는 《한자능시 기출·적중 문제집 3급》, 대한상공회의소에서 실시하는 《상공회의소 한자시험 중급》 등이 있습니다.

이메일 : dshanja@naver.com
휴대폰 : 010-5052-5321

한국어문회 주관 | 한국한자능력검정회 시행

한자능력 검정시험 3급

마법 술술한자

박두수 지음

마법 술술한자 시리즈 9

마법 술술한자 부수를 알면 한자가 쉽다!

중앙에듀북스

안녕하세요? 박두수입니다.

❗ 한자 학습 왜 해야 될까요?
  – 한자는 세계 인구의 26%가 사용하는 동양권의 대표문자입니다.
  – 우리말의 70% 이상을 차지하고 있는 것이 한자어입니다.

❗ 한자를 잘하면 왜 공부를 잘하게 될까요?
  – 한자는 풍부한 언어 문자 생활과 다른 과목의 학습을 도와주는 역할을 합니다.
  – 중학교 1학년 기본 10개 교과목에 2,122자의 한자로 약 14만 번의 한자어가 출현합니다.
  – 한자표기를 통한 학습에서 43%가 학업성적이 향상되었습니다.

❗ 쓰기 및 암기 위주의 한자 학습 이제 바뀌어야 합니다.
  – 한자는 뜻을 나타내는 표의자로 각 글자마다 만들어진 원리가 있습니다.
  – 한자는 만들어진 원리를 생각하며 학습하면 쉽게 익힐 수 있습니다.

❗ 올바른 한자 학습을 위해서는 부수를 제대로 알아야 합니다.
  – 부수는 한자를 이루는 최소 단위입니다.
  ❶ 日(해) + 一(지평선) = 旦(아침 단)   해가 **지평선** 위로 떠오를 때는 **아침**이니
  ❷ 囗(울타리) + 人(사람) = 囚(가둘 수)   **울타리** 안에 죄지은 **사람**을 **가두니**
  ❸ 自(코) + 犬(개) = 臭(냄새 취)   **코**로 **개**처럼 **냄새** 맡으니
  – 올바른 한자 학습을 위해서는 一(지평선), 囗(울타리), 自(코)를 뜻하는 것을 알아야 되겠지요?

❗ **술술한자의 특색 및 구성**

- 한자를 연구하여 새로운 뜻과 새로운 모양의 술술한자 부수를 완성하였습니다.
- 누구나 볼 수 있도록 초등학생 수준에 맞추어 풀이를 쉽게 하였습니다.
- 한자를 나누고 자원을 생각하며 공부할 수 있도록 구성하였습니다.
- 지속적인 반복과 실력을 확인할 수 있도록 다양한 평가를 구성하였습니다.

"선생님! 해도 해도 안 돼요. 한자가 너무 어려워요."

이렇게 말하면서 울먹이던 어린 여학생의 안타까운 눈망울을 보며 '어떻게 하면 한자를 쉽게 익힐 수 있을까' 오랜 시간 기도하며 연구하였습니다.

누구나 한자와 보다 쉽게 친해지게 하려는 열정만으로 쓴 책이라 부족함이 많습니다.

한자의 자원을 정확히 알기는 어렵습니다. 아직 4% 정도만 자원을 제대로 유추할 수 있다고 합니다. 다양한 또 다른 자원이 가능하다는 뜻입니다.

부디 술술한자가 한자와 친해지는 계기가 되고 여러분께 많은 도움이 되기를 진심으로 기도합니다.

오랫동안 한자를 지도해 주시거나 주야로 기도해 주신 분들과 술술한자가 출간될 수 있도록 도움을 주신 모든 분들께 진심으로 사랑과 감사의 말씀드립니다.

박두수 올림

한자 쉽게 익히는 법

❗ 한자는 무조건 쓰고 외우지 마세요.

1. 한자는 뜻을 나타내는 표의자입니다. 각 글자마다 형성된 원리가 있습니다.

   > **예**
   > 鳴(울 명) : 입(口)으로 새(鳥)는 울까요? 짖을까요? **울지요!** 그래서 울 **명**
   > 吠(짖을 폐) : 입(口)으로 개(犬)는 울까요? 짖을까요? **짖지요!** 그래서 짖을 **폐**

2. 한자는 모양이 비슷한 글자가 너무나 많아 무조건 쓰고 외우는 데는 한계가 있습니다.

   > **예**
   > 閣(집 **각**) 間(사이 **간**) 開(열 **개**) 聞(들을 **문**) 問(물을 **문**) 閉(닫을 **폐**) 閑(한가할 **한**)

❗ 그럼 어떻게 공부해야 한자를 쉽게 익힐 수 있을까요?

1. 먼저 한자를 나누어 왜 이런 글자들이 모여서 이런 뜻을 나타내게 되었는지 생각해 보세요.

   > **예**
   > 休(쉴 **휴**) = 亻(사람 **인**) + 木(나무 **목**)
   > **왜?** 亻(사람)과 木(나무)가 모여서 休(쉴 **휴**)가 되었을까요?
   > **사람**(亻)이 햇빛을 피해 **나무**(木) 밑에서 **쉬었겠지요?** 그래서 쉴 **휴**

2. 한자를 익힌 다음은 그 글자가 쓰인 단어와 뜻까지 익히세요.

   > **예**
   > 休日(휴일) : 쉬는 날
   > 休學(휴학) : 일정기간 학업을 쉼

3. 그 다음 단어가 쓰인 예문을 통해서 한자어를 익히세요.

   > **예**
   > 그는 休日 아침마다 늦잠을 잔다.
   > 형은 가정 형편이 어려워 休學 중이다.

4. 비슷한 글자끼리 연관 지어 익히세요.

   > **예**

門	+ 日 = 間(사이 간)	문(門)틈 사이로 해(日)가 비치니
	+ 耳 = 聞(들을 문)	문(門)에 귀(耳)를 대고 들으니
	+ 口 = 問(물을 문)	문(門)에 대고 입(口) 벌려 물으니

그래서 이렇게 만들었어요

❗ **모든 한자를 가능한 한 자원으로 풀이했습니다.**

> 예 生(날 생, 살 생) 풀이

- '초목이 땅에 나서 자라는 모양' 이라고 합니다. 하지만 술술한자는
- '사람(ㅅ)은 땅(土)에서 나 살아가니' 그래서 날 생, 살 생 이렇게 자원으로 풀이했습니다.

❗ **자원 풀이를 쉽게 했습니다.**
- 자원 풀이 한자교재가 많지만 너무 학술적이어서 이해하기가 어렵습니다.
- 술술한자는 초등학생 수준에 맞추어 풀이를 쉽게 하였습니다.

> 예 族(겨레 족) 풀이

- '깃발(㫃) 아래 화살(矢)을 들고 모여 겨레를 이루니' 라고 합니다. 하지만 술술한자는
- '사방(方)에서 사람(ㅅ)과 사람(ㅅ)들이 모여 큰(大) 겨레를 이루니' 이렇게 쉽게 풀이했습니다.

❗ **모든 한자를 쓰는 순서대로 자원을 풀이했습니다.**
- 쓰는 순서를 무시한 자원 풀이는 활용하기가 어렵습니다.

> 예 囚(가둘 수) = 울타리(口) 안에 죄지은 사람(人)을 가두니

❗ **자원 풀이와 한자 쓰기가 한곳에 있어 학습에 많은 도움이 됩니다.**
- 자원 풀이 밑에 곧바로 쓰는 빈칸이 있어 자원을 보고 한자를 쓰면서 익힐 수 있습니다.

❗ **철저히 자원 풀이에 입각한 학습을 하도록 구성하였습니다.**
- 술술한자는 자원을 보며 한자를 쓸 수 있도록 본문을 구성했으며, 연습과 평가 부분도 자원을 생각하며 한자를 익힐 수 있도록 구성하였습니다.

❗ **배운 한자를 활용한 단어학습과 예문으로 어휘력을 길러줍니다.**
- 배운 글자로만 단어를 구성하여 학습하기가 쉽습니다.
- 모든 단어는 한자를 활용하여 직역 위주로 풀이하였습니다.
- 예문을 통하여 단어를 익힐 수 있도록 모든 단어는 예문을 실었습니다.

❗ **학교 교과서에 자주 나오는 한자어를 분석하여 실었습니다.**
- 교과서에 자주 나오는 한자어의 뜻을 한자를 통해 쉽게 익힐 수 있습니다.

이 책은 이렇게 학습하세요

❶ 해당 급수 신습한자를 50자씩 가나다순으로 배열하여 한눈에 익히도록 하였습니다.

- 본문 학습 후 먼저 뜻과 음 부분을 가린 후 읽기를 점검하세요.
- 한자의 뜻과 음을 익히고 나면 한자와 부수 부분을 가린 후 쓰기를 점검하세요.

❶ 8

읽기? 뜻, 음을 가리고 읽어본 후 틀린 글자는 V표 하세요.
쓰기? 한자와 부수를 가리고 써본 후 틀린 글자는 V표 하세요.

읽기		한자	부수	뜻	음	쓰기		읽기		한자	부수	뜻	음	쓰기	
❷1	2	❸敎	❹攵	❺가르칠	❻교	1	2	1	2	先	儿	먼저	선	1	2
		校	木	학교	교					小	小	작을	소		

❶ **8** : 한자능력검정시험 급수 표시

❷ **1 2** : 첫 번째 점검 후 틀린 글자는 번호 **1** 란에 표시를 하고, 두 번째 점검 후 틀린 글자는 번호 **2** 란에 표시를 하여 완전히 익히도록 합니다.

❸ **敎** : 신습한자   ❹ **攵** : 부수   ❺ **가르칠** : 뜻   ❻ **교** : 음

❶ 1회 학습량은 10자 단위로 구성하였습니다.

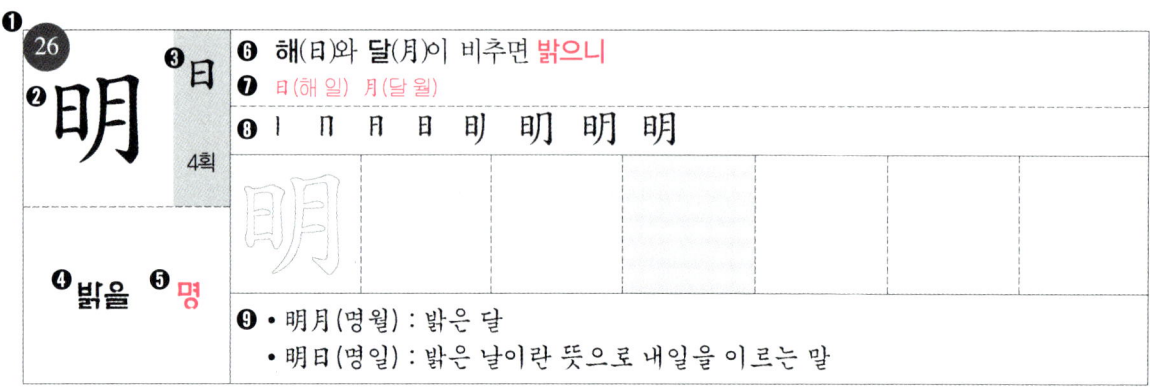

❶ **26** : 신습한자 번호

❷ **明** : 신습한자

❸ **日** : 부수와 부수를 제외한 획수
4획

❹ **밝을** : 뜻

❺ **명** : 음

❻ **해(日)와 달(月)이 비추면 밝으니** : 글자를 나누어 쓰는 순서대로 풀이했습니다.
→ 한자는 무조건 쓰고 외우기보다는 日(해 일)과 月(달 월)이 모여 왜 明(밝을 명)이 되었는지 자원을 이해한 후 읽으면서 써야 오래 기억됩니다.

❼ 日(해 일) 月(달 월) : 부수 설명 및 보충

❽ 丨 冂 冂 日 旷 明 明 明 : 필순

❾ 明日(명일) : 배운 글자로만 단어를 구성하였으며 직역 위주로 풀이를 하였습니다.

❗ 자원으로 한자와 부수를 익히는 부분입니다.

> **자원으로 한자 알기**
>
> * 해(　)와 달(月)이 비추면 **밝으니**　　☞
> * 문(門)에 귀(　)를 대고 **들으니**　　☞
> * 문(門)에 대고 입(　) 벌려 **물으니**　　☞
> * 사람(　)이 나무(木)에 기대어 **쉬니**　　☞

(　) 안에 들어가는 日(해 일)이 明(밝을 명)의 부수입니다.
(　) 안에 부수 日을 쓰고 ☞ 오른쪽에 한자 明을 쓰세요.

> 예　해(日)와 달(月)이 비추면 밝으니　　☞ 明

❗ 심화 학습하는 부분입니다.

一思多得

❶ 敎(가르칠 교) 校(학교 교) 쓰임에 주의하세요.
　　敎(가르칠 교) : 敎師(교사)　敎室(교실)　敎訓(교훈)
　　校(학교 교) : 校歌(교가)　校門(교문)　校長(교장)

❗ 문제와 해답

다양한 형식의 문제들에 대한 해답은 해당 문제의 앞뒤 페이지나 위아래에 위치한 반대 유형의 문제를 참고하시면 됩니다.

차례

- ❖ 안녕하세요? 박두수입니다. _ 4
- ❖ 한자 쉽게 익히는 법 _ 6
- ❖ 그래서 이렇게 만들었어요 _ 7
- ❖ 이 책은 이렇게 학습하세요 _ 8

본문 익히기 _ 11

- ❖ 신습한자 일람표
- ❖ 자원으로 한자 알기
- ❖ 한자를 나누고 자원을 쓰면서 익히기
- ❖ 한자어 독음 및 한자 쓰기
- ❖ 예문으로 한자어 익히기

종합평가 _ 267

- ❖ 훈음 및 한자 쓰기
- ❖ 교과서 주요 한자어 익히기

부 록 _ 283

- ❖ 반대자
- ❖ 반대어
- ❖ 유의자
- ❖ 동음이의어
- ❖ 사자성어
- ❖ 약자

본문 익히기

8

읽기? 뜻, 음을 가리고 읽어본 후 틀린 글자는 V표 하세요.
쓰기? 한자와 부수를 가리고 써본 후 틀린 글자는 V표 하세요.

읽기 1 2	한자	부수	뜻	음	쓰기 1 2
	敎	攵	가르칠	교	
	校	木	학교	교	
	九	乙	아홉	구	
	國	口	나라	국	
	軍	車	군사	군	
	金	金	쇠	금	
	南	十	남녘	남	
	女	女	계집	녀	
	年	干	해	년	
	大	大	큰	대	
	東	木	동녘	동	
	六	八	여섯	륙	
	萬	艹	일만	만	
	母	母	어미	모	
	木	木	나무	목	
	門	門	문	문	
	民	氏	백성	민	
	白	白	흰	백	
	父	父	아비	부	
	北	匕	북녘	북	
	四	囗	넉	사	
	山	山	산	산	
	三	一	석	삼	
	生	生	날	생	
	西	西	서녘	서	

읽기 1 2	한자	부수	뜻	음	쓰기 1 2
	先	儿	먼저	선	
	小	小	작을	소	
	水	水	물	수	
	室	宀	집	실	
	十	十	열	십	
	五	二	다섯	오	
	王	玉	임금	왕	
	外	夕	바깥	외	
	月	月	달	월	
	二	二	둘	이	
	人	人	사람	인	
	一	一	한	일	
	日	日	날	일	
	長	長	길	장	
	弟	弓	아우	제	
	中	丨	가운데	중	
	靑	靑	푸를	청	
	寸	寸	마디	촌	
	七	一	일곱	칠	
	土	土	흙	토	
	八	八	여덟	팔	
	學	子	배울	학	
	韓	韋	나라	한	
	兄	儿	형	형	
	火	火	불	화	

7Ⅱ

읽기? 뜻, 음을 가리고 읽어본 후 틀린 글자는 V표 하세요.
쓰기? 한자와 부수를 가리고 써본 후 틀린 글자는 V표 하세요.

읽기 1	2	한자	부수	뜻	음	쓰기 1	2
		家	宀	집	가		
		間	門	사이	간		
		江	氵	강	강		
		車	車	수레	거		
		工	工	장인	공		
		空	穴	빌	공		
		氣	气	기운	기		
		記	言	기록할	기		
		男	田	사내	남		
		內	入	안	내		
		農	辰	농사	농		
		答	竹	대답할	답		
		道	辶	길	도		
		動	力	움직일	동		
		力	力	힘	력		
		立	立	설	립		
		每	母	매양	매		
		名	口	이름	명		
		物	牛	물건	물		
		方	方	모	방		
		不	一	아닐	불		
		事	亅	일	사		
		上	一	윗	상		
		姓	女	성	성		
		世	一	세대	세		

읽기 1	2	한자	부수	뜻	음	쓰기 1	2
		手	手	손	수		
		市	巾	시장	시		
		時	日	때	시		
		食	食	밥	식		
		安	宀	편안할	안		
		午	十	낮	오		
		右	口	오른쪽	우		
		子	子	아들	자		
		自	自	스스로	자		
		場	土	마당	장		
		全	入	온전할	전		
		前	刂	앞	전		
		電	雨	번개	전		
		正	止	바를	정		
		足	足	발	족		
		左	工	왼쪽	좌		
		直	目	곧을	직		
		平	干	평평할	평		
		下	一	아래	하		
		漢	氵	한나라	한		
		海	氵	바다	해		
		話	言	말씀	화		
		活	氵	살	활		
		孝	子	효도	효		
		後	彳	뒤	후		

7 선습한자

읽기? 뜻, 음을 가리고 읽어본 후 틀린 글자는 V표 하세요.
쓰기? 한자와 부수를 가리고 써본 후 틀린 글자는 V표 하세요.

읽기 1	2	한자	부수	뜻	음	쓰기 1	2
		歌	欠	노래	가		
		口	口	입	구		
		旗	方	기	기		
		冬	冫	겨울	동		
		同	口	같을	동		
		洞	氵	마을	동		
		登	癶	오를	등		
		來	人	올	래		
		老	老	늙을	로		
		里	里	마을	리		
		林	木	수풀	림		
		面	面	얼굴	면		
		命	口	명령할	명		
		問	口	물을	문		
		文	文	글월	문		
		百	白	일백	백		
		夫	大	사내	부		
		算	竹	셈	산		
		色	色	빛	색		
		夕	夕	저녁	석		
		少	小	적을	소		
		所	戶	곳	소		
		數	攵	셈	수		
		植	木	심을	식		
		心	心	마음	심		

읽기 1	2	한자	부수	뜻	음	쓰기 1	2
		語	言	말씀	어		
		然	灬	그럴	연		
		有	月	있을	유		
		育	月	기를	육		
		邑	邑	고을	읍		
		入	入	들	입		
		字	子	글자	자		
		祖	示	할아비	조		
		主	丶	주인	주		
		住	亻	살	주		
		重	里	무거울	중		
		地	土	땅	지		
		紙	糸	종이	지		
		千	十	일천	천		
		天	大	하늘	천		
		川	川	내	천		
		草	艹	풀	초		
		村	木	마을	촌		
		秋	禾	가을	추		
		春	日	봄	춘		
		出	山	날	출		
		便	亻	편할	편		
		夏	夊	여름	하		
		花	艹	꽃	화		
		休	亻	쉴	휴		

6Ⅱ-1 선습한자

읽기? 뜻, 음을 가리고 읽어본 후 틀린 글자는 V표 하세요.
쓰기? 한자와 부수를 가리고 써본 후 틀린 글자는 V표 하세요.

읽기 1	읽기 2	한자	부수	뜻	음	쓰기 1	쓰기 2
		各	口	각각	각		
		角	角	뿔	각		
		界	田	경계	계		
		計	言	셀	계		
		高	高	높을	고		
		公	八	공명할	공		
		共	八	함께	공		
		功	力	공	공		
		果	木	열매	과		
		科	禾	과목	과		
		光	儿	빛	광		
		球	玉	공	구		
		今	人	이제	금		
		急	心	급할	급		
		短	矢	짧을	단		
		堂	土	집	당		
		代	亻	대신할	대		
		對	寸	대할	대		
		圖	囗	그림	도		
		讀	言	읽을	독		
		童	立	아이	동		
		等	竹	무리	등		
		樂	木	즐길	락		
		利	刂	이로울	리		
		理	玉	다스릴	리		

읽기 1	읽기 2	한자	부수	뜻	음	쓰기 1	쓰기 2
		明	日	밝을	명		
		聞	耳	들을	문		
		半	十	반	반		
		反	又	돌이킬	반		
		班	玉	나눌	반		
		發	癶	쏠	발		
		放	攵	놓을	방		
		部	阝	나눌	부		
		分	刀	나눌	분		
		社	示	모일	사		
		書	曰	글	서		
		線	糸	줄	선		
		雪	雨	눈	설		
		成	戈	이룰	성		
		省	目	살필	성		
		消	氵	사라질	소		
		術	行	재주	술		
		始	女	비로소	시		
		信	亻	믿을	신		
		新	斤	새	신		
		神	示	귀신	신		
		身	身	몸	신		
		弱	弓	약할	약		
		藥	艹	약	약		
		業	木	일	업		

6Ⅱ-2 신습한자

읽기 1 2	한자	부수	뜻	음	쓰기 1 2
	勇	力	날랠	용	
	用	用	쓸	용	
	運	辶	옮길	운	
	音	音	소리	음	
	飮	食	마실	음	
	意	心	뜻	의	
	作	亻	지을	작	
	昨	日	어제	작	
	才	扌	재주	재	
	戰	戈	싸움	전	
	庭	广	뜰	정	
	第	竹	차례	제	
	題	頁	문제	제	

읽기 1 2	한자	부수	뜻	음	쓰기 1 2
	注	氵	부을	주	
	集	隹	모일	집	
	窓	穴	창	창	
	淸	氵	맑을	청	
	體	骨	몸	체	
	表	衣	겉	표	
	風	風	바람	풍	
	幸	干	다행	행	
	現	玉	나타날	현	
	形	彡	모양	형	
	和	口	화할	화	
	會	曰	모일	회	

6-1 신습한자

읽기? 뜻, 음을 가리고 읽어본 후 틀린 글자는 V표 하세요.
쓰기? 한자와 부수를 가리고 써본 후 틀린 글자는 V표 하세요.

읽기 1	읽기 2	한자	부수	뜻	음	쓰기 1	쓰기 2
		感	心	느낄	감		
		強	弓	강할	강		
		開	門	열	개		
		京	亠	서울	경		
		古	口	예	고		
		苦	艹	쓸	고		
		交	亠	사귈	교		
		區	匚	구분할	구		
		郡	阝	고을	군		
		根	木	뿌리	근		
		近	辶	가까울	근		
		級	糸	등급	급		
		多	夕	많을	다		
		待	彳	기다릴	대		
		度	广	법도	도		
		頭	頁	머리	두		
		例	亻	법식	례		
		禮	示	예도	례		
		路	足	길	로		
		綠	糸	푸를	록		
		李	木	오얏	리		
		目	目	눈	목		
		美	羊	아름다울	미		
		米	米	쌀	미		
		朴	木	성	박		

읽기 1	읽기 2	한자	부수	뜻	음	쓰기 1	쓰기 2
		番	田	차례	번		
		別	刂	나눌	별		
		病	疒	병	병		
		服	月	옷	복		
		本	木	근본	본		
		使	亻	하여금	사		
		死	歹	죽을	사		
		席	巾	자리	석		
		石	石	돌	석		
		速	辶	빠를	속		
		孫	子	손자	손		
		樹	木	나무	수		
		習	羽	익힐	습		
		勝	力	이길	승		
		式	弋	법	식		
		失	大	잃을	실		
		愛	心	사랑	애		
		夜	夕	밤	야		
		野	里	들	야		
		洋	氵	큰 바다	양		
		陽	阝	볕	양		
		言	言	말씀	언		
		永	水	길	영		
		英	艹	꽃부리	영		
		溫	氵	따뜻할	온		

6-2

읽기 1	읽기 2	한자	부수	뜻	음	쓰기 1	쓰기 2
		園	口	동산	원		
		遠	辶	멀	원		
		由	田	말미암을	유		
		油	氵	기름	유		
		銀	金	은	은		
		衣	衣	옷	의		
		醫	酉	의원	의		
		者	耂	사람	자		
		章	立	글	장		
		在	土	있을	재		
		定	宀	정할	정		
		朝	月	아침	조		
		族	方	겨레	족		

읽기 1	읽기 2	한자	부수	뜻	음	쓰기 1	쓰기 2
		晝	日	낮	주		
		親	見	친할	친		
		太	大	클	태		
		通	辶	통할	통		
		特	牛	특별할	특		
		合	口	합할	합		
		行	行	다닐	행		
		向	口	향할	향		
		號	虍	이름	호		
		畵	田	그림	화		
		黃	黃	누를	황		
		訓	言	가르칠	훈		

5Ⅱ-1 선습한자

읽기 1	읽기 2	한자	부수	뜻	음	쓰기 1	쓰기 2
		價	亻	값	가		
		客	宀	손	객		
		格	木	격식	격		
		見	見	볼	견		
		決	氵	결단할	결		
		結	糸	맺을	결		
		敬	攵	공경	경		
		告	口	고할	고		
		課	言	공부할	과		
		過	辶	지날	과		
		觀	見	볼	관		
		關	門	관계할	관		
		廣	广	넓을	광		
		具	八	갖출	구		
		舊	白	예	구		
		局	尸	판	국		
		基	土	터	기		
		己	己	몸	기		
		念	心	생각	념		
		能	月	능할	능		
		團	囗	둥글	단		
		當	田	마땅	당		
		德	彳	덕	덕		
		到	刂	이를	도		
		獨	犭	홀로	독		

읽기 1	읽기 2	한자	부수	뜻	음	쓰기 1	쓰기 2
		朗	月	밝을	랑		
		良	艮	어질	량		
		旅	方	나그네	려		
		歷	止	지낼	력		
		練	糸	익힐	련		
		勞	力	일할	로		
		流	氵	흐를	류		
		類	頁	무리	류		
		陸	阝	뭍	륙		
		望	月	바랄	망		
		法	氵	법	법		
		變	言	변할	변		
		兵	八	병사	병		
		福	示	복	복		
		奉	大	받들	봉		
		士	士	선비	사		
		仕	亻	섬길	사		
		史	口	역사	사		
		産	生	낳을	산		
		商	口	장사	상		
		相	目	서로	상		
		仙	亻	신선	선		
		鮮	魚	고울	선		
		說	言	말씀	설		
		性	忄	성품	성		

5Ⅱ-2 선습한자

읽기? 뜻, 음을 가리고 읽어본 후 틀린 글자는 V표 하세요.
쓰기? 한자와 부수를 가리고 써본 후 틀린 글자는 V표 하세요.

읽기 1	읽기 2	한자	부수	뜻	음	쓰기 1	쓰기 2
		歲	止	해	세		
		洗	氵	씻을	세		
		束	木	묶을	속		
		首	首	머리	수		
		宿	宀	잘	숙		
		順	頁	순할	순		
		識	言	알	식		
		臣	臣	신하	신		
		實	宀	열매	실		
		兒	儿	아이	아		
		惡	心	악할	악		
		約	糸	맺을	약		
		養	食	기를	양		
		要	西	중요할	요		
		友	又	벗	우		
		雨	雨	비	우		
		雲	雨	구름	운		
		元	儿	으뜸	원		
		偉	亻	클	위		
		以	人	써	이		
		任	亻	맡길	임		
		材	木	재목	재		
		財	貝	재물	재		
		的	白	과녁	적		
		傳	亻	전할	전		

읽기 1	읽기 2	한자	부수	뜻	음	쓰기 1	쓰기 2
		典	八	법	전		
		展	尸	펼	전		
		切	刀	끊을	절		
		節	竹	마디	절		
		店	广	가게	점		
		情	忄	뜻	정		
		調	言	고를	조		
		卒	十	마칠	졸		
		種	禾	씨	종		
		州	川	고을	주		
		週	辶	주일	주		
		知	矢	알	지		
		質	貝	바탕	질		
		着	目	붙을	착		
		參	厶	참여할	참		
		責	貝	꾸짖을	책		
		充	儿	채울	충		
		宅	宀	집	택		
		品	口	물건	품		
		必	心	반드시	필		
		筆	竹	붓	필		
		害	宀	해할	해		
		化	匕	변화할	화		
		效	攵	본받을	효		
		凶	凵	흉할	흉		

5-1 선습한자

읽기? 뜻, 음을 가리고 읽어본 후 틀린 글자는 V표 하세요.
쓰기? 한자와 부수를 가리고 써본 후 틀린 글자는 V표 하세요.

읽기 1 2	한자	부수	뜻	음	쓰기 1 2
	加	力	더할	가	
	可	口	옳을	가	
	改	攵	고칠	개	
	去	厶	갈	거	
	擧	手	들	거	
	件	亻	물건	건	
	建	廴	세울	건	
	健	亻	건강할	건	
	景	日	경치	경	
	競	立	다툴	경	
	輕	車	가벼울	경	
	固	口	굳을	고	
	考	耂	생각할	고	
	曲	曰	굽을	곡	
	橋	木	다리	교	
	救	攵	구원할	구	
	貴	貝	귀할	귀	
	規	見	법	규	
	給	糸	줄	급	
	技	扌	재주	기	
	期	月	기약할	기	
	汽	氵	김	기	
	吉	口	길할	길	
	壇	土	단	단	
	談	言	말씀	담	

읽기 1 2	한자	부수	뜻	음	쓰기 1 2
	島	山	섬	도	
	都	阝	도읍	도	
	落	艹	떨어질	락	
	冷	冫	찰	랭	
	量	里	헤아릴	량	
	令	人	명령할	령	
	領	頁	거느릴	령	
	料	斗	헤아릴	료	
	馬	馬	말	마	
	末	木	끝	말	
	亡	亠	망할	망	
	買	貝	살	매	
	賣	貝	팔	매	
	無	灬	없을	무	
	倍	亻	곱	배	
	比	比	견줄	비	
	費	貝	쓸	비	
	鼻	鼻	코	비	
	氷	水	얼음	빙	
	寫	宀	베낄	사	
	思	心	생각	사	
	查	木	조사할	사	
	賞	貝	상줄	상	
	序	广	차례	서	
	善	口	착할	선	

5-2 선습한자

읽기? 뜻, 음을 가리고 읽어본 후 틀린 글자는 V표 하세요.
쓰기? 한자와 부수를 가리고 써본 후 틀린 글자는 V표 하세요.

읽기 1	2	한자	부수	뜻	음	쓰기 1	2
		船	舟	배	선		
		選	辶	가릴	선		
		示	示	보일	시		
		案	木	책상	안		
		魚	魚	물고기	어		
		漁	氵	고기 잡을	어		
		億	亻	억	억		
		熱	灬	더울	열		
		葉	艹	잎	엽		
		屋	尸	집	옥		
		完	宀	완전할	완		
		曜	日	빛날	요		
		浴	氵	목욕할	욕		
		牛	牛	소	우		
		雄	隹	수컷	웅		
		院	阝	집	원		
		原	厂	근원	원		
		願	頁	원할	원		
		位	亻	자리	위		
		耳	耳	귀	이		
		因	囗	의지할	인		
		再	冂	두	재		
		災	火	재앙	재		
		爭	爫	다툴	쟁		
		貯	貝	쌓을	저		

읽기 1	2	한자	부수	뜻	음	쓰기 1	2
		赤	赤	붉을	적		
		停	亻	머무를	정		
		操	扌	잡을	조		
		終	糸	마칠	종		
		罪	罒	허물	죄		
		止	止	그칠	지		
		唱	口	부를	창		
		鐵	金	쇠	철		
		初	刀	처음	초		
		最	日	가장	최		
		祝	示	빌	축		
		致	至	이를	치		
		則	刂	법칙	칙		
		他	亻	다를	타		
		打	扌	칠	타		
		卓	十	높을	탁		
		炭	火	숯	탄		
		板	木	널조각	판		
		敗	攵	패할	패		
		河	氵	강	하		
		寒	宀	찰	한		
		許	言	허락할	허		
		湖	氵	호수	호		
		患	心	근심	환		
		黑	黑	검을	흑		

4Ⅱ-1 선습한자

읽기 1	읽기 2	한자	부수	뜻	음	쓰기 1	쓰기 2
		街	行	거리	가		
		假	亻	거짓	가		
		減	氵	덜	감		
		監	皿	볼	감		
		康	广	편안할	강		
		講	言	강론할	강		
		個	亻	낱	개		
		檢	木	검사할	검		
		缺	缶	이지러질	결		
		潔	氵	깨끗할	결		
		警	言	깨우칠	경		
		境	土	지경	경		
		經	糸	글	경		
		慶	心	경사	경		
		係	亻	맬	계		
		故	攵	연고	고		
		官	宀	벼슬	관		
		究	穴	연구할	구		
		句	口	글귀	구		
		求	水	구할	구		
		宮	宀	궁궐	궁		
		權	木	권세	권		
		極	木	끝	극		
		禁	示	금할	금		
		器	口	그릇	기		

읽기 1	읽기 2	한자	부수	뜻	음	쓰기 1	쓰기 2
		起	走	일어날	기		
		暖	日	따뜻할	난		
		難	隹	어려울	난		
		努	力	힘쓸	노		
		怒	心	성낼	노		
		單	口	홑	단		
		檀	木	박달나무	단		
		端	立	끝	단		
		斷	斤	끊을	단		
		達	辶	이를	달		
		擔	扌	멜	담		
		黨	黑	무리	당		
		帶	巾	띠	대		
		隊	阝	무리	대		
		導	寸	인도할	도		
		毒	母	독할	독		
		督	目	감독할	독		
		銅	金	구리	동		
		斗	斗	말	두		
		豆	豆	콩	두		
		得	彳	얻을	득		
		燈	火	등	등		
		羅	四	벌릴	라		
		兩	入	두	량		
		麗	鹿	고울	려		

4Ⅱ-2

읽기? 뜻, 음을 가리고 읽어본 후 틀린 글자는 V표 하세요.
쓰기? 한자와 부수를 가리고 써본 후 틀린 글자는 V표 하세요.

읽기 1	2	한자	부수	뜻	음	쓰기 1	2
		連	辶	이을	련		
		列	刂	벌릴	렬		
		錄	金	기록할	록		
		論	言	논할	론		
		留	田	머무를	류		
		律	彳	법칙	률		
		滿	氵	찰	만		
		脈	月	혈관	맥		
		毛	毛	털	모		
		牧	牛	기를	목		
		務	力	힘쓸	무		
		武	止	군사	무		
		未	木	아닐	미		
		味	口	맛	미		
		密	宀	빽빽할	밀		
		博	十	넓을	박		
		防	阝	막을	방		
		訪	言	찾을	방		
		房	戶	방	방		
		拜	手	절	배		
		背	月	등	배		
		配	酉	나눌	배		
		伐	亻	칠	벌		
		罰	四	벌할	벌		
		壁	土	벽	벽		

읽기 1	2	한자	부수	뜻	음	쓰기 1	2
		邊	辶	가	변		
		保	亻	지킬	보		
		報	土	알릴	보		
		寶	宀	보배	보		
		步	止	걸음	보		
		復	彳	다시	부		
		府	广	관청	부		
		副	刂	버금	부		
		富	宀	부자	부		
		婦	女	아내	부		
		佛	亻	부처	불		
		備	亻	갖출	비		
		非	非	아닐	비		
		悲	心	슬플	비		
		飛	飛	날	비		
		貧	貝	가난할	빈		
		寺	寸	절	사		
		謝	言	사례할	사		
		師	巾	스승	사		
		舍	舌	집	사		
		殺	殳	죽일	살		
		常	巾	항상	상		
		床	广	평상	상		
		想	心	생각	상		
		狀	犬	형상	상		

4Ⅱ-3 신습한자

읽기 1	읽기 2	한자	부수	뜻	음	쓰기 1	쓰기 2
		設	言	베풀	설		
		誠	言	정성	성		
		城	土	성	성		
		盛	皿	성할	성		
		星	日	별	성		
		聖	耳	성인	성		
		聲	耳	소리	성		
		勢	力	형세	세		
		稅	禾	세금	세		
		細	糸	가늘	세		
		掃	扌	쓸	소		
		笑	竹	웃음	소		
		素	糸	본디	소		
		俗	亻	풍속	속		
		續	糸	이을	속		
		送	辶	보낼	송		
		修	亻	닦을	수		
		守	宀	지킬	수		
		受	又	받을	수		
		授	扌	줄	수		
		收	攵	거둘	수		
		純	糸	순수할	순		
		承	手	이을	승		
		施	方	베풀	시		
		是	日	옳을	시		

읽기 1	읽기 2	한자	부수	뜻	음	쓰기 1	쓰기 2
		視	見	살필	시		
		試	言	시험	시		
		詩	言	시	시		
		息	心	쉴	식		
		申	田	펼	신		
		深	氵	깊을	심		
		眼	目	눈	안		
		暗	日	어두울	암		
		壓	土	누를	압		
		液	氵	즙	액		
		羊	羊	양	양		
		餘	食	남을	여		
		如	女	같을	여		
		逆	辶	거스를	역		
		研	石	갈	연		
		演	氵	펼	연		
		煙	火	연기	연		
		榮	木	영화	영		
		藝	艹	재주	예		
		誤	言	그르칠	오		
		玉	玉	구슬	옥		
		往	彳	갈	왕		
		謠	言	노래	요		
		容	宀	얼굴	용		
		員	口	관원	원		

4Ⅱ-4

읽기 1	읽기 2	한자	부수	뜻	음	쓰기 1	쓰기 2
		圓	口	둥글	원		
		衛	行	지킬	위		
		爲	爪	할	위		
		肉	肉	고기	육		
		恩	心	은혜	은		
		陰	阝	그늘	음		
		應	心	응할	응		
		義	羊	옳을	의		
		議	言	의논할	의		
		移	禾	옮길	이		
		益	皿	더할	익		
		認	言	알	인		
		印	卩	도장	인		
		引	弓	끌	인		
		將	寸	장수	장		
		障	阝	막을	장		
		低	亻	낮을	저		
		敵	攵	대적할	적		
		田	田	밭	전		
		絶	糸	끊을	절		
		接	扌	이을	접		
		程	禾	한도	정		
		政	攵	정사	정		
		精	米	깨끗할	정		
		制	刂	절제할	제		

읽기 1	읽기 2	한자	부수	뜻	음	쓰기 1	쓰기 2
		製	衣	지을	제		
		濟	氵	건널	제		
		提	扌	드러낼	제		
		祭	示	제사	제		
		際	阝	사귈	제		
		除	阝	덜	제		
		助	力	도울	조		
		早	日	이를	조		
		造	辶	지을	조		
		鳥	鳥	새	조		
		尊	寸	높을	존		
		宗	宀	마루	종		
		走	走	달릴	주		
		竹	竹	대	죽		
		準	氵	평평할	준		
		衆	血	무리	중		
		增	土	더할	증		
		指	扌	가리킬	지		
		志	心	뜻	지		
		支	支	가를	지		
		至	至	이를	지		
		職	耳	직분	직		
		進	辶	나아갈	진		
		眞	目	참	진		
		次	欠	다음	차		

4Ⅱ-5

읽기? 뜻, 음을 가리고 읽어본 후 틀린 글자는 V표 하세요.
쓰기? 한자와 부수를 가리고 써본 후 틀린 글자는 V표 하세요.

읽기 1	읽기 2	한자	부수	뜻	음	쓰기 1	쓰기 2
		察	宀	살필	찰		
		創	刂	시작할	창		
		處	虍	곳	처		
		請	言	청할	청		
		總	糸	다	총		
		銃	金	총	총		
		蓄	艹	모을	축		
		築	竹	쌓을	축		
		忠	心	충성	충		
		蟲	虫	벌레	충		
		取	又	가질	취		
		測	氵	헤아릴	측		
		置	罒	둘	치		
		治	氵	다스릴	치		
		齒	齒	이	치		
		侵	亻	침노할	침		
		快	忄	시원할	쾌		
		態	心	모습	태		
		統	糸	거느릴	통		
		退	辶	물러날	퇴		
		波	氵	물결	파		
		破	石	깨뜨릴	파		
		包	勹	쌀	포		
		砲	石	대포	포		
		布	巾	펼	포		
		暴	日	사나울	폭		
		票	示	표	표		
		豊	豆	풍성할	풍		
		限	阝	한정	한		
		航	舟	건널	항		
		港	氵	항구	항		
		解	角	풀	해		
		鄕	阝	시골	향		
		香	香	향기	향		
		虛	虍	빌	허		
		驗	馬	시험	험		
		賢	貝	어질	현		
		血	血	피	혈		
		協	十	도울	협		
		惠	心	은혜	혜		
		呼	口	부를	호		
		好	女	좋을	호		
		戶	戶	집	호		
		護	言	보호할	호		
		貨	貝	재물	화		
		確	石	굳을	확		
		回	囗	돌	회		
		吸	口	마실	흡		
		興	臼	일	흥		
		希	巾	바랄	희		

4-1 선습한자

읽기? 뜻, 음을 가리고 읽어본 후 틀린 글자는 V표 하세요.
쓰기? 한자와 부수를 가리고 써본 후 틀린 글자는 V표 하세요.

읽기 1 2	한자	부수	뜻	음	쓰기 1 2	읽기 1 2	한자	부수	뜻	음	쓰기 1 2
	暇	日	틈	가			鷄	鳥	닭	계	
	刻	刂	새길	각			階	阝	계단	계	
	覺	見	깨달을	각			戒	戈	경계할	계	
	干	干	방패	간			系	糸	이어 맬	계	
	看	目	볼	간			繼	糸	이을	계	
	簡	竹	간략할	간			孤	子	외로울	고	
	甘	甘	달	감			庫	广	곳집	고	
	敢	攵	감히	감			穀	禾	곡식	곡	
	甲	田	갑옷	갑			困	口	곤란할	곤	
	降	阝	내릴	강			骨	骨	뼈	골	
	更	曰	다시	갱			攻	攵	칠	공	
	居	尸	살	거			孔	子	구멍	공	
	巨	工	클	거			管	竹	관리할	관	
	拒	扌	막을	거			鑛	金	쇳돌	광	
	據	扌	의지할	거			構	木	얽을	구	
	傑	亻	뛰어날	걸			君	口	임금	군	
	儉	亻	검소할	검			群	羊	무리	군	
	激	氵	심할	격			屈	尸	굽힐	굴	
	擊	手	칠	격			窮	穴	궁할	궁	
	堅	土	굳을	견			券	刀	문서	권	
	犬	犬	개	견			卷	卩	책	권	
	傾	亻	기울	경			勸	力	권할	권	
	鏡	金	거울	경			歸	止	돌아갈	귀	
	驚	馬	놀랄	경			均	土	고를	균	
	季	子	계절	계			劇	刂	심할	극	

4-2 신습한자

읽기? 뜻, 음을 가리고 읽어본 후 틀린 글자는 V표 하세요.
쓰기? 한자와 부수를 가리고 써본 후 틀린 글자는 V표 하세요.

읽기 1 2	한자	부수	뜻	음	쓰기 1 2
	勤	力	부지런할	근	
	筋	竹	힘줄	근	
	奇	大	기특할	기	
	寄	宀	붙어살	기	
	紀	糸	벼리	기	
	機	木	틀	기	
	納	糸	들일	납	
	段	殳	층계	단	
	徒	彳	무리	도	
	逃	辶	도망	도	
	盜	皿	도둑	도	
	亂	乙	어지러울	란	
	卵	卩	알	란	
	覽	見	볼	람	
	略	田	간략할	략	
	糧	米	양식	량	
	慮	心	염려할	려	
	烈	灬	세찰	렬	
	龍	龍	용	룡	
	柳	木	버들	류	
	輪	車	바퀴	륜	
	離	隹	떠날	리	
	妹	女	여동생	매	
	勉	力	힘쓸	면	
	鳴	鳥	울	명	

읽기 1 2	한자	부수	뜻	음	쓰기 1 2
	模	木	본뜰	모	
	墓	土	무덤	묘	
	妙	女	묘할	묘	
	舞	舛	춤출	무	
	拍	扌	손뼉 칠	박	
	髮	髟	터럭	발	
	妨	女	방해할	방	
	犯	犭	범할	범	
	範	竹	본보기	범	
	辯	辛	말 잘할	변	
	普	日	넓을	보	
	伏	亻	엎드릴	복	
	複	衤	겹칠	복	
	否	口	아닐	부	
	負	貝	질	부	
	粉	米	가루	분	
	憤	忄	성낼	분	
	碑	石	비석	비	
	批	扌	비평할	비	
	祕	示	숨길	비	
	射	寸	쏠	사	
	私	禾	사사	사	
	絲	糸	실	사	
	辭	辛	말씀	사	
	散	攵	흩을	산	

4-3 선습한자

읽기? 뜻, 음을 가리고 읽어본 후 틀린 글자는 V표 하세요.
쓰기? 한자와 부수를 가리고 써본 후 틀린 글자는 V표 하세요.

읽기 1 2	한자	부수	뜻	음	쓰기 1 2
	傷	亻	상할	상	
	象	豕	코끼리	상	
	宣	宀	베풀	선	
	舌	舌	혀	설	
	屬	尸	붙을	속	
	損	扌	덜	손	
	松	木	소나무	송	
	頌	頁	칭송할	송	
	秀	禾	빼어날	수	
	叔	又	아재비	숙	
	肅	聿	엄숙할	숙	
	崇	山	높을	숭	
	氏	氏	성	씨	
	額	頁	이마	액	
	樣	木	모양	양	
	嚴	口	엄할	엄	
	與	白	더불	여	
	域	土	지경	역	
	易	日	바꿀	역	
	延	廴	늘일	연	
	鉛	金	납	연	
	燃	火	탈	연	
	緣	糸	인연	연	
	映	日	비칠	영	
	營	火	경영할	영	

읽기 1 2	한자	부수	뜻	음	쓰기 1 2
	迎	辶	맞을	영	
	豫	豕	미리	예	
	遇	辶	만날	우	
	優	亻	넉넉할	우	
	郵	阝	우편	우	
	源	氵	근원	원	
	援	扌	도울	원	
	怨	心	원망할	원	
	圍	口	에워쌀	위	
	危	卩	위태할	위	
	委	女	맡길	위	
	威	女	위엄	위	
	慰	心	위로할	위	
	乳	乚	젖	유	
	儒	亻	선비	유	
	遊	辶	놀	유	
	遺	辶	남길	유	
	隱	阝	숨을	은	
	依	亻	의지할	의	
	儀	亻	거동	의	
	疑	疋	의심할	의	
	異	田	다를	이	
	仁	亻	어질	인	
	姿	女	모양	자	
	資	貝	재물	자	

4-4 선습한자

읽기 1	읽기 2	한자	부수	뜻	음	쓰기 1	쓰기 2
		姉	女	손윗누이	자		
		殘	歹	잔인할	잔		
		雜	隹	섞일	잡		
		腸	月	창자	장		
		壯	士	씩씩할	장		
		裝	衣	꾸밀	장		
		奬	大	장려할	장		
		帳	巾	장막	장		
		張	弓	베풀	장		
		底	广	밑	저		
		適	辶	마땅할	적		
		積	禾	쌓을	적		
		績	糸	길쌈	적		
		籍	竹	문서	적		
		賊	貝	도둑	적		
		專	寸	오로지	전		
		轉	車	구를	전		
		錢	金	돈	전		
		折	扌	꺾을	절		
		占	卜	점칠	점		
		點	黑	검사할	점		
		丁	一	장정	정		
		整	攵	가지런할	정		
		靜	青	고요할	정		
		帝	巾	임금	제		

읽기 1	읽기 2	한자	부수	뜻	음	쓰기 1	쓰기 2
		組	糸	짤	조		
		潮	氵	조수	조		
		條	木	가지	조		
		存	子	있을	존		
		從	彳	좇을	종		
		鍾	金	쇠북	종		
		座	广	자리	좌		
		周	口	두루	주		
		朱	木	붉을	주		
		酒	酉	술	주		
		證	言	증거	증		
		持	扌	가질	지		
		誌	言	기록할	지		
		智	日	지혜	지		
		織	糸	짤	직		
		陣	阝	진칠	진		
		珍	玉	보배	진		
		盡	皿	다할	진		
		差	工	다를	차		
		讚	言	기릴	찬		
		採	扌	캘	채		
		冊	冂	책	책		
		泉	水	샘	천		
		聽	耳	들을	청		
		廳	广	관청	청		

4-5 선습한자

한자	부수	뜻	음
招	扌	부를	초
推	扌	밀	추
縮	糸	줄일	축
趣	走	재미	취
就	尢	나아갈	취
層	尸	층	층
寢	宀	잘	침
針	金	바늘	침
稱	禾	일컬을	칭
彈	弓	탄알	탄
歎	欠	탄식할	탄
脫	月	벗을	탈
探	扌	찾을	탐
擇	扌	가릴	택
討	言	칠	토
痛	疒	아플	통
投	扌	던질	투
鬪	鬥	싸움	투
派	氵	갈래	파
判	刂	판단할	판
篇	竹	책	편
評	言	평할	평
閉	門	닫을	폐
胞	月	세포	포
爆	火	터질	폭
標	木	표할	표
疲	疒	피곤할	피
避	辶	피할	피
恨	忄	한	한
閑	門	한가할	한
抗	扌	겨룰	항
核	木	씨	핵
憲	心	법	헌
險	阝	험할	험
革	革	가죽	혁
顯	頁	나타낼	현
刑	刂	형벌	형
或	戈	혹	혹
婚	女	혼인할	혼
混	氵	섞일	혼
紅	糸	붉을	홍
華	艹	빛날	화
歡	欠	기쁠	환
環	玉	고리	환
況	氵	상황	황
灰	火	재	회
候	亻	기후	후
厚	厂	두터울	후
揮	扌	지휘할	휘
喜	口	기쁠	희

3Ⅱ-1 선습한자

읽기 1 2	한자	부수	뜻	음	쓰기 1 2
	佳	亻	아름다울	가	
	架	木	시렁	가	
	脚	月	다리	각	
	閣	門	집	각	
	刊	刂	새길	간	
	幹	干	줄기	간	
	懇	心	간절할	간	
	肝	月	간	간	
	鑑	金	거울	감	
	剛	刂	굳셀	강	
	綱	糸	벼리	강	
	鋼	金	강철	강	
	介	人	낄	개	
	槪	木	대강	개	
	蓋	艹	덮을	개	
	距	足	떨어질	거	
	乾	乙	하늘	건	
	劍	刂	칼	검	
	隔	阝	사이 뜰	격	
	訣	言	이별할	결	
	兼	八	겸할	겸	
	謙	言	겸손할	겸	
	耕	耒	밭 갈	경	
	頃	頁	잠깐	경	
	徑	彳	지름길	경	

읽기 1 2	한자	부수	뜻	음	쓰기 1 2
	硬	石	굳을	경	
	啓	口	열	계	
	契	大	맺을	계	
	械	木	기계	계	
	溪	氵	시내	계	
	桂	木	계수나무	계	
	姑	女	시어미	고	
	稿	禾	원고	고	
	鼓	鼓	북	고	
	哭	口	울	곡	
	谷	谷	골	곡	
	供	亻	이바지할	공	
	恐	心	두려울	공	
	恭	忄	공손할	공	
	貢	貝	바칠	공	
	寡	宀	적을	과	
	誇	言	자랑할	과	
	冠	冖	갓	관	
	寬	宀	너그러울	관	
	貫	貝	꿸	관	
	慣	忄	익숙할	관	
	館	食	집	관	
	狂	犭	미칠	광	
	壞	土	무너질	괴	
	怪	忄	괴이할	괴	

33

3Ⅱ-2 선습한자

읽기? 뜻, 음을 가리고 읽어본 후 틀린 글자는 V표 하세요.
쓰기? 한자와 부수를 가리고 써본 후 틀린 글자는 V표 하세요.

읽기 1	읽기 2	한자	부수	뜻	음	쓰기 1	쓰기 2
		巧	工	공교할	교		
		較	車	비교	교		
		久	ノ	오랠	구		
		拘	扌	잡을	구		
		丘	一	언덕	구		
		菊	艹	국화	국		
		弓	弓	활	궁		
		拳	手	주먹	권		
		鬼	鬼	귀신	귀		
		菌	艹	버섯	균		
		克	儿	이길	극		
		琴	玉	거문고	금		
		禽	内	새	금		
		錦	金	비단	금		
		及	又	미칠	급		
		企	人	꾀할	기		
		其	八	그	기		
		畿	田	경기	기		
		祈	示	빌	기		
		騎	馬	말 탈	기		
		緊	糸	긴할	긴		
		諾	言	허락할	낙		
		娘	女	계집	낭		
		耐	而	견딜	내		
		寧	宀	편안할	녕		

읽기 1	읽기 2	한자	부수	뜻	음	쓰기 1	쓰기 2
		奴	女	종	노		
		腦	月	뇌	뇌		
		泥	氵	진흙	니		
		茶	艹	차	다		
		丹	丶	붉을	단		
		旦	日	아침	단		
		但	亻	다만	단		
		淡	氵	맑을	담		
		踏	足	밟을	답		
		唐	口	당나라	당		
		糖	米	엿	당		
		臺	至	대	대		
		貸	貝	빌릴	대		
		刀	刀	칼	도		
		途	辶	길	도		
		陶	阝	질그릇	도		
		倒	亻	넘어질	도		
		桃	木	복숭아	도		
		渡	氵	건널	도		
		突	穴	갑자기	돌		
		凍	冫	얼	동		
		絡	糸	이을	락		
		欄	木	난간	란		
		蘭	艹	난초	란		
		浪	氵	물결	랑		

3Ⅱ-3 선습한자

읽기 1	2	한자	부수	뜻	음	쓰기 1	2
		郎	阝	사내	랑		
		廊	广	사랑채	랑		
		涼	氵	서늘할	량		
		梁	木	들보	량		
		勵	力	힘쓸	려		
		曆	日	책력	력		
		戀	心	그리워할	련		
		聯	耳	연이을	련		
		鍊	金	단련할	련		
		蓮	艹	연꽃	련		
		裂	衣	찢을	렬		
		嶺	山	고개	령		
		靈	雨	신령	령		
		爐	火	화로	로		
		露	雨	이슬	로		
		祿	示	녹	록		
		弄	廾	희롱할	롱		
		雷	雨	우레	뢰		
		賴	貝	의뢰할	뢰		
		樓	木	다락	루		
		漏	氵	샐	루		
		累	糸	여러	루		
		倫	亻	인륜	륜		
		栗	木	밤	률		
		率	玄	비율	률		

읽기 1	2	한자	부수	뜻	음	쓰기 1	2
		隆	阝	높을	륭		
		陵	阝	언덕	릉		
		吏	口	관리	리		
		履	尸	밟을	리		
		裏	衣	속	리		
		臨	臣	임할	림		
		麻	麻	삼	마		
		磨	石	갈	마		
		莫	艹	없을	막		
		漠	氵	넓을	막		
		幕	巾	장막	막		
		晚	日	늦을	만		
		妄	女	망령될	망		
		梅	木	매화	매		
		媒	女	중매	매		
		麥	麥	보리	맥		
		孟	子	맏	맹		
		猛	犭	사나울	맹		
		盲	目	소경	맹		
		盟	皿	맹세	맹		
		眠	目	잘	면		
		綿	糸	솜	면		
		免	儿	면할	면		
		滅	氵	멸할	멸		
		銘	金	새길	명		

35

3Ⅱ-4 선습한자

읽기? 뜻, 음을 가리고 읽어본 후 틀린 글자는 V표 하세요.
쓰기? 한자와 부수를 가리고 써본 후 틀린 글자는 V표 하세요.

읽기 1 2	한자	부수	뜻	음	쓰기 1 2	읽기 1 2	한자	부수	뜻	음	쓰기 1 2
	慕	小	그릴	모			伯	亻	맏	백	
	謀	言	꾀할	모			繁	糸	번성할	번	
	貌	豸	모양	모			凡	几	무릇	범	
	睦	目	화목할	목			碧	石	푸를	벽	
	沒	氵	빠질	몰			丙	一	남녘	병	
	夢	夕	꿈	몽			補	衤	기울	보	
	蒙	艹	어리석을	몽			譜	言	족보	보	
	茂	艹	무성할	무			腹	月	배	복	
	貿	貝	무역할	무			覆	襾	다시	복	
	默	黑	잠잠할	묵			封	寸	봉할	봉	
	墨	土	먹	묵			逢	辶	만날	봉	
	紋	糸	무늬	문			峯	山	봉우리	봉	
	勿	勹	말	물			鳳	鳥	봉황새	봉	
	微	彳	작을	미			扶	扌	도울	부	
	尾	尸	꼬리	미			浮	氵	뜰	부	
	薄	艹	엷을	박			付	亻	줄	부	
	迫	辶	핍박할	박			符	竹	부호	부	
	飯	食	밥	반			附	阝	붙을	부	
	般	舟	일반	반			簿	竹	문서	부	
	盤	皿	소반	반			腐	肉	썩을	부	
	拔	扌	뽑을	발			賦	貝	부세	부	
	芳	艹	꽃다울	방			奔	大	달릴	분	
	排	扌	밀칠	배			奮	大	떨칠	분	
	輩	車	무리	배			紛	糸	어지러울	분	
	培	土	북돋울	배			拂	扌	떨칠	불	

3Ⅱ-5 신습한자

읽기 1	읽기 2	한자	부수	뜻	음	쓰기 1	쓰기 2
		妃	女	왕비	비		
		卑	十	낮을	비		
		婢	女	계집종	비		
		肥	月	살찔	비		
		司	口	맡을	사		
		詞	言	말	사		
		沙	氵	모래	사		
		祀	示	제사	사		
		邪	阝	간사할	사		
		斜	斗	비낄	사		
		蛇	虫	긴 뱀	사		
		削	刂	깎을	삭		
		森	木	수풀	삼		
		喪	口	잃을	상		
		像	亻	모양	상		
		償	亻	갚을	상		
		尚	小	오히려	상		
		裳	衣	치마	상		
		詳	言	자세할	상		
		霜	雨	서리	상		
		桑	木	뽕나무	상		
		索	糸	찾을	색		
		塞	土	막힐	색		
		徐	彳	천천히	서		
		恕	心	용서할	서		
		緖	糸	실마리	서		
		署	罒	관청	서		
		惜	忄	아낄	석		
		釋	釆	풀	석		
		旋	方	돌	선		
		禪	示	선	선		
		疏	足	소통할	소		
		蘇	艹	깨어날	소		
		訴	言	호소할	소		
		燒	火	사를	소		
		訟	言	송사할	송		
		刷	刂	인쇄할	쇄		
		鎖	金	쇠사슬	쇄		
		衰	衣	쇠할	쇠		
		壽	士	목숨	수		
		帥	巾	장수	수		
		愁	心	근심	수		
		殊	歹	다를	수		
		獸	犬	짐승	수		
		輸	車	보낼	수		
		隨	阝	따를	수		
		需	雨	쓰일	수		
		垂	土	드리울	수		
		淑	氵	맑을	숙		
		熟	灬	익을	숙		

3Ⅱ-6 선습한자

읽기 1 2	한자	부수	뜻	음	쓰기 1 2		읽기 1 2	한자	부수	뜻	음	쓰기 1 2
	巡	巛	돌	순				仰	亻	우러를	앙	
	旬	日	열흘	순				央	大	가운데	앙	
	瞬	目	눈 깜짝일	순				哀	口	슬플	애	
	述	辶	펼	술				若	艹	같을	약	
	拾	扌	주울	습				揚	扌	날릴	양	
	襲	衣	엄습할	습				壤	土	흙덩이	양	
	濕	氵	젖을	습				讓	言	사양할	양	
	乘	ノ	탈	승				御	彳	다스릴	어	
	僧	亻	중	승				憶	忄	생각할	억	
	昇	日	오를	승				抑	扌	누를	억	
	侍	亻	모실	시				亦	亠	또	역	
	飾	食	꾸밀	식				役	彳	부릴	역	
	愼	忄	삼갈	신				疫	疒	전염병	역	
	審	宀	살필	심				譯	言	번역할	역	
	甚	甘	심할	심				驛	馬	역	역	
	雙	隹	두	쌍				宴	宀	잔치	연	
	亞	二	버금	아				沿	氵	물 따라갈	연	
	我	戈	나	아				軟	車	연할	연	
	阿	阝	언덕	아				燕	灬	제비	연	
	牙	牙	어금니	아				悅	忄	기쁠	열	
	雅	隹	맑을	아				染	木	물들	염	
	芽	艹	싹	아				炎	火	불꽃	염	
	岸	山	언덕	안				鹽	鹵	소금	염	
	顔	頁	낯	안				影	彡	그림자	영	
	巖	山	바위	암				譽	言	기릴	예	

3Ⅱ-7 선습한자

읽기 1	읽기 2	한자	부수	뜻	음	쓰기 1	쓰기 2
		悟	忄	깨달을	오		
		烏	灬	까마귀	오		
		獄	犭	감옥	옥		
		瓦	瓦	기와	와		
		緩	糸	느릴	완		
		欲	欠	하고자할	욕		
		慾	心	욕심	욕		
		辱	辰	욕될	욕		
		羽	羽	깃	우		
		宇	宀	집	우		
		偶	亻	짝	우		
		愚	心	어리석을	우		
		憂	心	근심	우		
		韻	音	운	운		
		越	走	넘을	월		
		偽	亻	거짓	위		
		胃	月	밥통	위		
		謂	言	이를	위		
		幼	幺	어릴	유		
		幽	幺	그윽할	유		
		悠	心	멀	유		
		柔	木	부드러울	유		
		猶	犭	오히려	유		
		維	糸	벼리	유		
		裕	衤	넉넉할	유		

읽기 1	읽기 2	한자	부수	뜻	음	쓰기 1	쓰기 2
		誘	言	꾈	유		
		潤	氵	불을	윤		
		乙	乙	새	을		
		淫	氵	음란할	음		
		已	己	이미	이		
		翼	羽	날개	익		
		忍	心	참을	인		
		逸	辶	편안할	일		
		壬	士	북방	임		
		賃	貝	품삯	임		
		慈	心	사랑	자		
		刺	刂	찌를	자		
		紫	糸	자줏빛	자		
		暫	日	잠깐	잠		
		潛	氵	잠길	잠		
		丈	一	어른	장		
		掌	手	손바닥	장		
		粧	米	단장할	장		
		莊	艹	장엄할	장		
		藏	艹	감출	장		
		臟	月	오장	장		
		葬	艹	장사지낼	장		
		栽	木	심을	재		
		載	車	실을	재		
		裁	衣	옷마를	재		

3Ⅱ-8 선습한자

읽기? 뜻, 음을 가리고 읽어본 후 틀린 글자는 V표 하세요.
쓰기? 한자와 부수를 가리고 써본 후 틀린 글자는 V표 하세요.

읽기 1 2	한자	부수	뜻	음	쓰기 1 2
	抵	扌	막을	저	
	著	艹	나타날	저	
	寂	宀	고요할	적	
	摘	扌	가리킬	적	
	笛	竹	피리	적	
	跡	足	발자취	적	
	蹟	足	자취	적	
	殿	殳	전각	전	
	漸	氵	점점	점	
	井	二	우물	정	
	亭	亠	정자	정	
	廷	廴	조정	정	
	征	彳	칠	정	
	淨	氵	깨끗할	정	
	貞	貝	곧을	정	
	頂	頁	정수리	정	
	諸	言	모두	제	
	齊	齊	가지런할	제	
	兆	儿	조짐	조	
	照	灬	비칠	조	
	租	禾	조세	조	
	縱	糸	세로	종	
	坐	土	앉을	좌	
	宙	宀	집	주	
	柱	木	기둥	주	

읽기 1 2	한자	부수	뜻	음	쓰기 1 2
	洲	氵	물가	주	
	奏	大	아뢸	주	
	鑄	金	쇠 불릴	주	
	株	木	그루	주	
	珠	玉	구슬	주	
	仲	亻	버금	중	
	卽	卩	곧	즉	
	曾	曰	거듭	증	
	憎	忄	미울	증	
	症	疒	증세	증	
	蒸	艹	찔	증	
	之	丿	갈	지	
	池	氵	못	지	
	枝	木	가지	지	
	鎭	金	진압할	진	
	辰	辰	별	진	
	振	扌	떨칠	진	
	震	雨	우레	진	
	陳	阝	베풀	진	
	疾	疒	병	질	
	秩	禾	차례	질	
	執	土	잡을	집	
	徵	彳	부를	징	
	此	止	이	차	
	借	亻	빌릴	차	

3Ⅱ-9 선습한자

읽기 1	읽기 2	한자	부수	뜻	음	쓰기 1	쓰기 2
		錯	金	어긋날	착		
		贊	貝	도울	찬		
		倉	人	곳집	창		
		蒼	艹	푸를	창		
		昌	日	창성할	창		
		彩	彡	채색	채		
		菜	艹	나물	채		
		債	亻	빚	채		
		策	竹	꾀	책		
		妻	女	아내	처		
		尺	尸	자	척		
		戚	戈	친척	척		
		拓	扌	넓힐	척		
		遷	辶	옮길	천		
		淺	氵	얕을	천		
		賤	貝	천할	천		
		踐	足	밟을	천		
		哲	口	밝을	철		
		徹	彳	통할	철		
		滯	氵	막힐	체		
		礎	石	주춧돌	초		
		肖	月	닮을	초		
		超	走	뛰어넘을	초		
		促	亻	재촉할	촉		
		觸	角	닿을	촉		

읽기 1	읽기 2	한자	부수	뜻	음	쓰기 1	쓰기 2
		催	亻	재촉할	최		
		追	辶	쫓을	추		
		畜	田	짐승	축		
		衝	行	부딪칠	충		
		吹	口	불	취		
		醉	酉	취할	취		
		側	亻	곁	측		
		値	亻	값	치		
		恥	心	부끄러울	치		
		稚	禾	어릴	치		
		漆	氵	옻	칠		
		沈	氵	잠길	침		
		浸	氵	잠길	침		
		奪	大	빼앗을	탈		
		塔	土	탑	탑		
		湯	氵	끓일	탕		
		殆	歹	거의	태		
		泰	水	클	태		
		澤	氵	못	택		
		兎	儿	토끼	토		
		吐	口	토할	토		
		透	辶	통할	투		
		版	片	판목	판		
		片	片	조각	편		
		偏	亻	치우칠	편		

3Ⅱ-10 신습한자

읽기 1	읽기 2	한자	부수	뜻	음	쓰기 1	쓰기 2
		編	糸	엮을	편		
		弊	廾	폐단	폐		
		廢	广	폐할	폐		
		肺	月	허파	폐		
		捕	扌	잡을	포		
		浦	氵	물가	포		
		楓	木	단풍	풍		
		皮	皮	가죽	피		
		彼	彳	저	피		
		被	衤	입을	피		
		畢	田	마칠	필		
		何	亻	어찌	하		
		荷	艹	멜	하		
		賀	貝	하례할	하		
		鶴	鳥	학	학		
		汗	氵	땀	한		
		割	刂	벨	할		
		含	口	머금을	함		
		陷	阝	빠질	함		
		恒	忄	항상	항		
		項	頁	항목	항		
		響	音	울릴	향		
		獻	犬	드릴	헌		
		玄	玄	검을	현		
		懸	心	달	현		

읽기 1	읽기 2	한자	부수	뜻	음	쓰기 1	쓰기 2
		穴	穴	구멍	혈		
		脅	月	위협할	협		
		衡	行	저울대	형		
		慧	心	슬기로울	혜		
		浩	氵	넓을	호		
		胡	月	오랑캐	호		
		虎	虍	범	호		
		豪	豕	호걸	호		
		惑	心	미혹할	혹		
		魂	鬼	넋	혼		
		忽	心	갑자기	홀		
		洪	氵	넓을	홍		
		禍	示	재앙	화		
		換	扌	바꿀	환		
		還	辶	돌아올	환		
		皇	白	임금	황		
		荒	艹	거칠	황		
		悔	忄	뉘우칠	회		
		懷	忄	품을	회		
		劃	刂	그을	획		
		獲	犭	얻을	획		
		橫	木	가로	횡		
		胸	月	가슴	흉		
		稀	禾	드물	희		
		戲	戈	놀이	희		

3-1 선습한자

읽기 1	2	한자	부수	뜻	음	쓰기 1	2
		却	卩	물리칠	각		
		姦	女	간음할	간		
		渴	氵	목마를	갈		
		慨	忄	슬퍼할	개		
		皆	白	다	개		
		乞	乙	빌	걸		
		牽	牛	이끌	견		
		遣	辶	보낼	견		
		肩	月	어깨	견		
		絹	糸	비단	견		
		卿	卩	벼슬	경		
		竟	立	마침내	경		
		庚	广	별	경		
		癸	癶	북방	계		
		繫	糸	맬	계		
		枯	木	마를	고		
		顧	頁	돌아볼	고		
		坤	土	땅	곤		
		郭	阝	외성	곽		
		掛	扌	걸	괘		
		塊	土	흙덩이	괴		
		愧	忄	부끄러울	괴		
		郊	阝	들	교		
		矯	矢	바로잡을	교		
		俱	亻	함께	구		

읽기 1	2	한자	부수	뜻	음	쓰기 1	2
		驅	馬	몰	구		
		狗	犭	개	구		
		苟	艹	진실로	구		
		懼	忄	두려워할	구		
		厥	厂	그	궐		
		軌	車	바퀴자국	궤		
		龜	龜	거북	귀		
		叫	口	부르짖을	규		
		糾	糸	얽힐	규		
		僅	亻	겨우	근		
		謹	言	삼갈	근		
		斤	斤	도끼	근		
		肯	月	즐길	긍		
		欺	欠	속일	기		
		忌	心	꺼릴	기		
		幾	幺	몇	기		
		旣	无	이미	기		
		棄	木	버릴	기		
		豈	豆	어찌	기		
		飢	食	주릴	기		
		那	阝	어찌	나		
		奈	大	어찌	내		
		乃	丿	곧	내		
		惱	忄	번뇌할	뇌		
		畓	田	논	답		

43

3-2 선습한자

읽기 1 2	한자	부수	뜻	음	쓰기 1 2
	塗	土	칠할	도	
	挑	扌	돋울	도	
	跳	足	뛸	도	
	稻	禾	벼	도	
	篤	竹	도타울	독	
	敦	攵	도타울	돈	
	豚	豕	돼지	돈	
	屯	屮	진칠	둔	
	鈍	金	둔할	둔	
	騰	馬	오를	등	
	濫	氵	넘칠	람	
	掠	扌	노략질할	략	
	諒	言	살펴 알	량	
	憐	忄	불쌍히 여길	련	
	劣	力	못할	렬	
	廉	广	청렴할	렴	
	獵	犭	사냥	렵	
	零	雨	떨어질	령	
	隸	隶	종	례	
	鹿	鹿	사슴	록	
	了	亅	마칠	료	
	僚	亻	동료	료	
	屢	尸	여러	루	
	淚	氵	눈물	루	
	梨	木	배	리	

읽기 1 2	한자	부수	뜻	음	쓰기 1 2
	隣	阝	이웃	린	
	慢	忄	거만할	만	
	漫	氵	흩어질	만	
	忙	忄	바쁠	망	
	忘	心	잊을	망	
	茫	艹	아득할	망	
	罔	罓	없을	망	
	埋	土	묻을	매	
	冥	冖	어두울	명	
	侮	亻	업신여길	모	
	冒	冂	무릅쓸	모	
	募	力	모을	모	
	暮	日	저물	모	
	某	木	아무	모	
	卯	卩	토끼	묘	
	廟	广	사당	묘	
	苗	艹	모	묘	
	霧	雨	안개	무	
	戊	戈	무성할	무	
	迷	辶	헤맬	미	
	眉	目	눈썹	미	
	憫	忄	민망할	민	
	敏	攵	민첩할	민	
	蜜	虫	꿀	밀	
	泊	氵	머무를	박	

3-3 선습한자

읽기? 뜻, 음을 가리고 읽어본 후 틀린 글자는 V표 하세요.
쓰기? 한자와 부수를 가리고 써본 후 틀린 글자는 V표 하세요.

읽기 1	읽기 2	한자	부수	뜻	음	쓰기 1	쓰기 2
		伴	亻	짝	반		
		叛	又	배반할	반		
		返	辶	돌이킬	반		
		倣	亻	본뜰	방		
		傍	亻	곁	방		
		邦	阝	나라	방		
		杯	木	잔	배		
		煩	火	번거로울	번		
		飜	飛	번역할	번		
		辨	辛	분별할	변		
		屛	尸	병풍	병		
		竝	立	나란히	병		
		卜	卜	점	복		
		蜂	虫	벌	봉		
		赴	走	다다를	부		
		墳	土	무덤	분		
		朋	月	벗	붕		
		崩	山	무너질	붕		
		賓	貝	손님	빈		
		頻	頁	자주	빈		
		聘	耳	부를	빙		
		似	亻	닮을	사		
		巳	己	뱀	사		
		捨	扌	버릴	사		
		斯	斤	이	사		

읽기 1	읽기 2	한자	부수	뜻	음	쓰기 1	쓰기 2
		詐	言	속일	사		
		賜	貝	줄	사		
		朔	月	초하루	삭		
		嘗	口	맛볼	상		
		祥	示	상서	상		
		庶	广	여러	서		
		敍	攴	펼	서		
		暑	日	더울	서		
		逝	辶	갈	서		
		誓	言	맹세할	서		
		昔	日	예	석		
		析	木	쪼갤	석		
		攝	扌	다스릴	섭		
		涉	氵	건널	섭		
		蔬	艹	나물	소		
		召	口	부를	소		
		昭	日	밝을	소		
		騷	馬	떠들	소		
		粟	米	조	속		
		誦	言	욀	송		
		囚	口	가둘	수		
		睡	目	졸음	수		
		搜	扌	찾을	수		
		誰	言	누구	수		
		雖	隹	비록	수		

45

3-4 선습한자

읽기 1 2	한자	부수	뜻	음	쓰기 1 2
	遂	辶	드디어	수	
	須	頁	모름지기	수	
	孰	子	누구	숙	
	循	彳	돌	순	
	殉	歹	따라죽을	순	
	脣	月	입술	순	
	戌	戈	개	술	
	矢	矢	화살	시	
	伸	亻	펼	신	
	辛	辛	매울	신	
	晨	日	새벽	신	
	尋	寸	찾을	심	
	餓	食	주릴	아	
	岳	山	큰산	악	
	雁	隹	기러기	안	
	謁	言	뵐	알	
	押	扌	누를	압	
	殃	歹	재앙	앙	
	涯	氵	물가	애	
	厄	厂	액	액	
	也	乙	또한	야	
	耶	耳	어조사	야	
	躍	足	뛸	약	
	楊	木	버들	양	
	於	方	어조사	어	

읽기 1 2	한자	부수	뜻	음	쓰기 1 2
	焉	灬	어찌	언	
	予	亅	나	여	
	汝	氵	너	여	
	余	人	남을	여	
	輿	車	수레	여	
	閱	門	볼	열	
	泳	氵	헤엄칠	영	
	詠	言	읊을	영	
	銳	金	날카로울	예	
	傲	亻	거만할	오	
	吾	口	나	오	
	娛	女	즐길	오	
	嗚	口	슬플	오	
	汚	氵	더러울	오	
	擁	扌	안을	옹	
	翁	羽	늙은이	옹	
	臥	臣	누울	와	
	曰	曰	말할	왈	
	畏	田	두려워할	외	
	搖	扌	흔들	요	
	遙	辶	멀	요	
	腰	月	허리	요	
	庸	广	고용할	용	
	于	二	어조사	우	
	又	又	또	우	

3-5 선습한자

읽기? 뜻, 음을 가리고 읽어본 후 틀린 글자는 V표 하세요.
쓰기? 한자와 부수를 가리고 써본 후 틀린 글자는 V표 하세요.

읽기 1	2	한자	부수	뜻	음	쓰기 1	2
		尤	尢	더욱	우		
		云	二	이를	운		
		違	辶	어긋날	위		
		緯	糸	씨실	위		
		愈	心	나을	유		
		唯	口	오직	유		
		惟	忄	생각할	유		
		酉	酉	닭	유		
		閏	門	윤달	윤		
		吟	口	읊을	음		
		泣	氵	울	읍		
		凝	冫	엉길	응		
		宜	宀	마땅	의		
		矣	矢	어조사	의		
		夷	大	오랑캐	이		
		而	而	수염	이		
		姻	女	혼인	인		
		寅	宀	범	인		
		恣	心	방자할	자		
		玆	玄	이	자		
		爵	爪	벼슬	작		
		酌	酉	술 부을	작		
		墻	土	담	장		
		哉	口	비로소	재		
		宰	宀	재상	재		

읽기 1	2	한자	부수	뜻	음	쓰기 1	2
		滴	氵	물방울	적		
		竊	穴	훔칠	절		
		蝶	虫	나비	접		
		訂	言	바로잡을	정		
		堤	土	둑	제		
		弔	弓	조상할	조		
		燥	火	마를	조		
		拙	扌	졸할	졸		
		佐	亻	도울	좌		
		舟	舟	배	주		
		俊	亻	준걸	준		
		遵	辶	좇을	준		
		贈	貝	줄	증		
		只	口	다만	지		
		遲	辶	더딜	지		
		姪	女	조카	질		
		懲	心	징계할	징		
		且	一	또	차		
		捉	扌	잡을	착		
		慘	忄	참혹할	참		
		慙	心	부끄러울	참		
		暢	日	화창할	창		
		斥	斤	물리칠	척		
		薦	艹	천거할	천		
		尖	小	뾰족할	첨		

3-6 선습한자

읽기? 뜻, 음을 가리고 읽어본 후 틀린 글자는 V표 하세요.
쓰기? 한자와 부수를 가리고 써본 후 틀린 글자는 V표 하세요.

읽기 1	2	한자	부수	뜻	음	쓰기 1	2
		添	氵	더할	첨		
		妾	女	첩	첩		
		晴	日	갤	청		
		替	曰	바꿀	체		
		逮	辶	잡을	체		
		遞	辶	전할	체		
		抄	扌	뽑을	초		
		秒	禾	분초	초		
		燭	火	촛불	촉		
		聰	耳	귀 밝을	총		
		抽	扌	뽑을	추		
		醜	酉	추할	추		
		丑	一	소	축		
		逐	辶	쫓을	축		
		臭	自	냄새	취		
		枕	木	베개	침		
		妥	女	온당할	타		
		墮	土	떨어질	타		
		托	扌	맡길	탁		
		濯	氵	씻을	탁		
		濁	氵	흐릴	탁		
		誕	言	속일	탄		
		貪	貝	탐낼	탐		
		怠	心	게으를	태		
		把	扌	잡을	파		

읽기 1	2	한자	부수	뜻	음	쓰기 1	2
		播	扌	뿌릴	파		
		罷	罒	마칠	파		
		頗	頁	자못	파		
		販	貝	팔	판		
		貝	貝	조개	패		
		遍	辶	두루	편		
		蔽	艹	덮을	폐		
		幣	巾	돈	폐		
		抱	扌	안을	포		
		飽	食	배부를	포		
		幅	巾	폭	폭		
		漂	氵	떠다닐	표		
		匹	匸	짝	필		
		旱	日	가물	한		
		咸	口	다	함		
		巷	己	거리	항		
		奚	大	어찌	해		
		亥	亠	돼지	해		
		該	言	갖출	해		
		享	亠	누릴	향		
		軒	車	집	헌		
		絃	糸	악기 줄	현		
		縣	糸	고을	현		
		嫌	女	싫어할	혐		
		亨	亠	형통할	형		

48

3-7 신습한자

읽기 1	2	한자	부수	뜻	음	쓰기 1	2
		螢	虫	반딧불	형		
		兮	八	어조사	혜		
		互	二	서로	호		
		乎	丿	어조사	호		
		毫	毛	터럭	호		
		昏	日	어두울	혼		
		弘	弓	클	홍		
		鴻	鳥	기러기	홍		
		禾	禾	벼	화		

읽기 1	2	한자	부수	뜻	음	쓰기 1	2
		擴	扌	넓힐	확		
		穫	禾	거둘	확		
		丸	丶	둥글	환		
		曉	日	새벽	효		
		侯	亻	제후	후		
		毁	殳	헐	훼		
		輝	車	빛날	휘		
		携	扌	이끌	휴		

1 却 5획 물리칠 각	卩	가서(去) 무릎 꿇려(卩) 항복을 받고 **물리치니**
		去(갈 거) 卩(무릎 꿇을 절)
		• 退却(퇴각) : 뒤로 물러감 • 賣却(매각) : 물건을 팔아 버림
2 姦 6획 간음할 간	女	세 **여자**(女)와 **간음하니**
		女(계집 녀)
		• 強姦(강간) : 강제로 간음함 • 姦淫(간음) : 부부가 아닌 남녀가 성 관계를 맺음
3 渴 9획 목마를 갈	氵	물(氵)이 다하여(曷) **목마르니**
		氵(물 수) 曰(말할 왈) 勹(쌀 포) 人(사람 인) ㄴ(숨을 혜)
		*曷(다 갈) : 말하며(曰) 싸인(勹) 곳으로 사람(人)들이 숨어(ㄴ) 다 없어지니 • 渴症(갈증) : 목이 말라 물을 마시고 싶은 느낌
4 慨 11획 슬퍼할 개	忄	마음(忄)에 이미(既) 잘못된 일을 **슬퍼하니**
		忄(마음 심) 既(이미 기 = 旣)
		• 憤慨(분개) : 몹시 분하게 여김 • 慨歎(개탄) : 분하거나 못마땅하게 여겨 한탄함

자원으로 한자 알기

* 가서(去) 무릎 꿇려(　) 항복을 받고 **물리치니**
* 세 여자(　)와 **간음하니**
* 물(　)이 다하여(曷) **목마르니**
* 마음(　)에 이미(既) 잘못된 일을 **슬퍼하니**

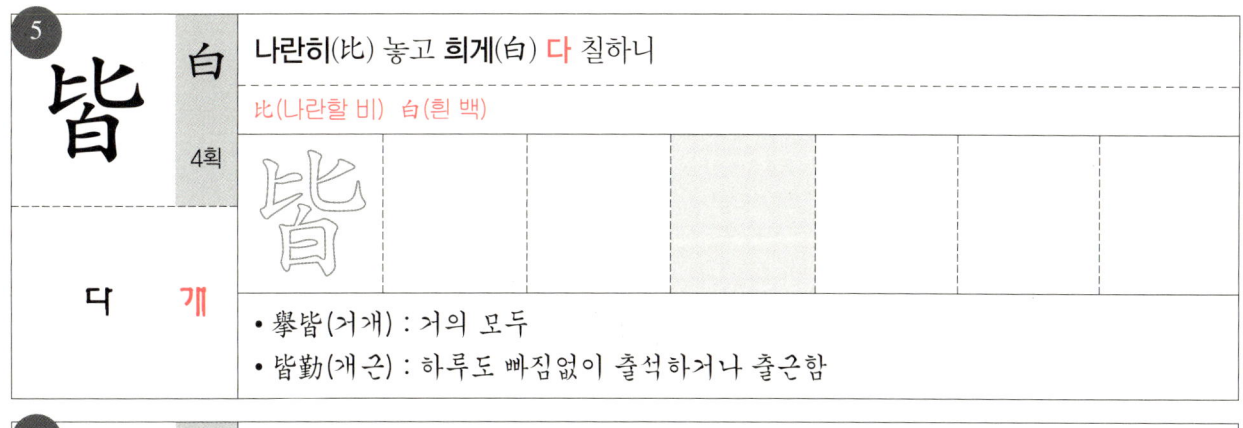
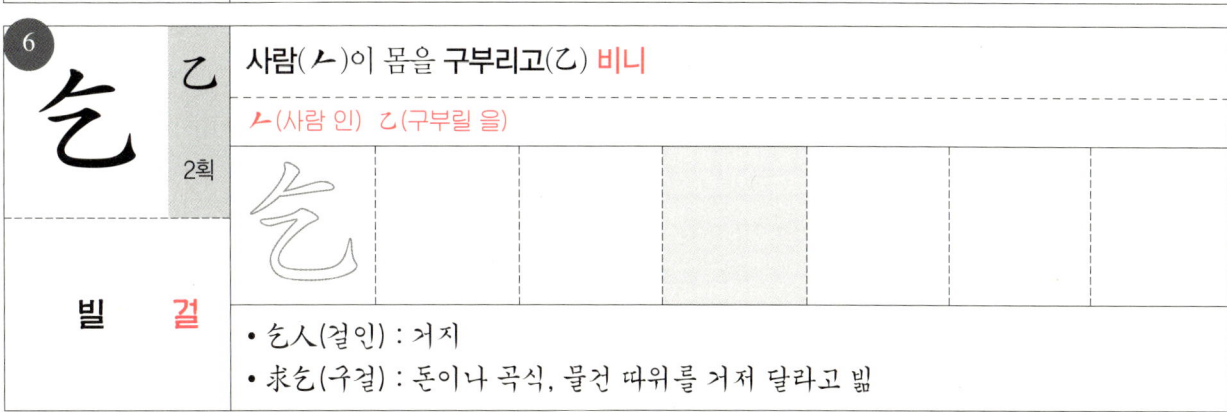
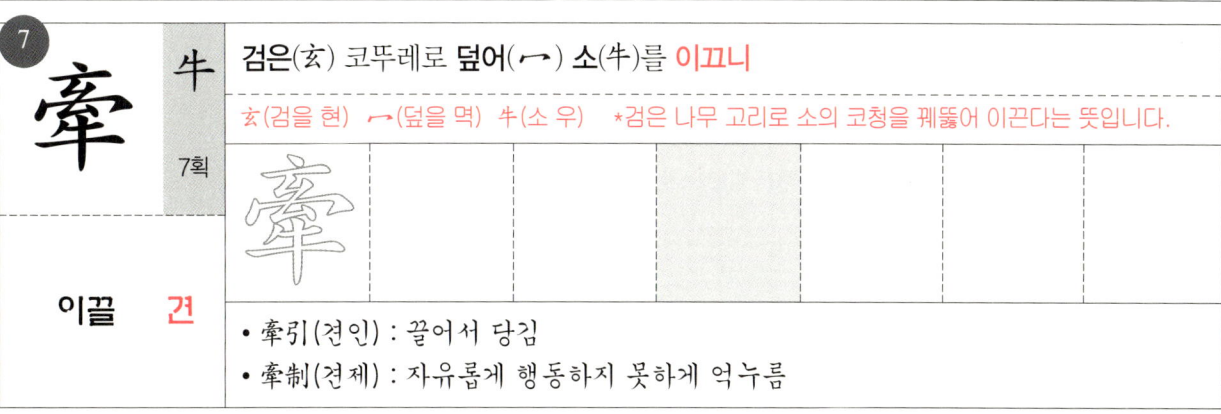
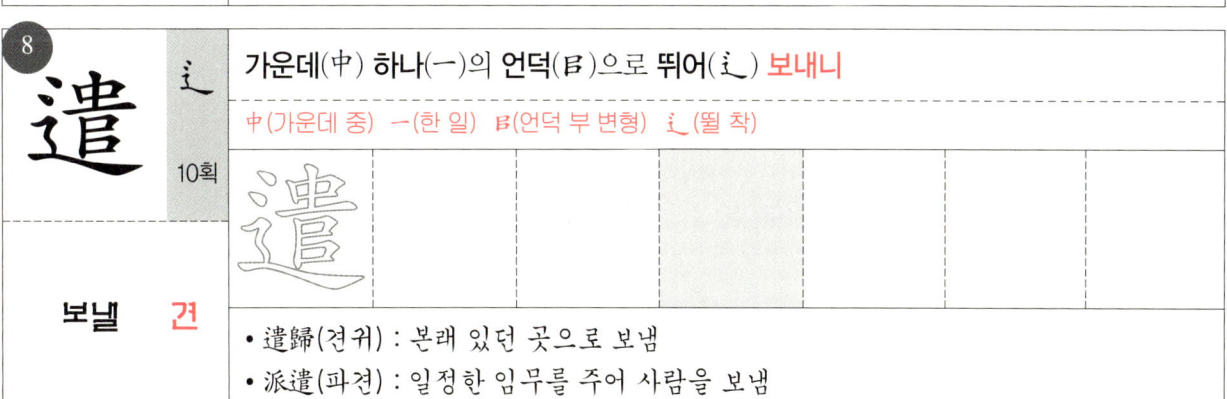

자원으로 한자 알기

* 나란히(比) 놓고 희게(　) 다 칠하니
* 사람(亻)이 몸을 구부리고(　) 비니
* 검은(玄) 코뚜레로 덮어(冖) 소(　)를 이끄니
* 가운데(中) 하나(一)의 언덕(B)으로 뛰어(　) 보내니

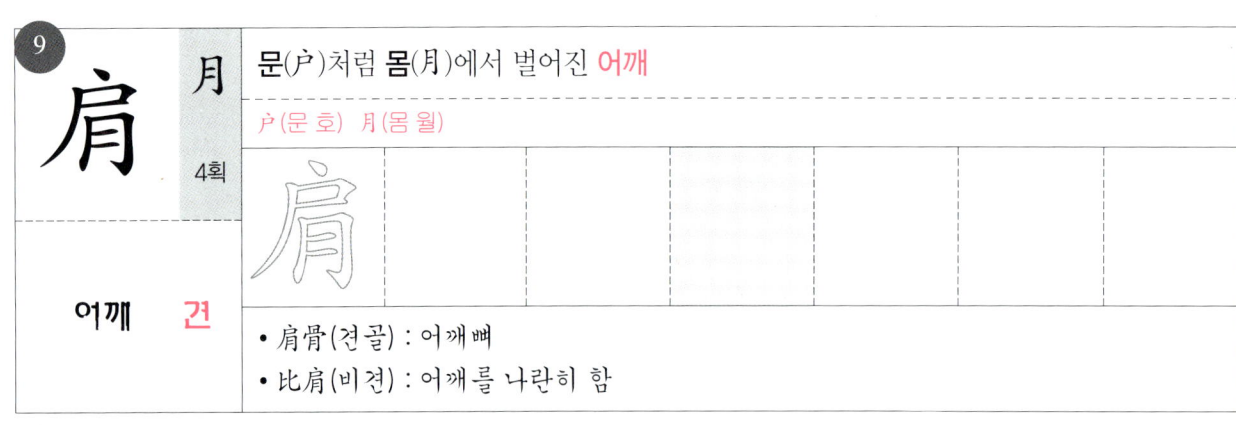

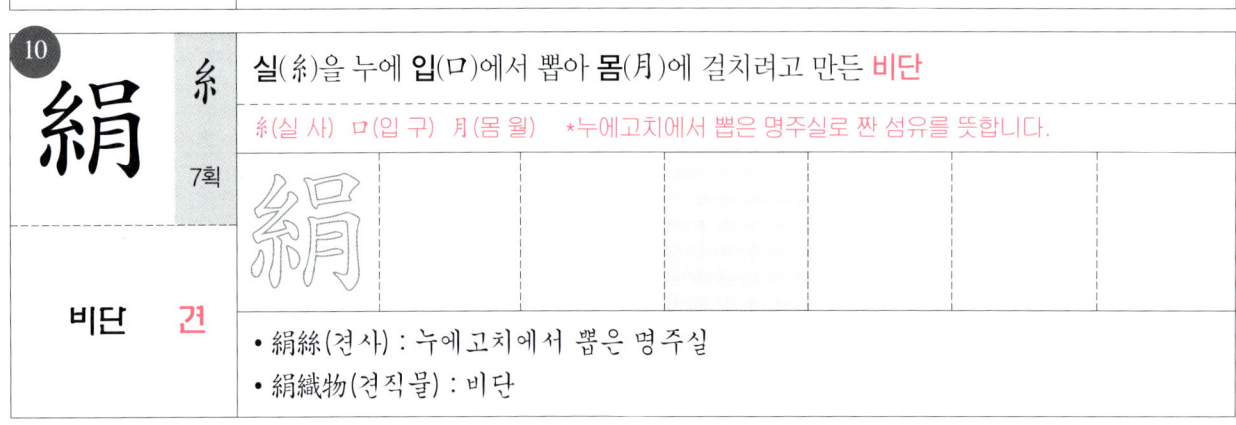

자원으로 한자 알기

* 문(戶)처럼 몸(   )에서 벌어진 어깨
* 실(   )을 누에 입(口)에서 뽑아 몸(月)에 걸치려고 만든 비단

一思多得

① 却(물리칠 각) 脚(다리 각) 잘 구별하세요.

却(물리칠 각) : 가서(去) 무릎 꿇려(卩) 항복을 받고 물리치니

脚(다리 각) : 몸(月)에서 걸어가기도(去) 하고 무릎 꿇기도(卩) 하는 다리

| 木 | + | 旣 | = | 概(대강 개) | 나무(木)가 이미(旣) 자라 대강 살피니 |
| 忄 | + | | = | 慨(슬퍼할 개) | 마음(忄)에 이미(旣) 잘못된 일을 슬퍼하니 |

⑤ 皆(다 개) 階(계단 계) 잘 구별하세요.

皆(다 개) : 나란히(比) 놓고 희게(白) 다 칠하니

階(계단 계) : 언덕(阝)에 나란히(比) 하얗게(白) 만든 계단

다음 한자를 나누고 **자원**을 쓰면서 익히세요.

却 물리칠 각	=		+
姦 간음할 간	=		+	+
渴 목마를 갈	=		+
慨 슬퍼할 개	=		+
皆 다 개	=		+
乞 빌 걸	=		+
牽 이끌 견	=		+	+
遣 보낼 견	=		+	+	+
肩 어깨 견	=		+
絹 비단 견	=		+	+

53

다음 한자어의 독음을 쓰세요.

退却　　賣却　　強姦　　姦淫

渴症　　憤慨　　慨歎　　擧皆

皆勤　　乞人　　求乞　　牽引

牽制　　遣歸　　派遣　　肩骨

比肩　　絹絲

다음 한자어를 한자로 쓰세요.

| 물러날 퇴 | 물리칠 각 | 억지로 강 | 간음할 간 | 목마를 갈 | 증세 증 | 성낼 분 | 슬퍼할 개 |

| 모두 거 | 다 개 | 빌 걸 | 사람 인 | 이끌 견 | 끌 인 | 보낼 견 | 돌아갈 귀 |

| 어깨 견 | 뼈 골 | 비단 견 | 실 사 | 팔 매 | 물리칠 각 | 간음할 간 | 음란할 음 |

| 슬퍼할 개 | 탄식할 탄 | 다 개 | 근무할 근 | 구할 구 | 빌 걸 | 이끌 견 | 억제할 제 |

| 보낼 파 | 보낼 견 | 나란할 비 | 어깨 견 |

예문으로 한자어 익히기 (한자로 쓰인 단어의 뜻을 써보세요.)

1. 마을에서 **退却**하는 적군을 모두 생포하라는 명령이 내려왔다.

2. 주식을 외국인에게 **賣却**하였다.

3. 어린 소녀를 **強姦**했던 범인이 경찰에 붙잡혔다.

4. 두 남녀가 **姦淫**하는 현장이 목격되었다.

5. 나는 참을 수 없는 **渴症**을 달래느라고 침을 삼키곤 했다.

6. 사람들은 오만불손한 그의 말에 모두 **憤慨**하였다.

7. 이번 유괴 사건으로 온 국민이 **慨歎**을 금치 못했다.

8. **擧皆**의 사람들이 출세를 하고 싶어 한다.

9. 이 사람은 3년간 **皆勤**하였으므로 상장을 수여합니다.

10. 길 가던 행인이 돈을 건네주자 **乞人**이 연신 머리를 조아리며 두 손으로 받았다.

11. 집안이 가난한 탓에 그는 **求乞**을 나서야 했다.

12. 주차 금지 구역에 주차한 차량을 **牽引**하였다.

13. 그는 상대 선수의 집중적인 **牽制**에도 불구하고 역전 골을 넣었다.

14. 명식은 그녀를 **遣歸**하기로 결심했다.

15. 회사에서는 우수한 신입 사원들을 해외 지사로 **派遣**하여 국제적인 감각을 익히게 하였다.

16. 그는 운동하다 **肩骨**을 다쳐 병원에 입원하였다.

17. 그는 톨스토이에 **比肩**할 만한 소설가이다.

18. **絹絲**로 지은 비단옷이 일품이다.

11 卿	卩 10획	토끼(卯)처럼 어진(卩) 사람이 벼슬하니
		卯(토끼 묘) 卩(어질 량 변형)
벼슬 경		• 卿相(경상) : 재상 • 卿士大夫(경사대부) : 영의정, 좌의정, 우의정 이외의 모든 벼슬아치

12 竟	立 6획	소리(音) 지르고 걸어(儿) 다니며 마침내 끝났음을 알리니
		音(소리 음) 儿(걷는 사람 인)
마침내 끝날 경		• 畢竟(필경) : 마침내 • 竟夜(경야) : 밤을 새움

13 庚	广 5획	큰집(广)에서 또(彐) 사람(人)들이 별이 뜰 때까지 일하니
		广(큰집 엄) 彐(또 우) 人(사람 인) *일이 많은 큰집에서 별이 뜨는 밤까지 일한다는 뜻입니다.
별 경		• 庚方(경방) : 이십사방위의 하나 • 庚辰(경진) : 육십갑자의 열일곱째

14 癸	癶 4획	북방으로 걸어(癶)가 하늘(天)의 뜻을 헤아리니
		癶(걸을 발) 天(하늘 천)
북방 헤아릴 계		• 癸方(계방) : 이십사방위의 하나 • 癸未(계미) : 육십갑자의 스무째

자원으로 한자 알기

* 토끼(卯)처럼 어진(卩) 사람이 벼슬하니
* 소리(音) 지르고 걸어(儿) 다니며 마침내 끝났음을 알리니
* 큰집(   )에서 또(彐) 사람(人)들이 별이 뜰 때까지 일하니
* 북방으로 걸어(   )가 하늘(天)의 뜻을 헤아리니

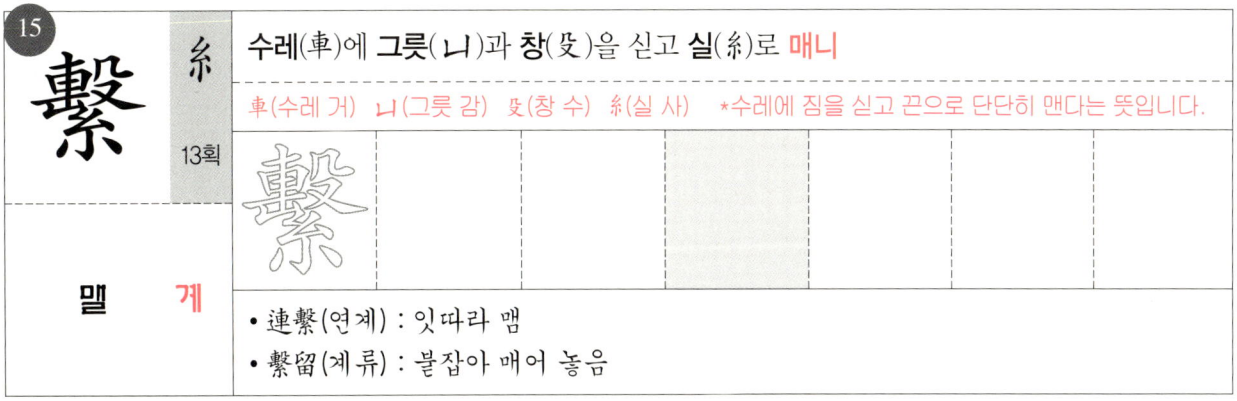

15 繫	糸 13획	수레(車)에 그릇(凵)과 창(殳)을 싣고 실(糸)로 매니
		車(수레 거) 凵(그릇 감) 殳(창 수) 糸(실 사) *수레에 짐을 싣고 끈으로 단단히 맨다는 뜻입니다.
맬 계		• 連繫(연계) : 잇따라 맴 • 繫留(계류) : 붙잡아 매어 놓음

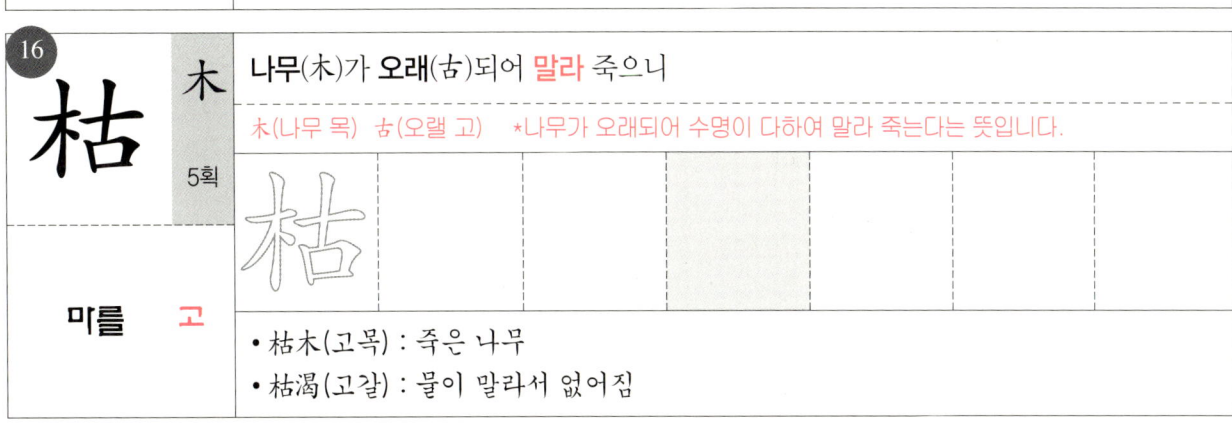

16 枯	木 5획	나무(木)가 오래(古)되어 말라 죽으니
		木(나무 목) 古(오랠 고) *나무가 오래되어 수명이 다하여 말라 죽는다는 뜻입니다.
마를 고		• 枯木(고목) : 죽은 나무 • 枯渴(고갈) : 물이 말라서 없어짐

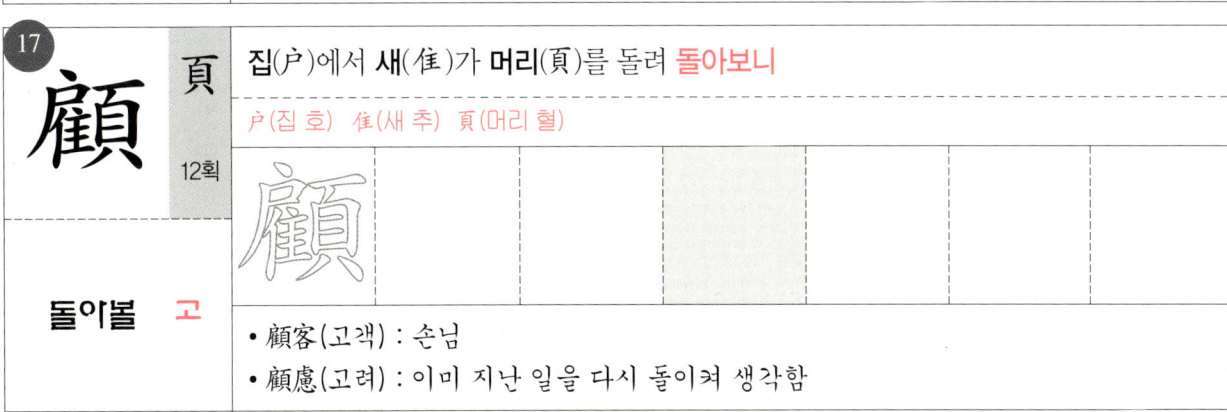

17 顧	頁 12획	집(戶)에서 새(隹)가 머리(頁)를 돌려 돌아보니
		戶(집 호) 隹(새 추) 頁(머리 혈)
돌아볼 고		• 顧客(고객) : 손님 • 顧慮(고려) : 이미 지난 일을 다시 돌이켜 생각함

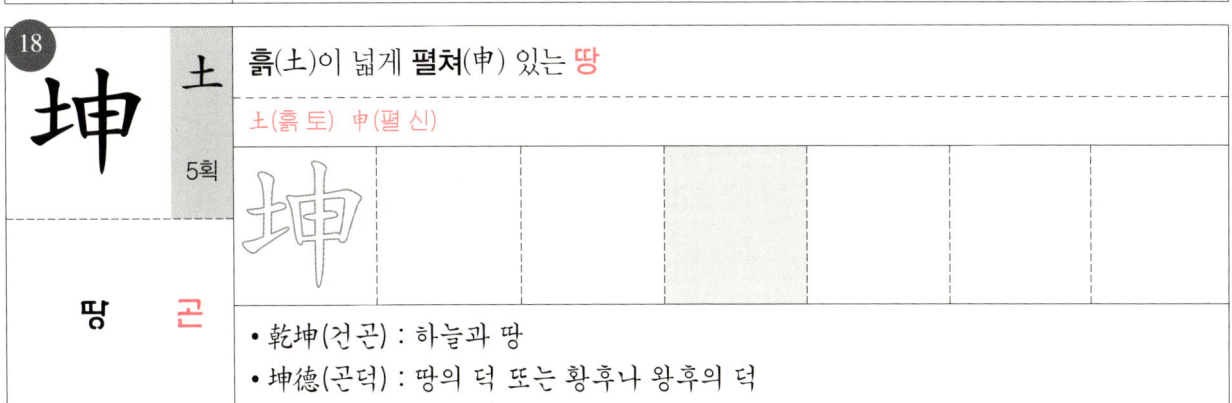

18 坤	土 5획	흙(土)이 넓게 펼쳐(申) 있는 땅
		土(흙 토) 申(펼 신)
땅 곤		• 乾坤(건곤) : 하늘과 땅 • 坤德(곤덕) : 땅의 덕 또는 황후나 왕후의 덕

자원으로 한자 알기

* 수레(車)에 그릇(凵)과 창(殳)을 싣고 실(   )로 매니
* 나무(   )가 오래(古)되어 말라 죽으니
* 집(戶)에서 새(隹)가 머리(   )를 돌려 돌아보니
* 흙(   )이 넓게 펼쳐(申) 있는 땅

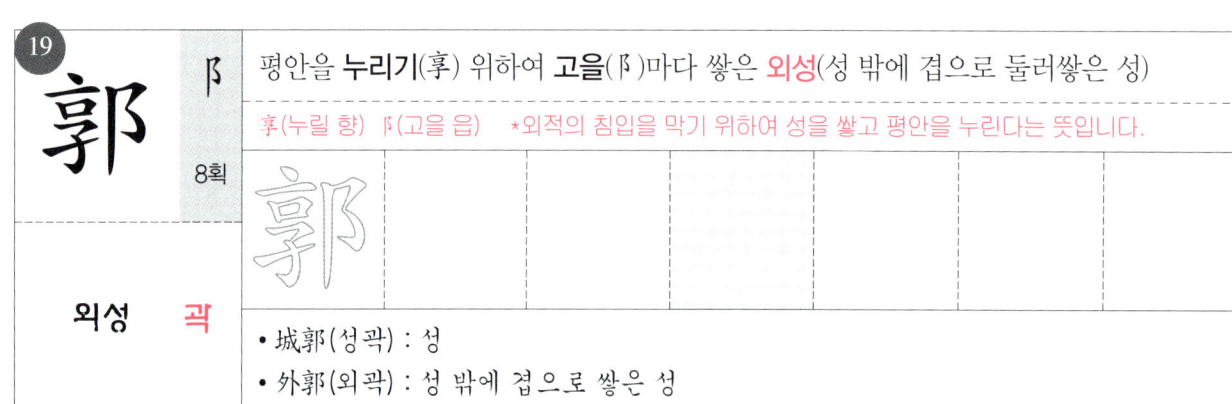

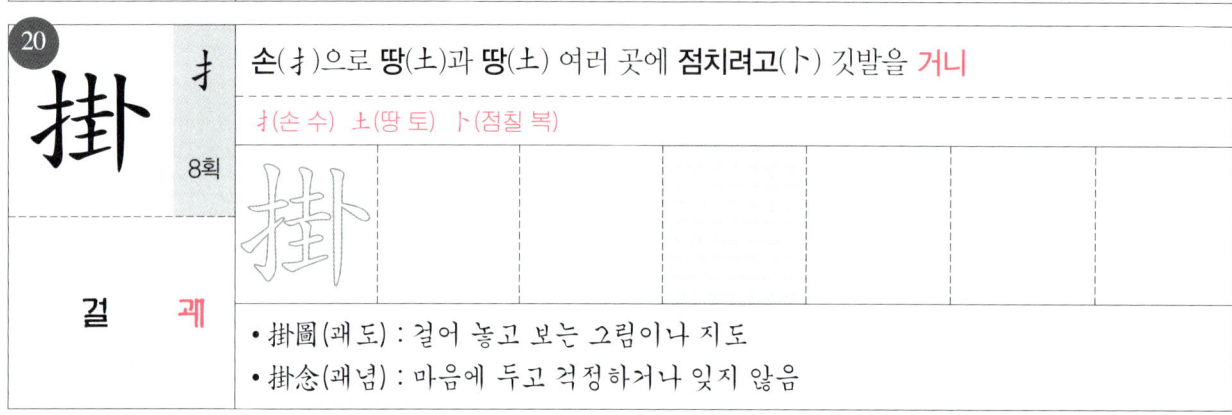

자원으로 한자 알기

* 평안을 **누리기**(享) 위하여 **고을**(　)마다 쌓은 **외성**(성 밖에 겹으로 둘러쌓은 성)
* **손**(　)으로 **땅**(土)과 **땅**(土) 여러 곳에 **점치려고**(卜) 깃발을 **거니**

一思多得

音	+ 心	= 意(뜻 의)	소리(音)쳐 마음(心)의 뜻을 전하니
	+ 十	= 章(글 장)	소리(音)를 열(十) 마디씩 끊어 읽도록 지은 글
	+ 儿	= 竟(마침내 경)	소리(音) 지르고 걸어(儿) 다니며 마침내 끝났음을 알리니

癶	+ 豆	= 登(오를 등)	걸어서(癶) 제기(豆)를 들고 신전에 오르니
	+ 天	= 癸(북방 계)	북방으로 걸어(癶)가 하늘(天)의 뜻을 헤아리니

女 +	古	= 姑(시어미 고)	여자(女)가 오래(古) 살면 시어미가 되니
木 +		= 枯(마를 고)	나무(木)가 오래(古)되어 말라 죽으니

다음 한자를 나누고 **자원**을 쓰면서 익히세요.

卿 (벼슬 경) = ☐ + ☐

竟 (마침내 경) = ☐ + ☐

庚 (별 경) = ☐ + ☐ + ☐

癸 (북방 계) = ☐ + ☐

繫 (맬 계) = ☐ + ☐ + ☐ + ☐

枯 (마를 고) = ☐ + ☐

顧 (돌아볼 고) = ☐ + ☐ + ☐

坤 (땅 곤) = ☐ + ☐

郭 (외성 곽) = ☐ + ☐

掛 (걸 괘) = ☐ + ☐ + ☐ + ☐

다음 한자어의 **독음**을 쓰세요.

卿相	畢竟	竟夜	庚方
庚辰	癸方	癸未	連繫
繫留	枯木	枯渴	顧客
顧慮	乾坤	坤德	城郭
外郭	掛圖	掛念	

다음 한자어를 **한자**로 쓰세요.

벼슬 경 · 재상 상	마침내 필 · 마침내 경	천간 경 · 방위 방	북방 계 · 방위 방
이을 련 · 맬 계	마를 고 · 나무 목	돌아볼 고 · 손 객	하늘 건 · 땅 곤
성 성 · 외성 곽	걸 괘 · 그림 도	끝날 경 · 밤 야	천간 경 · 지지 진
천간 계 · 지지 미	맬 계 · 붙잡을 류	마를 고 · 목마를 갈	돌아볼 고 · 생각할 려
땅 곤 · 덕 덕	바깥 외 · 외성 곽	걸 괘 · 생각 념	

예문으로 한자어 익히기 (한자로 쓰인 단어의 뜻을 써보세요.)

1. 卿相은 육경(六卿)과 삼상(三相)을 아울러 이르는 말이다.

2. 땅을 뺏기고, 집을 뺏기고, 畢竟엔 외국으로 쫓겨나기까지 했습니다.

3. 황후는 세자문제로 고민하느라 竟夜했다.

4. 정서(正西)에서 남으로 15도 방위를 중심으로 한 15도 각도 안의 방향이 庚方이다.

5. 그는 庚辰년에 태어났다.

6. 癸方은 정북(正北)에서 동으로 15도 되는 방위를 중심으로 한 15도 각도 안의 방향이다.

7. 그는 癸未년 생이다.

8. 그 작품은 시대적 상황과 밀접히 連繫되어 있다.

9. 폭풍에 대비해 배를 부둣가에 繫留해 두었다.

10. 천 년 묵은 아름드리 枯木 한 그루가 버티고 서 있다.

11. 오랜 가뭄으로 하천의 물이 枯渴되어 어려움을 겪고 있다.

12. 그 점원은 顧客에게 친절하게 대한다.

13. 선비는 이미 지난 일을 다시 顧慮했다.

14. 그림에 乾坤을 그려 넣었다.

15. 천자의 덕을 건덕(乾德), 황후나 왕후의 덕을 坤德이라고 한다.

16. 적의 침입에 대비해 城郭을 쌓다.

17. 그는 중대를 현 위치에서 서울 外郭으로 철수시키라는 명령을 받았다.

18. 교실 벽에 커다란 掛圖가 걸려 있다.

19. 제가 다 알아서 할 터이니 그 일에 더 이상 掛念하지 마세요.

21. 塊 (흙덩이 괴) - 土, 10획

흙(土)으로 **귀신**(鬼)처럼 만든 **흙덩이**

土(흙 토) 鬼(귀신 귀) *잘 엉기지 않는 흙을 귀신처럼 뭉쳐서 흙덩이를 만들었다는 뜻입니다.

- 金塊(금괴) : 금덩이
- 銀塊(은괴) : 은덩이

22. 愧 (부끄러울 괴) - 忄, 10획

마음(忄)을 **귀신**(鬼)처럼 알아 **부끄러우니**

忄(마음 심) 鬼(귀신 귀)

- 自愧(자괴) : 스스로 부끄러워함
- 愧色(괴색) : 부끄러워하는 얼굴빛

23. 郊 (들 교) - 阝, 6획

사귀는(交) 사람들이 **고을**(阝)을 벗어나 **들**에서 만나니

交(사귈 교) 阝(고을 읍) *요즘도 복잡한 도시를 벗어나 한적한 시골이나 바다에 가서 놀다 오죠?

- 郊外(교외) : 도시의 주변 지역
- 近郊(근교) : 도시의 가까운 변두리에 있는 마을이나 들

24. 矯 (바로잡을 교) - 矢, 12획

화살(矢)을 **높이**(喬) 쏘려고 **바로잡으니**

矢(화살 시) 喬(높을 교) *화살을 쏘려고 곧게 바로잡는다는 뜻입니다.

- 矯導(교도) : 바로잡아 인도함
- 矯正(교정) : 잘못된 것을 바로잡음

자원으로 한자 알기

* 흙(　　)으로 **귀신**(鬼)처럼 만든 **흙덩이**
* 마음(　　)을 **귀신**(鬼)처럼 알아 **부끄러우니**
* **사귀는**(交) 사람들이 **고을**(　　)을 벗어나 **들**에서 만나니
* **화살**(　　)을 **높이**(喬) 쏘려고 **바로잡으니**

25 俱 함께 구	亻 8획	사람(亻)들이 예의를 **갖추어**(具) **함께**하니
		亻(사람 인) 具(갖출 구) *사람들이 예의를 지키어 함께 어울리며 사귄다는 뜻입니다.
		俱
		• 俱存(구존) : 양친이 모두 살아 계심 • 俱發(구발) : 어떤 일이 한꺼번에 일어남

26 驅 빨리 달릴 몰 구	馬 11획	**말**(馬)을 일정한 **구역**(區)으로 **빨리 달려서** 모니
		馬(말 마) 區(구역 구)
		驅
		• 驅步(구보) : 달리기 • 驅使(구사) : 사람이나 동물을 함부로 몰아쳐 부림

27 狗 개 구	犭 5획	**개**(犭) 중에서 몸을 **구부리고**(句) 짖는 작은 **개**
		犭(개 견) 句(글귀 구, 구부릴 구) *작은 개는 狗자를, 큰 개는 犬자를 씁니다.
		狗
		• 黃狗(황구) : 누렁이 • 走狗(주구) : 달음질하는 개라는 뜻으로, 사냥할 때 부리는 개를 이르는 말

28 苟 진실로 구차할 구	艹 5획	비록 **풀**(艹)만 먹어도 **글귀**(句)를 읽으며 **진실하게** 사니
		艹(풀 초) 句(글귀 구) *욕심 부리지 않고 부족한 가운데서도 글을 읽으며 진실하게 산다는 뜻
		苟
		• 苟安(구안) : 한때 겨우 편안함 • 苟生(구생) : 구차하게 겨우 살아감

자원으로 한자 알기

* **사람**(　)들이 예의를 **갖추어**(具) **함께**하니
* **말**(　)을 일정한 **구역**(區)으로 **빨리 달려서** 모니
* **개**(　) 중에서 몸을 **구부리고**(句) 짖는 작은 **개**
* 비록 **풀**(　)만 먹어도 **글귀**(句)를 읽으며 **진실하게** 사니

29 懼 18획	忄	마음(忄)에 두 눈(目)을 크게 뜨고 떠는 새(隹)처럼 **두려워하니**
		忄(마음 심) 目(눈 목) 隹(새 추)
두려워할 구		
		• 疑懼(의구) : 의심하고 두려워함 • 懼憂(구우) : 두려워하며 근심함

30 厥 10획	厂	바위(厂) 밑에 나누어(丷) 하나(一)같이 싹(屮)을 입 벌리고(欠) 그곳에 심으니
		厂(바위 엄) 丷(나눌 팔) 一(한 일) 屮(싹 날 철) 欠(입 벌릴 흠)
그 궐		
		• 厥後(궐후) : 그 뒤 • 厥者(궐자) : 그 사람의 낮은말

자원으로 한자 알기

* 마음(　)에 두 **눈**(目)을 크게 뜨고 떠는 **새**(隹)처럼 **두려워하니**
* 바위(　) 밑에 **나누어**(丷) **하나**(一)같이 **싹**(屮)을 **입 벌리고**(欠) **그곳에 심으니**

一思多得

交	+	攵	=	效(본받을 효)	사귐(交)이 좋지 않아 치며(攵) 좋은 것을 **본받도록** 하니
	+	阝	=	郊(들 교)	사귀는(交) 사람들이 고을(阝)을 벗어나 **들**에서 만나니

木	+	喬	=	橋(다리 교)	나무(木)를 높이(喬) 걸쳐 만든 **다리**
矢	+		=	矯(바로잡을 교)	화살(矢)을 높이(喬) 쏘려고 **바로잡으니**

扌	+	句	=	拘(잡을 구)	손(扌)을 구부려(句) **잡으니**
犭	+		=	狗(개 구)	개(犭) 중에서 몸을 구부리고(句) 짖는 작은 **개**
艹	+		=	苟(진실로 구)	비록 풀(艹)만 먹어도 글귀(句)를 읽으며 **진실하게** 사니

다음 한자를 나누고 **자원**을 쓰면서 익히세요.

塊 = ☐ + ☐
흙덩이 괴

愧 = ☐ + ☐
부끄러울 괴

郊 = ☐ + ☐
들 교

矯 = ☐ + ☐
바로잡을 교

俱 = ☐ + ☐
함께 구

驅 = ☐ + ☐
몰 구

狗 = ☐ + ☐
개 구

苟 = ☐ + ☐
진실로 구

懼 = ☐ + ☐ + ☐ + ☐
두려워할 구

厥 = ☐ + ☐ + ☐ + ☐ + ☐
그 궐

다음 한자어의 **독음**을 쓰세요.

金 塊	銀 塊	自 愧	愧 色
郊 外	近 郊	矯 導	矯 正
俱 存	俱 發	驅 步	驅 使
黃 狗	走 狗	苟 安	苟 生
疑 懼	懼 憂	厥 後	厥 者

 다음 한자어를 **한자**로 쓰세요.

금 金 덩어리 塊	스스로 自 부끄러울 愧	들 郊 바깥 外	바로잡을 矯 인도할 導
함께 俱 있을 存	빨리 달릴 驅 걸음 步	누를 黃 개 狗	겨우 苟 편안할 安
의심할 疑 두려워할 懼	그 厥 뒤 後	은 銀 덩어리 塊	부끄러울 愧 빛 色
가까울 近 들 郊	바로잡을 矯 바를 正	함께 俱 일어날 發	몰 驅 부릴 使
달릴 走 개 狗	구차할 苟 살 生	두려워할 懼 근심 憂	그 厥 놈 者

예문으로 한자어 익히기(한자로 쓰인 단어의 뜻을 써보세요.)

1. 금고를 열자 번쩍번쩍 빛나는 **金塊**가 놓여 있었다.

2. 그는 길바닥에서 **銀塊**를 발견하였다.

3. 어리석은 자신의 소행이 참담하여 그는 **自愧**를 금할 길이 없었다.

4. 언뜻 난감해하는 **愧色**이 비치더니 이내 자리를 피하였다.

5. 일요일의 고궁이나 시가지의 혼잡을 피해 **郊外**로 나오길 잘했다.

6. 할아버지의 묘소를 **近郊**의 공원묘지에 마련했다.

7. 그는 죄인을 **矯導**하였다.

8. 치아를 고르게 **矯正**하였다.

9. 부모님은 다 **俱存**하신가?

10. 그동안 저지른 여러 가지 죄가 **俱發**하였다.

11. 김 병장은 **驅步**하다가 쓰러진 전우를 일으켜 세웠다.

12. 시인은 여러 가지 비유법을 **驅使**하여 시의 언어적 표현을 아름답게 한다.

13. **黃狗** 한 마리를 키웠다.

14. 왜놈들의 **走狗**가 돼 가지고 온갖 아첨 다하고….

15. 어찌 **苟安**의 계책으로써 마침내 만세의 무궁한 이익을 버리겠습니까.

16. 관직을 버리고 초야에 묻혀 사는 그는 **苟生**할 뿐이었다.

17. 형님을 이용하려는 것이 아닌가 하는 **疑懼**가 좀처럼 사라지지 않는 것이었다.

18. 형의 표정은 부정을 탄 것처럼 **懼憂**하고 꺼리는 기색이었다.

19. 매우 걱정을 했지만 **厥後**에 나에게는 아무 일도 없었다.

20. **厥者**가 뭔데 상관이야.

31 軌

車 2획

수레(車) 아홉(九) 대가 지나간 **바퀴자국**

車(수레 거) 九(아홉 구)

바퀴자국 규범 **궤**

- 軌道(궤도) : 수레가 지나간 바퀴자국이 난 길
- 軌範(궤범) : 본보기가 될 만한 규범이나 법도

32 龜

龜 0획

거북 등의 무늬가 **터져** 있는 모양

거북의 모양을 보고 만들었다고 합니다.

거북 터질 **귀 균**

- 龜船(귀선) : 거북선
- 龜裂(균열) : 갈라져서 터지는 것

33 叫

口 2획

입(口)으로 장수(丩)가 구령을 **부르짖으니**

口(입 구) 丩(장수 장)

부르짖을 규

- 叫聲(규성) : 부르짖는 소리
- 絕叫(절규) : 절절하고 애타게 부르짖음

34 糾

糸 2획

실(糸)을 장수(丩)가 **얽으며 살펴 모으니**

糸(실 사) 丩(장수 장)   *장수가 실을 이리저리 얽으며 살펴 모은다는 뜻입니다.

얽힐 살필 모을 **규**

- 糾明(규명) : 어떤 사실을 자세히 따져서 바로 밝힘
- 糾合(규합) : 어떤 일을 꾸미려고 세력이나 사람을 모음

자원으로 한자 알기

* 수레(   ) 아홉(九) 대가 지나간 **바퀴자국**
* **거북** 등의 무늬가 **터져** 있는 모양
* 입(   )으로 장수(丩)가 구령을 **부르짖으니**
* 실(   )을 장수(丩)가 **얽으며 살펴 모으니**

35 僅 거우 근	亻 11획	사람(亻)이 진흙(堇) 밭에서 겨우 농사지으니
		亻(사람 인) 堇(진흙 근)
		• 僅僅(근근) : 겨우 • 僅少(근소) : 아주 적어서 얼마 되지 못함

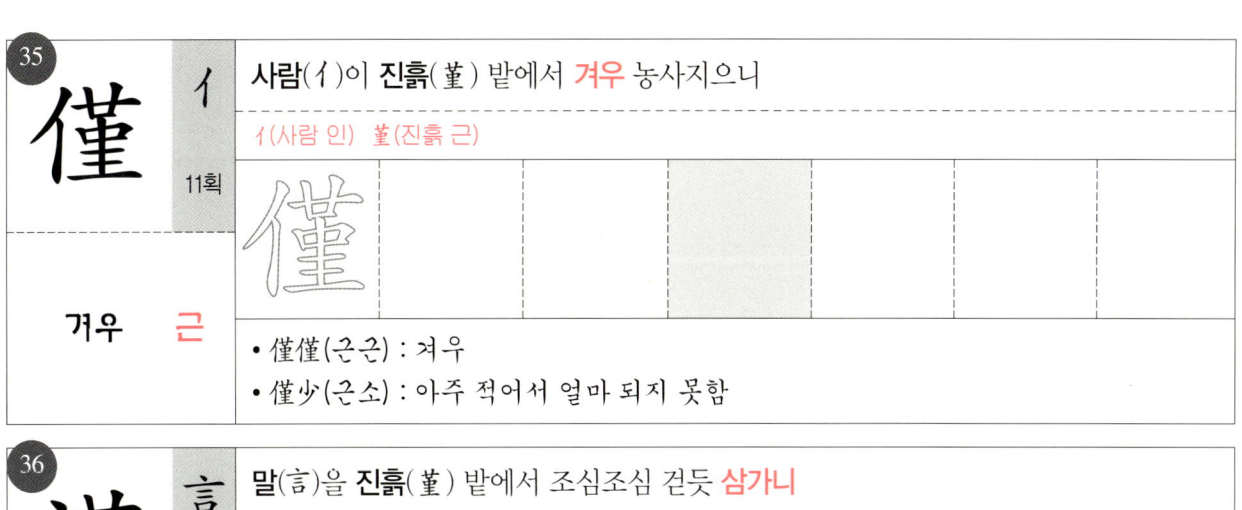

36 謹 삼갈 근	言 11획	말(言)을 진흙(堇) 밭에서 조심조심 걷듯 삼가니
		言(말씀 언) 堇(진흙 근) *진흙 밭에 빠질까 조심조심 걷듯 말을 조심한다는 뜻입니다.
		• 謹嚴(근엄) : 점잖고 엄숙함 • 謹愼(근신) : 말이나 행동을 삼가고 조심함

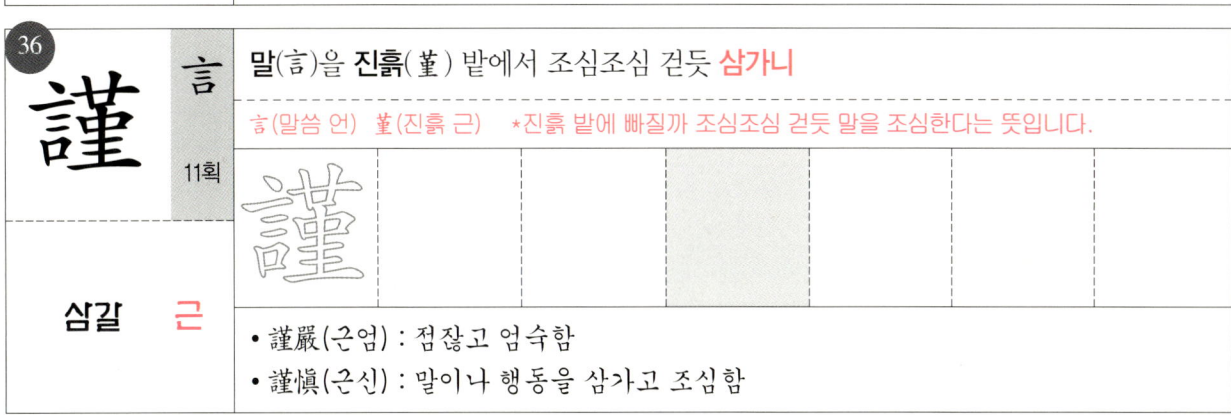

37 斤 도끼 근	斤 0획	자루 달린 도끼의 모양
		마법 술술한자 부수 67번 참고
		• 斤量(근량) : 저울로 단 무게 • 斤數(근수) : 근 단위로 된 저울 무게의 셈

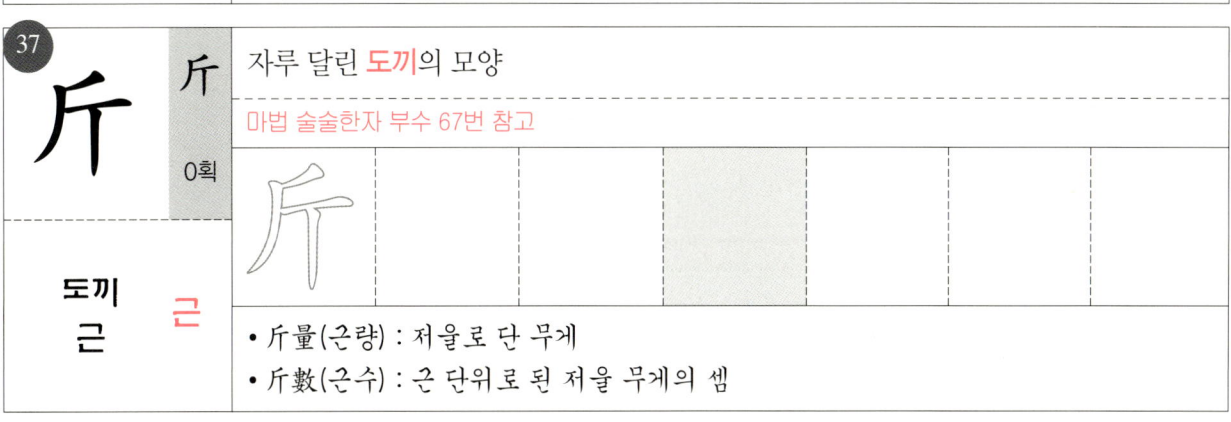

38 肯 즐길 긍	月 4획	일을 그치고(止) 몸(月)을 쉬며 즐거워하니
		止(그칠 지) 月(몸 월)
		• 首肯(수긍) : 옳게 여김 • 肯定(긍정) : 옳다고 인정함

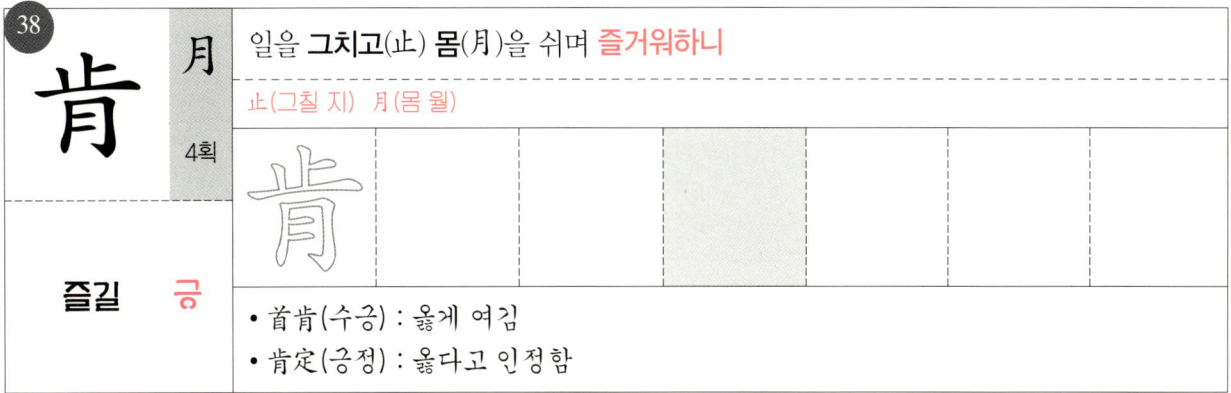

자원으로 한자 알기

* 사람(　)이 진흙(堇) 밭에서 겨우 농사지으니
* 말(　)을 진흙(堇) 밭에서 조심조심 걷듯 삼가니
* 자루 달린 도끼의 모양
* 일을 그치고(止) 몸(　)을 쉬며 즐거워하니

39  속일 기	欠 8획	그런(其) 저런 말을 하여 입 벌려(欠) 속이니
		其(그 기) 欠(입 벌릴 흠) *그런 저런 여러 가지 말을 하여 속인다는 뜻입니다.

		• 欺心(기심) : 자기의 양심을 속임 • 欺弄(기롱) : 남을 속이거나 비웃으며 놀림

40  꺼릴 기	心 3획	몸(己)과 마음(心)이 꺼리니
		己(몸 기) 心(마음 심) *하기 싫은 일은 몸과 마음이 꺼려한다는 뜻입니다.

		• 禁忌(금기) : 꺼리어서 싫어함 • 忌避(기피) : 꺼리거나 싫어하여 피함

자원으로 한자 알기

* 그런(其) 저런 말을 하여 입 벌려(　) 속이니
* 몸(己)과 마음(　)이 꺼리니

一思多得

車	+	侖	=	輪(바퀴 륜)	수레(車)에 모여(侖) 있는 바퀴
	+	專	=	轉(구를 전)	수레(車)처럼 오로지(專) 구르니
	+	九	=	軌(바퀴자국 궤)	수레(車) 아홉(九) 대가 지나간 바퀴자국

北	+	月	=	背(등 배)	달아나려고(北) 몸(月)을 등지고 배반하니
小	+		=	肖(닮을 초)	작은(小) 몸(月)이지만 부모를 닮으니
止	+		=	肯(즐길 긍)	일을 그치고(止) 몸(月)을 쉬며 즐거워하니

自	+	心	=	息(쉴 식)	코(自)와 심장(心)으로 숨 쉬며 쉬니
己	+		=	忌(꺼릴 기)	몸(己)과 마음(心)이 꺼리니

다음 한자를 나누고 **자원**을 쓰면서 익히세요.

軌 (바퀴자국 궤) = ☐ + ☐

龜 (거북 귀) =

叫 (부르짖을 규) = ☐ + ☐

糾 (얽힐 규) = ☐ + ☐

僅 (겨우 근) = ☐ + ☐

謹 (삼갈 근) = ☐ + ☐

斤 (도끼 근) =

肯 (즐길 긍) = ☐ + ☐

欺 (속일 기) = ☐ + ☐

忌 (꺼릴 기) = ☐ + ☐

다음 한자어의 **독음**을 쓰세요.

軌道	軌範	龜船	龜裂
叫聲	絶叫	糾明	糾合
僅僅	僅少	謹嚴	謹愼
斤量	斤數	首肯	肯定
欺心	欺弄	禁忌	忌避

다음 한자어를 **한자**로 쓰세요.

바퀴자국 궤 / 길 도	거북 귀 / 배 선	부르짖을 규 / 소리 성	살필 규 / 밝힐 명
겨우 근 / 겨우 근	삼갈 근 / 엄할 엄	근 근 / 용량 량	복종할 수 / 즐길 긍
속일 기 / 마음 심	금할 금 / 꺼릴 기	규범 궤 / 법도 범	터질 균 / 찢을 열
매우 절 / 부르짖을 규	모을 규 / 합할 합	겨우 근 / 적을 소	삼갈 근 / 삼갈 신
근 근 / 셈 수	즐길 긍 / 정할 정	속일 기 / 희롱할 롱	꺼릴 기 / 피할 피

예문으로 한자어 익히기 (한자로 쓰인 단어의 뜻을 써보세요.)

1. 인공위성을 지구의 **軌道** 위로 쏘아 올렸다.

2. 나라에는 만백성이 지켜야 할 **軌範**이 있는 거야.

3. **龜船**은 철갑선의 시조라고 할 수 있다.

4. 지반이 내려앉으면서 건물의 벽이 심하게 **龜裂**되었다.

5. 뛰어 들어온 인화는 연연의 **叫聲**에 그만 윗목에 엉거주춤 서 버렸다.

6. 그는 국민들에게 일치단결하여 국난을 극복하자고 **絶叫**했다.

7. 범인이 허위 자백을 한 경위는 반드시 **糾明**되어야 한다.

8. 전봉준의 이름만 팔면 얼마든지 장정들을 **糾合**할 수 있는 판국이었다.

9. 그는 **僅僅**이 고학으로 대학을 졸업했다.

10. **僅少**한 표 차이로 낙선하다.

11. **謹嚴**한 표정으로 말하다.

12. 그는 외출 등을 삼가고 집에서 조용히 **謹愼**하였다.

13. **斤量**이 많이 나가다.

14. **斤數**를 재다.

15. 그는 어머니의 이야기를 들더니 **首肯**이 가는 듯 고개를 끄덕인다.

16. 내 의견을 듣고 친구는 **肯定**의 뜻으로 고개를 끄덕였다.

17. 어떠한 경우라도 **欺心**하지 말라.

18. **欺弄**으로 웃는 것이 아니라 속에서 우러나오는 행복한 웃음소리였다.

19. 방문한 지방의 고유한 **禁忌**를 깨지 않도록 주의해라.

20. 경기가 하강 국면으로 접어들자 기업들은 투자를 **忌避**하고 있다.

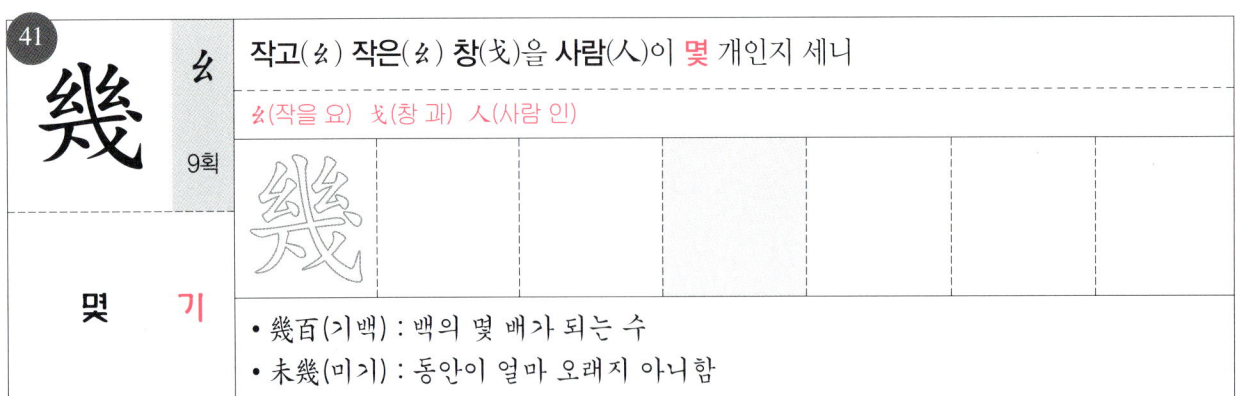

41 幾 / 9획 / 몇 기	幺	작고(幺) 작은(幺) 창(戈)을 사람(人)이 몇 개인지 세니
		幺(작을 요) 戈(창 과) 人(사람 인)
		• 幾百(기백) : 백의 몇 배가 되는 수 • 未幾(미기) : 동안이 얼마 오래지 아니함

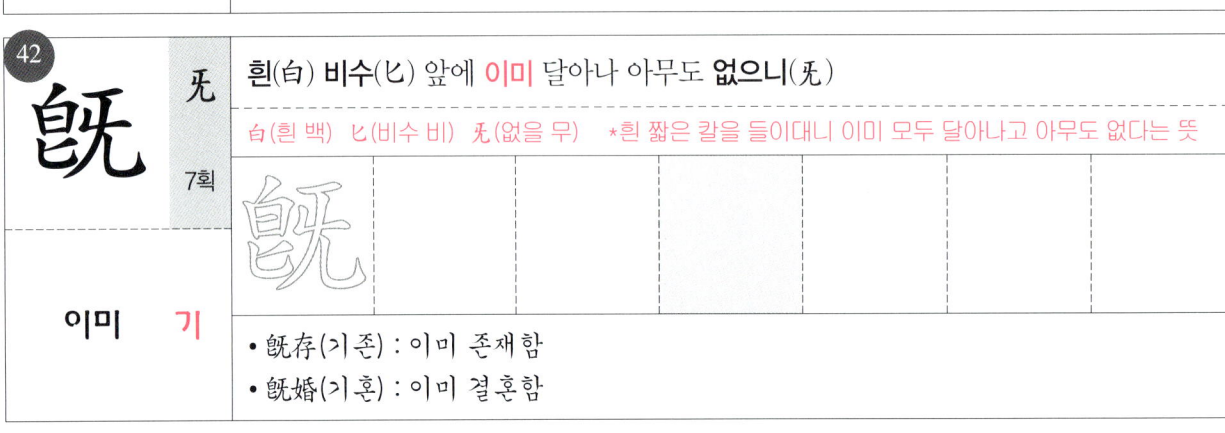

42 旣 / 7획 / 이미 기	无	흰(白) 비수(匕) 앞에 이미 달아나 아무도 없으니(无)
		白(흰 백) 匕(비수 비) 无(없을 무) *흰 짧은 칼을 들이대니 이미 모두 달아나고 아무도 없다는 뜻
		• 旣存(기존) : 이미 존재함 • 旣婚(기혼) : 이미 결혼함

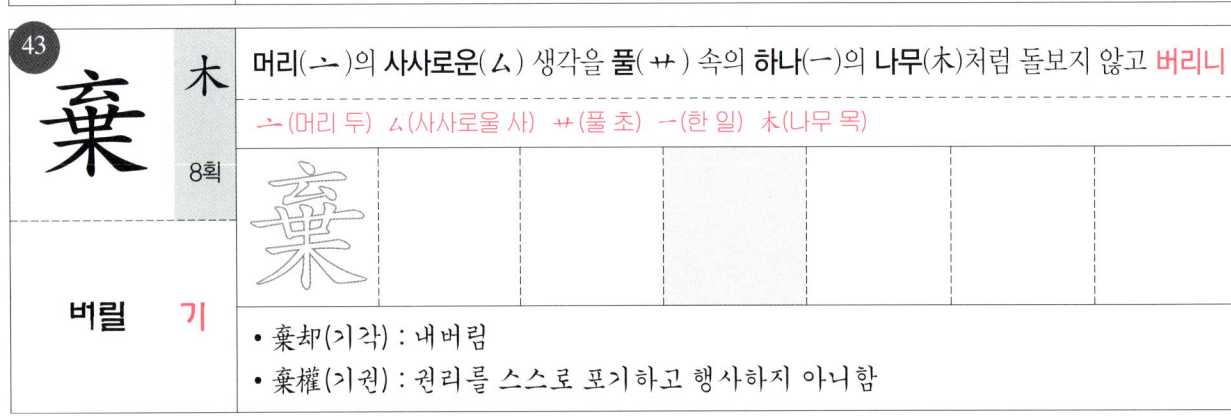

43 棄 / 8획 / 버릴 기	木	머리(亠)의 사사로운(厶) 생각을 풀(卄) 속의 하나(一)의 나무(木)처럼 돌보지 않고 버리니
		亠(머리 두) 厶(사사로울 사) 卄(풀 초) 一(한 일) 木(나무 목)
		• 棄却(기각) : 내버림 • 棄權(기권) : 권리를 스스로 포기하고 행사하지 아니함

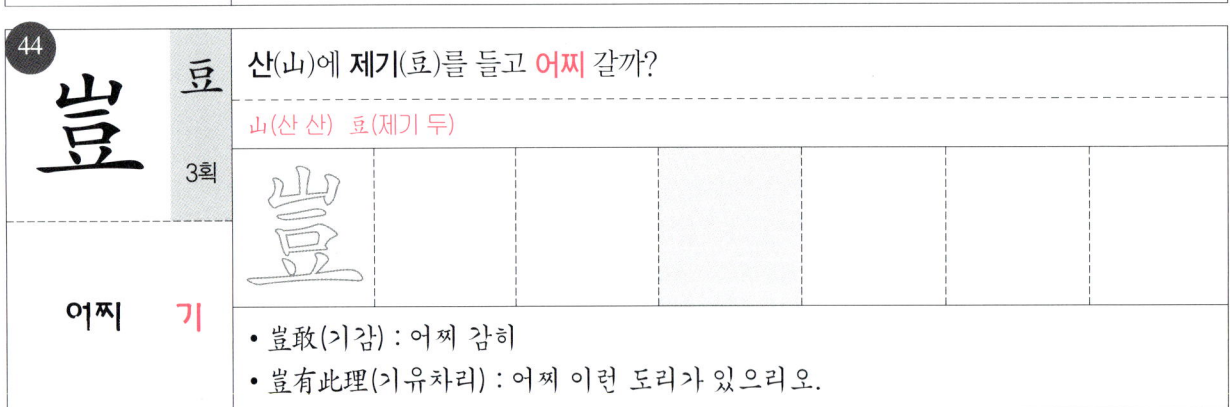

44 豈 / 3획 / 어찌 기	豆	산(山)에 제기(豆)를 들고 어찌 갈까?
		山(산 산) 豆(제기 두)
		• 豈敢(기감) : 어찌 감히 • 豈有此理(기유차리) : 어찌 이런 도리가 있으리오.

자원으로 한자 알기

* 작고(　) 작은(幺) 창(戈)을 사람(人)이 몇 개인지 세니
* 흰(白) 비수(匕) 앞에 이미 달아나 아무도 없으니(　)
* 머리(亠)의 사사로운(厶) 생각을 풀(卄) 속의 하나(一)의 나무(　)처럼 돌보지 않고 버리니
* 산(山)에 제기(　)를 들고 어찌 갈까?

45 飢 주릴 기	食 2획	밥(食)이 책상(几)에 없어 **굶주리니**
		食(밥 식) 几(책상 궤) *밥이 식탁에 없어 굶주린다는 뜻입니다.
		• 虛飢(허기) : 몹시 배고픈 느낌
		• 飢渴(기갈) : 배가 고프고 목이 마름

46 那 어찌 나	阝 4획	칼(刀) 두(二) 개로 고을(阝)을 **어찌** 지키나?
		刀(칼 도) 二(둘 이) 阝(고을 읍)
		• 那邊(나변) : 어느 곳
		• 那落(나락) : 지옥 또는 벗어나기 어려운 절망적인 상황을 비유적으로 이르는 말

47 奈 어찌 내	大 5획	크게(大) 신(示)이 **어찌** 노여워할까?
		大(큰 대) 示(신 시)
		• 奈何(내하) : 어찌함
		• 莫無可奈(막무가내) : 융통성이 없고 고집이 세어 어찌할 수 없음

48 乃 곧 내	丿 1획	끈(丿) 세(㇌) 개로 **곧** 묶으니
		丿(끈 별) ㇌(숫자 3)
		• 乃至(내지) : 수량을 나타내는 말들 사이에 쓰여 얼마에서 얼마까지의 뜻
		• 人乃天(인내천) : 사람이 곧 한울이라는 천도교의 기본 사상

자원으로 한자 알기

* 밥(　)이 책상(几)에 없어 **굶주리니**
* 칼(刀) 두(二) 개로 고을(　)을 **어찌** 지키나?
* 크게(　) 신(示)이 **어찌** 노여워할까?
* 끈(　) 세(㇌) 개로 **곧** 묶으니

49 惱 9획	忄	마음(忄) 아파하며 냇물(巛)처럼 쉬지 않고 정수리(囟)로 번뇌하니
		忄(마음 심) 巛(내 천) 囟(정수리 신) *번뇌 : 마음이 시달려서 괴로워함
번뇌할 뇌		• 苦惱(고뇌) : 괴로워하고 번뇌함 • 惱心(뇌심) : 마음으로 괴로워함

50 畓 4획	田	물(水)이 있는 밭(田)은 논이니
		水(물 수) 田(밭 전)
논 답		• 田畓(전답) : 논밭 • 乾畓(건답) : 조금만 가물어도 물이 곧 마르는 논

자원으로 한자 알기

* 마음(   ) 아파하며 냇물(巛)처럼 쉬지 않고 정수리(囟)로 번뇌하니
* 물(水)이 있는 밭(   )은 논이니

一思多得

食	+	欠	=	飮(마실 음)	밥(食) 먹듯 입 벌려(欠) 마시니
	+	余	=	餘(남을 여)	먹을(食) 것을 남기니(余)
	+	官	=	館(집 관)	먹고(食) 잘 수 있도록 관청(官)에서 지은 집
	+	反	=	飯(밥 반)	먹을(食) 것 중에서 반복(反)하여 먹는 밥
	+	几	=	飢(주릴 기)	밥(食)이 책상(几)에 없어 굶주리니

49 惱(번뇌할 뇌) 腦(뇌 뇌) 잘 구별하세요.

惱(번뇌할 뇌) : 마음(忄) 아파하며 냇물(巛)처럼 쉬지 않고 정수리(囟)로 번뇌하니
腦(뇌 뇌) : 몸(月)에서 냇물(巛)처럼 쉬지 않고 생각하는 정수리(囟)인 뇌

다음 한자를 나누고 **자원**을 쓰면서 익히세요.

幾 몇 기 = ☐ + ☐ + ☐ + ☐

既 이미 기 = ☐ + ☐ + ☐

棄 버릴 기 = ☐ + ☐ + ☐ + ☐ + ☐

豈 어찌 기 = ☐ + ☐

飢 주릴 기 = ☐ + ☐

那 어찌 나 = ☐ + ☐ + ☐

奈 어찌 내 = ☐ + ☐

乃 곧 내 = ☐ + ☐

惱 번뇌할 뇌 = ☐ + ☐ + ☐

畓 논 답 = ☐ + ☐

다음 한자어의 **독음**을 쓰세요.

幾百	未幾	旣存	旣婚
棄却	棄權	豈敢	虛飢
飢渴	那邊	那落	奈何
乃至	苦惱	惱心	田畓
乾畓			

 다음 한자어를 **한자**로 쓰세요.

몇 기	일백 백	이미 기	있을 존	버릴 기	물리칠 각	어찌 기	감히 감
빌 허	주릴 기	어느 나	가 변	어찌 내	어찌 하	곧 내	이를 지
괴로울 고	번뇌할 뇌	밭 전	논 답	아닐 미	몇 기	이미 기	혼인할 혼
버릴 기	권세 권	주릴 기	목마를 갈	어찌 나	떨어질 락	번뇌할 뇌	마음 심
마를 건	논 답						

예문으로 한자어 익히기 (한자로 쓰인 단어의 뜻을 써보세요.)

1. 집회에 참가한 사람은 적어도 **幾百**은 넘어 보였다.

2. **未幾**에 약효가 나타날 것이다.

3. 신제품은 **旣存** 제품보다 훨씬 싸면서도 성능이 월등히 좋다.

4. 우리 회사는 **旣婚**, 미혼을 가리지 않고 직원을 채용한다.

5. 재판부는 원고의 항소를 소명 자료 부족을 이유로 **棄却**했다.

6. 우리 팀은 주전 선수들의 부상으로 이번 경기에 **棄權**을 하였다.

7. 스승님 앞에서 **豈敢** 그런 행동을 할 수 있겠습니까?

8. 그에게도 죽 한 사발로 **虛飢**를 달래던 시절이 있었다.

9. 피로와 허기와 **飢渴**에 시달려서 난민들은 모두 고통스러워했다.

10. 우리 인간도 평범한 행복, 진정한 행복이 **那邊**에 있는지를 넉넉히 짐작할 수 있을 것이다.

11. 계속된 실패로 절망의 **那落**에 떨어지다.

12. 이도 아무런 효력이 없으니 그 또한 **奈何**오?

13. 비가 올 확률은 50% **乃至** 60%이다.

14. 이상과 현실 사이에서 **苦惱**하는 지식인의 모습을 담고 있다.

15. 차차 대책 마련하겠사오니 부인께서는 **惱心** 푸시기를 바라옵니다.

16. 자금이 마음대로 융통되지 않자 아들은 마침내 아버지의 **田畓**을 몰래 팔아먹었다.

17. 관개 공사 덕분으로 **乾畓**에서도 농사를 잘 지을 수 있게 되었다.

자원으로 한자 알기.

1. 가서(去) 무릎 꿇려(　) 항복을 받고 물리치니
2. 세 여자(　)와 간음하니
3. 물(　)이 다하여(渴) 목마르니
4. 마음(　)에 이미(旣) 잘못된 일을 슬퍼하니
5. 나란히(比) 놓고 희게(　) 다 칠하니
6. 사람(𠆢)이 몸을 구부리고(　) 비니
7. 검은(玄) 코뚜레로 덮어(冖) 소(　)를 이끄니
8. 가운데(中) 하나(一)의 언덕(阝)으로 뛰어(　) 보내니
9. 문(戶)처럼 몸(　)에서 벌어진 어깨
10. 실(　)을 누에 입(口)에서 뽑아 몸(月)에 걸치려고 만든 비단
11. 토끼(卯)처럼 어진(亻) 사람이 벼슬하니
12. 소리(音) 지르고 걸어(儿) 다니며 마침내 끝났음을 알리니
13. 큰집(　)에서 또(彐) 사람(人)들이 별이 뜰 때까지 일하니
14. 북방으로 걸어(　)가 하늘(天)의 뜻을 헤아리니
15. 수레(車)에 그릇(凵)과 창(戈)을 싣고 실(　)로 매니
16. 나무(　)가 오래(古)되어 말라 죽으니
17. 집(戶)에서 새(隹)가 머리(　)를 돌려 돌아보니
18. 흙(　)이 넓게 펼쳐(申) 있는 땅
19. 평안을 누리기(享) 위하여 고을(　)마다 쌓은 외성(성 밖에 겹으로 둘러쌓은 성)
20. 손(　)으로 땅(土)과 땅(土) 여러 곳에 점치려고(卜) 깃발을 거니
21. 흙(　)으로 귀신(鬼)처럼 만든 흙덩이
22. 마음(　)을 귀신(鬼)처럼 알아 부끄러우니
23. 사귀는(爻) 사람들이 고을(　)을 벗어나 들에서 만나니
24. 화살(　)을 높이(喬) 쏘려고 바로잡으니
25. 사람(　)들이 예의를 갖추어(具) 함께하니

자원으로 한자 알기.

26. 말(   )을 일정한 구역(區)으로 빨리 달려서 모니
27. 개(   ) 중에서 몸을 구부리고(句) 짖는 작은 개
28. 비록 풀(   )만 먹어도 글귀(句)를 읽으며 진실하게 사니
29. 마음(   )에 두 눈(目)을 크게 뜨고 떠는 새(隹)처럼 두려워하니
30. 바위(   ) 밑에 나누어(〃) 하나(一)같이 싹(艸)을 입 벌리고(欠) 그곳에 심으니
31. 수레(   ) 아홉(九) 대가 지나간 바퀴자국
32. 거북 등의 무늬가 터져 있는 모양
33. 입(   )으로 장수(丬)가 구령을 부르짖으니
34. 실(   )을 장수(丬)가 얽으며 살펴 모으니
35. 사람(   )이 진흙(堇) 밭에서 겨우 농사지으니
36. 말(   )을 진흙(堇) 밭에서 조심조심 걷듯 삼가니
37. 자루 달린 도끼의 모양
38. 일을 그치고(止) 몸(   )을 쉬며 즐거워하니
39. 그런(其) 저런 말을 하여 입 벌려(   ) 속이니
40. 몸(己)과 마음(   )이 꺼리니
41. 작고(   ) 작은(幺) 창(戈)을 사람(人)이 몇 개인지 세니
42. 흰(白) 비수(匕) 앞에 이미 달아나 아무도 없으니(   )
43. 머리(亠)의 사사로운(厶) 생각을 풀(艹) 속의 하나(一)의 나무(   )처럼 돌보지 않고 버리니
44. 산(山)에 제기(   )를 들고 어찌 갈까?
45. 밥(   )이 책상(几)에 없어 굶주리니
46. 칼(刀) 두(二) 개로 고을(   )을 어찌 지키나?
47. 크게(   ) 신(示)이 어찌 노여워할까?
48. 끈(   ) 세(彡) 개로 곧 묶으니
49. 마음(   ) 아파하며 냇물(巛)처럼 쉬지 않고 정수리(囟)로 번뇌하니
50. 물(水)이 있는 밭(   )은 논이니

다음 한자의 뜻과 음을 쓰세요.

却	姦	渴	慨	皆	乞	牽
遣	肩	絹	卿	竟	庚	癸
繫	枯	顧		坤	郭	掛
塊	愧				郊	矯
俱						驅

3급 1-50번
형성평가

狗	苟				懼	厥
軌	龜	叫		糾	僅	謹
斤	肯	欺	忌	幾	旣	棄
豈	飢	那	奈	乃	惱	畓

82

다음 뜻과 음을 지닌 **한자**를 쓰세요.

물리칠 각	간음할 간	목마를 갈	슬퍼할 개	다 개	빌 걸	이끌 견
보낼 견	어깨 견	비단 견	벼슬 경	마침내 경	별 경	북방 계
맬 계	마를 고	돌아볼 고		땅 곤	외성 곽	걸 괘
흙덩이 괴	부끄러울 괴				들 교	바로잡을 교
함께 구						몰 구
개 구	진실로 구			두려워할 구	그 궐	
바퀴자국 궤	거북 귀	부르짖을 규		얽힐 규	겨우 근	삼갈 근
도끼 근	즐길 긍	속일 기	꺼릴 기	몇 기	이미 기	버릴 기
어찌 기	주릴 기	어찌 나	어찌 내	곧 내	번뇌할 뇌	논 답

3급 1-50번 형성평가

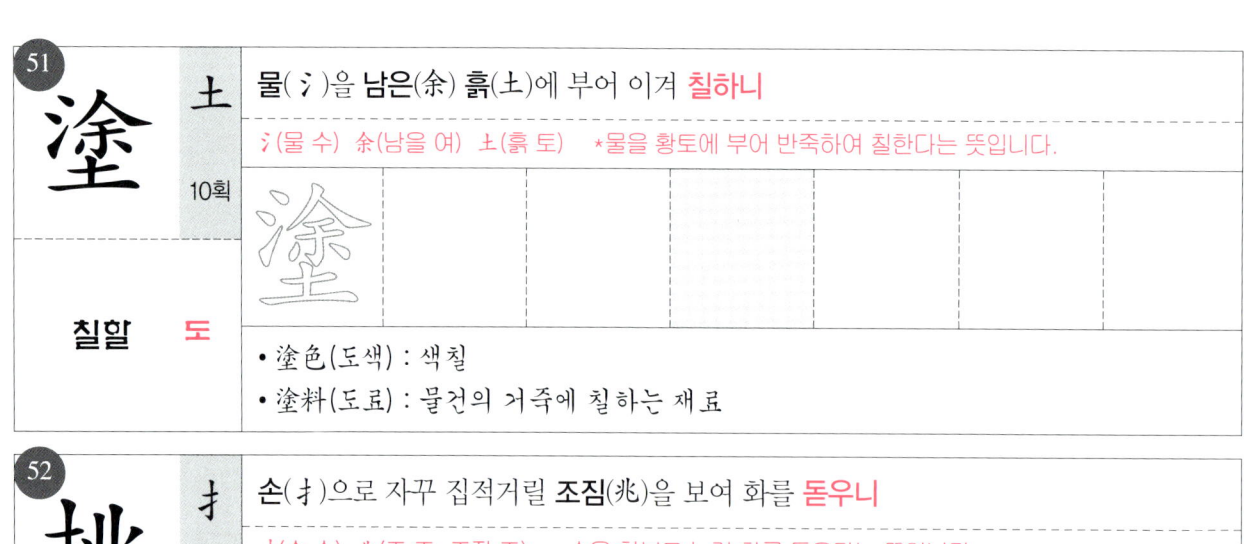

51 塗 (土, 10획) — 칠할 도

물(氵)을 남은(余) 흙(土)에 부어 이겨 **칠하니**

氵(물 수) 余(남을 여) 土(흙 토)   *물을 황토에 부어 반죽하여 칠한다는 뜻입니다.

- 塗色(도색) : 색칠
- 塗料(도료) : 물건의 거죽에 칠하는 재료

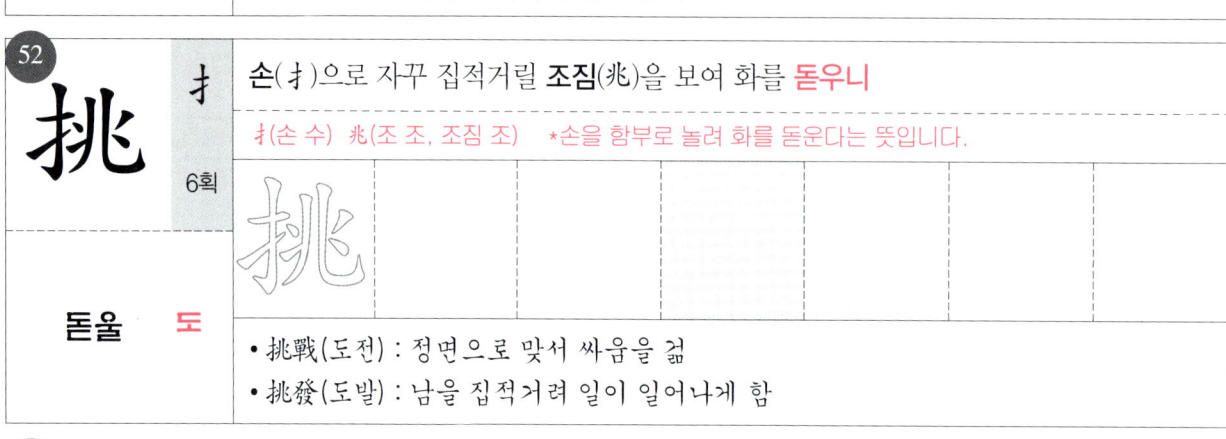

52 挑 (扌, 6획) — 돋울 도

손(扌)으로 자꾸 집적거릴 **조짐**(兆)을 보여 화를 **돋우니**

扌(손 수) 兆(조 조, 조짐 조)   *손을 함부로 놀려 화를 돋운다는 뜻입니다.

- 挑戰(도전) : 정면으로 맞서 싸움을 걺
- 挑發(도발) : 남을 집적거려 일이 일어나게 함

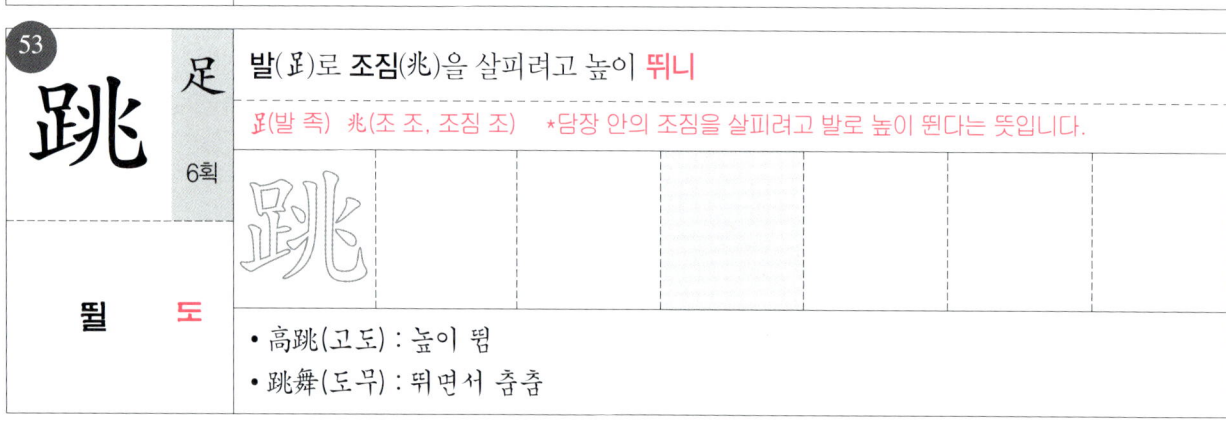

53 跳 (足, 6획) — 뛸 도

발(足)로 **조짐**(兆)을 살피려고 높이 **뛰니**

足(발 족) 兆(조 조, 조짐 조)   *담장 안의 조짐을 살피려고 발로 높이 뛴다는 뜻입니다.

- 高跳(고도) : 높이 뜀
- 跳舞(도무) : 뛰면서 춤춤

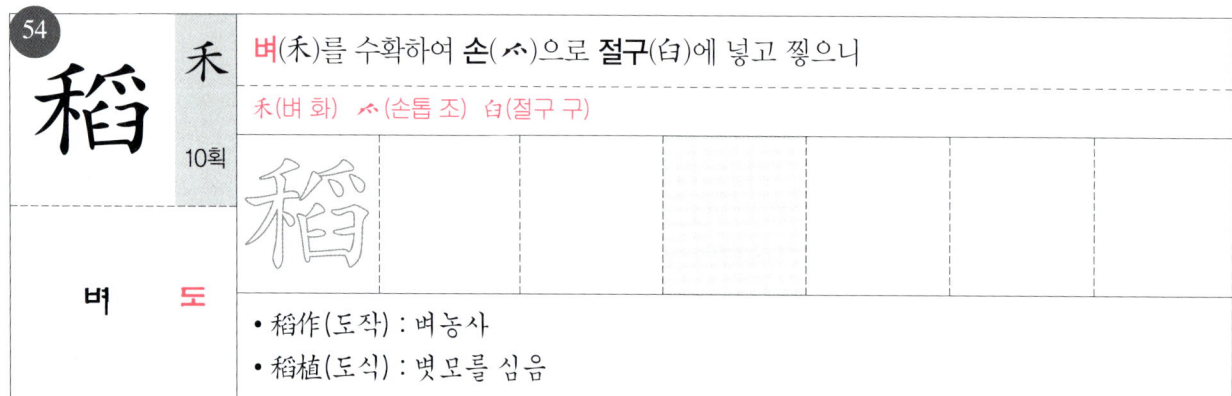

54 稻 (禾, 10획) — 벼 도

벼(禾)를 수확하여 **손**(爫)으로 **절구**(臼)에 넣고 찧으니

禾(벼 화) 爫(손톱 조) 臼(절구 구)

- 稻作(도작) : 벼농사
- 稻植(도식) : 볏모를 심음

자원으로 한자 알기

* 물(氵)을 남은(余) 흙(   )에 부어 이겨 **칠하니**
* 손(   )으로 자꾸 집적거릴 **조짐**(兆)을 보여 화를 **돋우니**
* 발(   )로 **조짐**(兆)을 살피려고 높이 **뛰니**
* **벼**(   )를 수확하여 손(爫)으로 절구(臼)에 넣고 찧으니

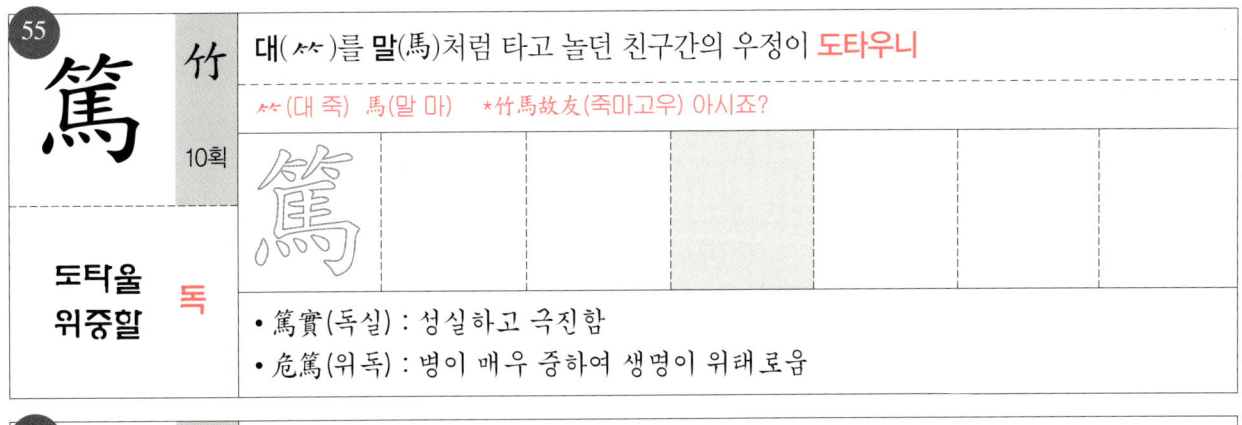

55 篤	竹 10획	대(⺮)를 말(馬)처럼 타고 놀던 친구간의 우정이 **도타우니**
		⺮(대 죽) 馬(말 마) *竹馬故友(죽마고우) 아시죠?
도타울 위중할 **독**		• 篤實(독실) : 성실하고 극진함 • 危篤(위독) : 병이 매우 중하여 생명이 위태로움

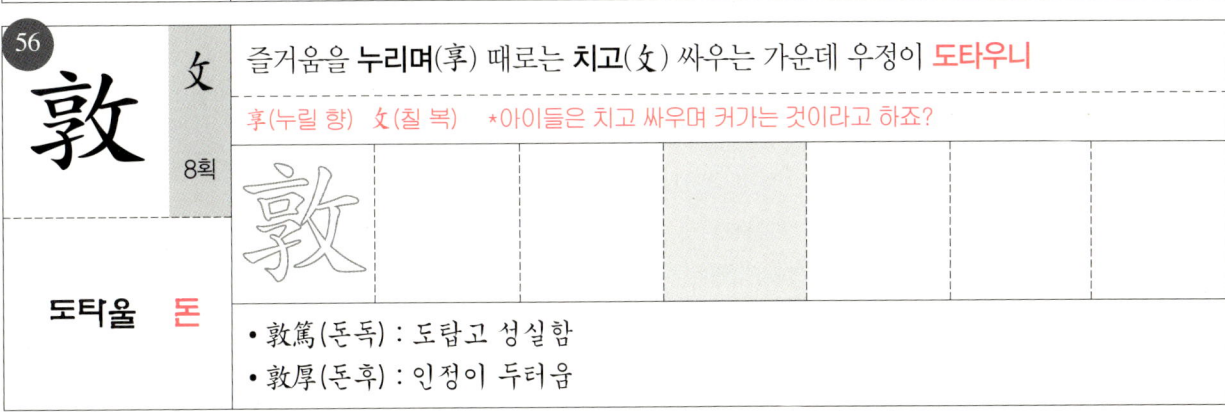

56 敦	攵 8획	즐거움을 **누리며**(享) 때로는 **치고**(攵) 싸우는 가운데 우정이 **도타우니**
		享(누릴 향) 攵(칠 복) *아이들은 치고 싸우며 커가는 것이라고 하죠?
도타울 **돈**		• 敦篤(돈독) : 도탑고 성실함 • 敦厚(돈후) : 인정이 두터움

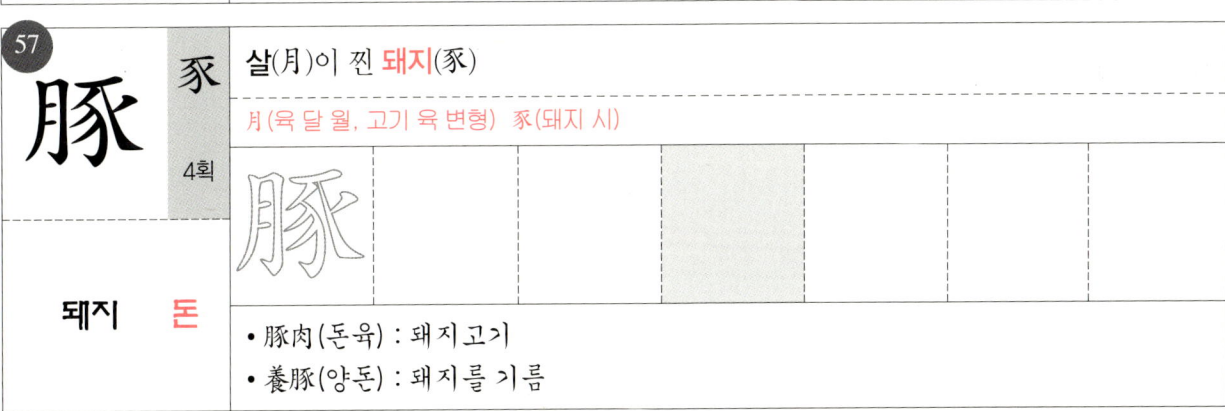

57 豚	豕 4획	살(月)이 찐 **돼지**(豕)
		月(육 달 월, 고기 육 변형) 豕(돼지 시)
돼지 **돈**		• 豚肉(돈육) : 돼지고기 • 養豚(양돈) : 돼지를 기름

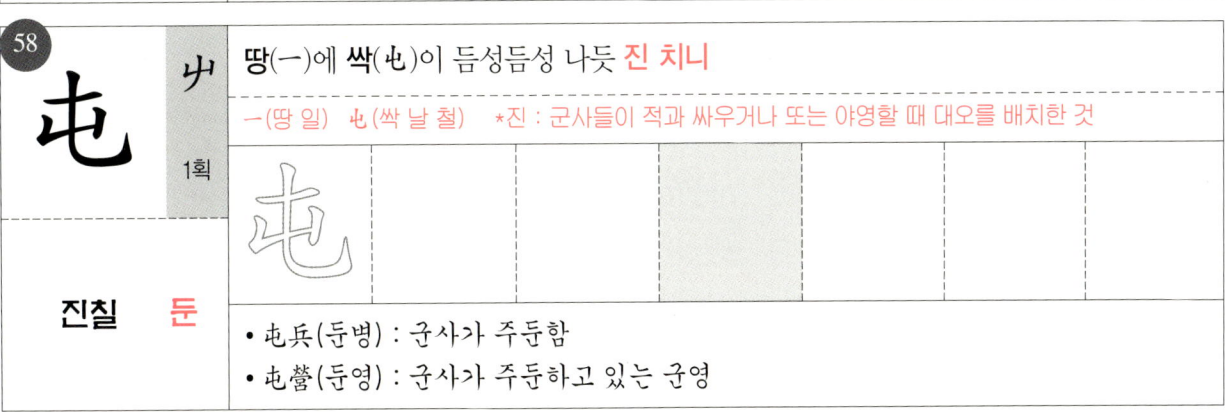

58 屯	屮 1획	땅(一)에 싹(屮)이 듬성듬성 나듯 **진 치니**
		一(땅 일) 屮(싹 날 철) *진 : 군사들이 적과 싸우거나 또는 야영할 때 대오를 배치한 것
진칠 **둔**		• 屯兵(둔병) : 군사가 주둔함 • 屯營(둔영) : 군사가 주둔하고 있는 군영

자원으로 한자 알기

* 대(   )를 말(馬)처럼 타고 놀던 친구간의 우정이 **도타우니**
* 즐거움을 **누리며**(享) 때로는 **치고**(   ) 싸우는 가운데 우정이 **도타우니**
* 살(月)이 찐 **돼지**(   )
* 땅(一)에 싹(   )이 듬성듬성 나듯 **진 치니**

59  무딜 둔할 둔	金 4획	쇠(金)가 하나(一)의 싹(屯)도 베지 못할 정도로 **무디고 둔하니**
		金(쇠 금) 一(한 일) 屯(싹 날 철)
		• 愚鈍(우둔) : 어리석고 둔함 • 鈍感(둔감) : 무딘 감정이나 감각

60  오를 등	馬 10획	몸(月)을 움직여 여덟(八) 명의 사내(夫)가 말(馬)에 **오르니**
		月(몸 월) 八(여덟 팔) 夫(사내 부) 馬(말 마) *사내들이 말에 올라탄다는 뜻입니다.
		• 騰落(등락) : 물가 따위가 오르고 내림 • 暴騰(폭등) : 물가 따위가 갑자기 큰 폭으로 오름

자원으로 한자 알기

* 쇠(　)가 하나(一)의 싹(屯)도 베지 못할 정도로 **무디고 둔하니**　　　☞
* 몸(月)을 움직여 여덟(八) 명의 사내(夫)가 말(　)에 **오르니**　　　☞

一思多得

辶	+		=	逃(도망 도)	망할 **조짐**(兆)을 보고 뛰어(辶) **도망가니**
木	+	兆	=	桃(복숭아 도)	나무(木) 중에서 점치고 **조짐**(兆)을 살필 때 쓰는 **복숭아**나무
扌	+		=	挑(돋울 도)	손(扌)으로 자꾸 집적거릴 **조짐**(兆)을 보여 화를 **돋우니**
足	+		=	跳(뛸 도)	발(足)로 **조짐**(兆)을 살피려고 높이 **뛰니**

糸	+	屯	=	純(순수할 순)	때 묻지 않은 실(糸)과 하나(一)의 싹(屯)처럼 깨끗하고 **순수하니**
金	+		=	鈍(둔할 둔)	쇠(金)가 하나(一)의 싹(屯)도 베지 못할 정도로 **무디고 둔하니**

60 騰(오를 등)　勝(이길 승) 잘 구별하세요.

騰(오를 등) : 몸(月)을 움직여 여덟(八) 명의 사내(夫)가 말(馬)에 **오르니**
勝(이길 승) : 몸(月)을 팔(八)방으로 움직여 사내(夫)가 힘(力)써 **이기니**

다음 한자를 나누고 **자원**을 쓰면서 익히세요.

한자				
塗 칠할 도	=		+	+
挑 돋울 도	=		+	
跳 뛸 도	=		+	
稻 벼 도	=		+	+
篤 도타울 독	=		+	
敦 도타울 돈	=		+	
豚 돼지 돈	=		+	
屯 진칠 둔	=		+	
鈍 둔할 둔	=		+	+
騰 오를 등	=		+	+	+

87

다음 한자어의 **독음**을 쓰세요.

塗色	塗料	挑戰	挑發
高跳	跳舞	稻作	稻植
篤實	危篤	敦篤	敦厚
豚肉	養豚	屯兵	屯營
愚鈍	鈍感	騰落	暴騰

 다음 한자어를 **한자**로 쓰세요.

칠할 도	빛 색	돋울 도	싸움 전	높을 고	뛸 도	벼 도	지을 작
도타울 독	참될 실	도타울 돈	도타울 독	돼지 돈	고기 육	진칠 둔	병사 병
어리석을 우	둔할 둔	오를 등	떨어질 락	칠할 도	재료 료	돋울 도	일어날 발
뛸 도	춤출 무	벼 도	심을 식	위태할 위	위중할 독	도타울 돈	두터울 후
기를 양	돼지 돈	진칠 둔	진영 영	둔할 둔	느낄 감	갑자기 폭	오를 등

예문으로 한자어 익히기 (한자로 쓰인 단어의 뜻을 써보세요.)

1. 울타리를 초록색으로 **塗色**하니 훨씬 밝아 보였다.

2. 건물 여기저기는 **塗料**가 벗겨져 지저분하다.

3. 그는 이번 히말라야 등반을 새로운 **挑戰**의 계기로 삼았다.

4. 그는 상대가 **挑發**적인 발언을 하여 화가 났었다고 자초지종을 털어놓았다.

5. 아이들은 신이 나서 **高跳**하며 놀았다.

6. 기쁜 소식이 전해지자 모두 **跳舞**하며 즐거워했다.

7. 남부지방은 **稻作** 농경이 발달하였다.

8. 모가 다 자라자 넓은 논에 **稻植**하였다.

9. 그 집안은 **篤實**한 기독교 가정이었기 때문에 식사 전에는 꼭 주기도문을 외었다.

10. 춘추 장군이 유신 장군을 만났을 때는 유신 장군의 모부인이 **危篤**한 상태였다.

11. 아들들은 보기 드문 효자일 뿐 아니라 형제간의 우애도 그럴 수 없이 **敦篤**하고 깊었다.

12. 성정이 **敦厚**하여 사람을 포용하는 힘이 많을 뿐 아니라 의기가 뛰어나고 절개가 굳었다.

13. **豚肉**을 넣고 김치찌개를 끓였다.

14. **養豚** 농가를 방문하였다.

15. 군사 삼천 명을 거느리고 압록강에 **屯兵**을 하여 대기를 하고 있게 하였다.

16. 당분간 사태를 관망하자는 의견들이 많아, 그대로 **屯營**을 지키기로 결정을 내렸다.

17. 그는 **愚鈍**한 외모와는 달리 놀랄 만큼 머리가 기민했고 상황 판단도 누구보다 정확했다.

18. 주변 환경에 **鈍感**한 성격이다.

19. 올해 들어 주가가 연일 **騰落**을 거듭하고 있다.

20. 가뭄으로 인한 농작물 피해로 농산물 값의 **暴騰** 사태가 우려된다.

61 濫 14획 넘칠 마구 할 **람**	氵	물(氵)이 밖으로 **보이게(監) 넘치니**
		氵(물 수) 監(볼 감) *물이 넘쳐서 보인다는 뜻입니다.
		• 濫發(남발) : 마구 냄 • 濫獲(남획) : 마구 잡음

62 掠 8획 노략질할 **략**	扌	손(扌)으로 **서울(京)**에 가서 **노략질하니**
		扌(손 수) 京(서울 경) *노략질 : 떼를 지어 돌아다니며 사람을 해치거나 재물을 강제로 빼앗는 짓
		• 掠奪(약탈) : 남의 것을 억지로 빼앗음 • 侵掠(침략) : 불법으로 쳐들어가서 약탈함

63 諒 8획 살펴 알 **량**	言	말(言)하여 **서울(京)**을 **살펴 아니**
		言(말씀 언) 京(서울 경) *말하여 물어보아 서울을 살펴 안다는 뜻입니다.
		• 諒知(양지) : 살펴서 앎 • 諒察(양찰) : 헤아려 살핌

64 憐 12획 불쌍히 여길 **련**	忄	마음(忄)에 **쌀(米)**을 몸을 **어긋나게(舛)** 구부려 구걸하는 사람을 **불쌍히 여기니**
		忄(마음 심) 米(쌀 미) 舛(어긋날 천) *몸을 구부리고 쌀을 구걸하는 사람을 불쌍히 여긴다는 뜻
		• 可憐(가련) : 불쌍함 • 愛憐(애련) : 어리거나 약한 사람을 가엾게 여기어 사랑함

자원으로 한자 알기

* 물(　)이 밖으로 **보이게(監) 넘치니**
* 손(　)으로 **서울(京)**에 가서 **노략질하니**
* 말(　)하여 **서울(京)**을 **살펴 아니**
* 마음(　)에 **쌀(米)**을 몸을 **어긋나게(舛)** 구부려 구걸하는 사람을 **불쌍히 여기니**

65 劣 (력 4획) — 졸렬할 못할 렬

적은(少) 힘(力)이라 **졸렬하고** 남만 **못하니**

少(적을 소) 力(힘 력) *능력과 힘이 적어 옹졸하고 천하여 남만 못하다는 뜻입니다.

- 劣等(열등) : 낮은 등급
- 優劣(우열) : 나음과 못함

66 廉 (广 10획) — 청렴할 값쌀 렴

큰집(广)을 여러 채 **겸할**(兼) 정도로 검소하고 **청렴하니**

广(큰집 엄) 兼(겸할 겸) *검소하고 청렴하여 재산을 모아 큰집을 여러 채 겸하였다는 뜻입니다.

- 廉恥(염치) : 체면을 차릴 줄 알며 부끄러움을 아는 마음
- 廉價(염가) : 매우 싼 값

67 獵 (犭 15획) — 사냥 렵

개(犭)가 짐승의 **목 갈기**(巤)를 물어 **사냥하니**

犭(개 견) 巛(내 천)

* 巤(목 갈기 렵) : 내(巛)처럼 흘러내린 목(囟)에 털이 난(臼) 부분인 목 갈기
- 密獵(밀렵) : 몰래 사냥함

68 零 (雨 5획) — 떨어질 령

비(雨)가 내리듯 위에서 **명령**(令)이 **떨어지니**

雨(비 우) 令(명령할 령) *비처럼 명령은 위에서 아래로 떨어진다는 뜻입니다.

- 零下(영하) : 0℃ 이하의 온도
- 零落(영락) : 초목의 잎이 시들어 떨어짐

자원으로 한자 알기

* 적은(少) 힘(   )이라 **졸렬하고** 남만 **못하니**
* 큰집(   )을 여러 채 **겸할**(兼) 정도로 검소하고 **청렴하니**
* 개(   )가 짐승의 **목 갈기**(巤)를 물어 **사냥하니**
* 비(   )가 내리듯 위에서 **명령**(令)이 **떨어지니**

69 隷 종 례	隶 8획	선비(士)도 죄가 **보이면**(示) **잡아**(隶) **종**으로 삼으니
		士(선비 사) 示(보일 시) 隶(잡을 이) *선비라도 죄가 있으면 잡아서 종으로 삼는다는 뜻입니다.
		• 奴隷(노예) : 남에게 부림을 받는 사람 • 隷屬(예속) : 남의 지배나 지휘 아래 매임

70 鹿 사슴 록	鹿 0획	뿔, 머리, 네 발을 본뜬 **사슴**의 모양
		마법 술술한자 부수 193번 참고
		• 鹿角(녹각) : 사슴뿔 • 指鹿爲馬(지록위마) : 윗사람을 농락하여 권세를 마음대로 함

자원으로 한자 알기

* 선비(士)도 죄가 **보이면**(示) **잡아**(   ) **종**으로 삼으니
* 뿔, 머리, 네 발을 본뜬 **사슴**의 모양

一思多得

金	+	監	=	鑑(거울 감)	쇠(金)를 갈고 닦아서 **볼**(監) 수 있도록 만든 **거울**
氵	+		=	濫(넘칠 람)	물(氵)이 밖으로 **보이게**(監) **넘치니**

氵	+	京	=	涼(서늘할 량)	물(氵)이 얼 정도로 **서울**(京)은 **서늘하니**
扌	+		=	掠(노략질할 략)	손(扌)으로 **서울**(京)에 가서 **노략질하니**
言	+		=	諒(살펴 알 량)	말(言)하여 **서울**(京)을 **살펴 아니**

少	+	目	=	省(살필 성)	**적은**(少) 양을 눈(目)으로 **살펴 더니**
	+	力	=	劣(못할 렬)	**적은**(少) 힘(力)이라 **졸렬하고** 남만 **못하니**

 다음 한자를 나누고 **자원**을 쓰면서 익히세요.

濫 = ☐ + ☐
넘칠 람

掠 = ☐ + ☐
노략질할 략

諒 = ☐ + ☐
살펴 알 량

憐 = ☐ + ☐ + ☐
불쌍히 여길 련

劣 = ☐ + ☐
못할 렬

廉 = ☐ + ☐
청렴할 렴

獵 = ☐ + ☐
사냥 렵

零 = ☐ + ☐
떨어질 령

隷 = ☐ + ☐ + ☐
종 례

鹿 =
사슴 록

다음 한자어의 **독음**을 쓰세요.

濫發　濫獲　掠奪　侵掠

諒知　諒察　可憐　愛憐

劣等　優劣　廉恥　廉價

密獵　零下　零落　奴隸

隸屬　鹿角

 다음 한자어를 **한자**로 쓰세요.

넘칠 람　일어날 발　노략질할 락　빼앗을 탈　살펴 알 량　알 지　옳을 가　불쌍히 여길 련

낮을 렬　등급 등　청렴할 렴　부끄러울 치　비밀 밀　사냥 렵　떨어질 령　아래 하

종 노　종 예　사슴 록　뿔 각　넘칠 람　얻을 획　침노할 침　노략질할 략

살필 량　살필 찰　사랑 애　불쌍히 여길 련　뛰어날 우　못할 렬　값쌀 렴　값 가

떨어질 령　떨어질 락　좇을 례　붙을 속

예문으로 한자어 익히기 (한자로 쓰인 단어의 뜻을 써보세요.)

1. 물자가 귀하고 양식이 부족해서 **濫發**된 원화의 화폐는 날이 갈수록 가치가 떨어졌다.

2. 함부로 잡을 수 없는 보호 동물을 **濫獲**해서 불법으로 유출하고 있는 현장을 고발했다.

3. 권력을 이용한 그들의 부정 축재는 **掠奪** 행위나 다름없다.

4. 조선 시대에는 왜구가 해안 지역을 빈번히 **侵掠**하여 백성들이 고통을 받았다.

5. 날씨 관계로 경기가 취소되었으니 이 점 널리 **諒知**하시기 바랍니다.

6. 어쩔 수 없는 저희 처지에 대해 **諒察**이 있으시길 바랍니다.

7. 이곳 복지시설에서는 늙고 병든 **可憐**한 처지의 노인들을 보살피고 있다.

8. 그의 어린 눈에서는 공포와 **愛憐**의 정이 넘쳐 뜨거운 눈물이 거침없이 흘렀다.

9. 인종주의자들은 유색 인종이 백색 인종보다 **劣等**하다고 주장한다.

10. 어느 민족을 막론하고 그 문화는 개성의 차이로서 각기 특성이 있을 뿐 **優劣**은 없다.

11. **廉恥**를 알아 부끄럽지 아니하게 행동하다.

12. 창립 기념행사로 모든 물건을 **廉價**에 봉사할 예정이오니 많은 애용을 바랍니다.

13. 무분별한 **密獵**으로 멧돼지의 수가 점점 줄어들고 있다.

14. 기온이 **零下**로 떨어지다.

15. 꽃잎은 이미 모두 **零落**되어 버렸다.

16. 주인에게 갖은 학대와 부림을 받던 **奴隷**들의 생활은 말할 수 없이 비참했다.

17. 1930년대는 일제에 **隷屬**했던 암울했던 시기였다.

18. **鹿角**은 흔히 보약으로 쓴다.

71 了 마칠 료	丁 1획	하나(一)같이 갈고리(亅)를 들고 일을 **마치니** 一(한 일) 亅(갈고리 궐)
		• 終了(종료) : 마침 • 完了(완료) : 완전히 마침

72 僚 동료 관리 료	亻 12획	사람(亻)은 큰(大)일을 나누어(ᅭ) 말하며(曰) 작아진(小) 일을 **동료**와 함께 하니 亻(사람 인) 大(큰 대) ᅭ(나눌 팔) 曰(말할 왈) 小(작을 소)
		• 同僚(동료) : 같은 직장이나 같은 부문에서 함께 일하는 사람 • 官僚(관료) : 직업적인 관리

73 屢 여러 루	尸 11획	지붕(尸) 밑에서 입(口)과 입(口)으로 많은(十) **여러** 여자(女)들이 말하니 尸(지붕 시) 口(입 구) 十(열 십, 많을 십) 女(계집 녀)
		• 屢次(누차) : 여러 차례 • 屢屢(누누) : 말 따위를 여러 번 반복함

74 淚 눈물 루	氵 8획	물(氵)처럼 집(戶)에서 개(犬)가 **눈물**을 흘리니 氵(물 수) 戶(집 호) 犬(개 견)
		• 血淚(혈루) : 피눈물 • 落淚(낙루) : 눈물을 흘림

자원으로 한자 알기

* 하나(一)같이 갈고리(　)를 들고 일을 **마치니**
* 사람(　)은 큰(大)일을 나누어(ᅭ) 말하며(曰) 작아진(小) 일을 **동료**와 함께 하니
* 지붕(　) 밑에서 입(口)과 입(口)으로 많은(十) **여러** 여자(女)들이 말하니
* 물(　)처럼 집(戶)에서 개(犬)가 **눈물**을 흘리니

75 梨 / 배 리	木 / 7획	이로운(利) 나무(木) 열매인 **배**
		利(이로울 리) 木(나무 목)
		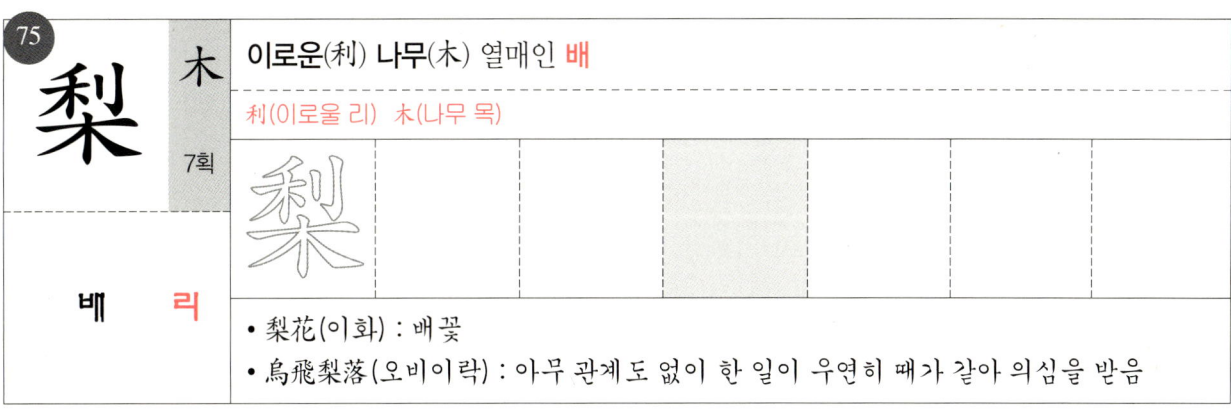
		• 梨花(이화) : 배꽃 • 烏飛梨落(오비이락) : 아무 관계도 없이 한 일이 우연히 때가 같아 의심을 받음

76 隣 / 이웃 린	阝/ 12획	언덕(阝)에서 쌀(米)농사를 지으며 어그러져(舛) 사는 **이웃**
		阝(언덕 부) 米(쌀 미) 舛(어긋날 천)
		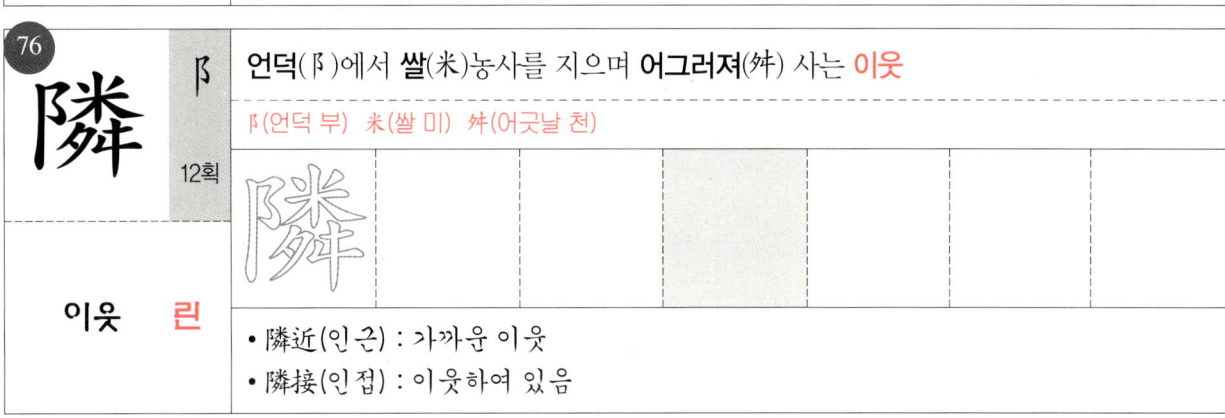
		• 隣近(인근) : 가까운 이웃 • 隣接(인접) : 이웃하여 있음

77 慢 / 거만할 게으를 만	忄/ 11획	마음(忄)이 가벼워(曼) **거만하고 게으르니**
		忄(마음 심) 日(말할 왈) 罒(법망 망) 又(또 우) *마음이 무겁지 않으니 거만하다는 뜻입니다.
		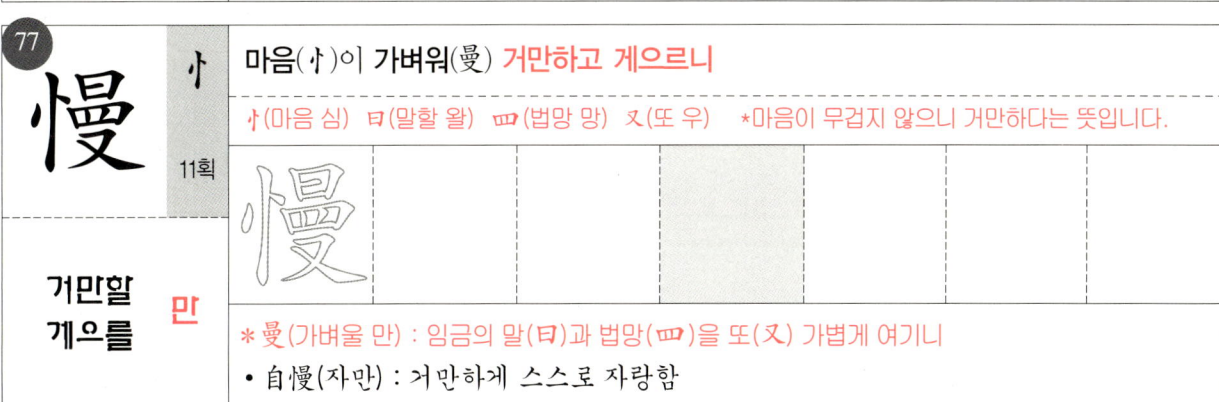
		*曼(가벼울 만) : 임금의 말(日)과 법망(罒)을 또(又) 가볍게 여기니 • 自慢(자만) : 거만하게 스스로 자랑함

78 漫 / 흩어질 만	氵/ 11획	물(氵)방울이 튀듯 가볍게(曼) **흩어지니**
		氵(물 수) 曼(가벼울 만)
		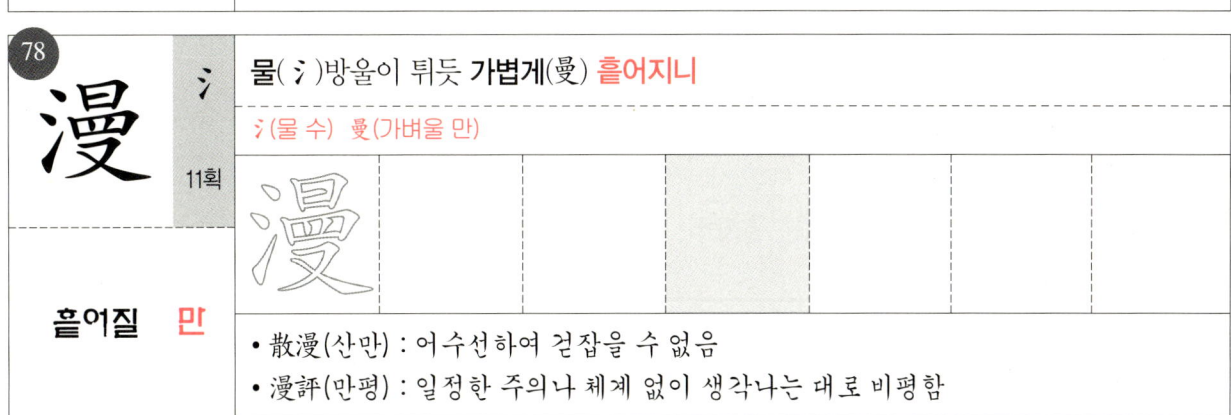
		• 散漫(산만) : 어수선하여 걷잡을 수 없음 • 漫評(만평) : 일정한 주의나 체계 없이 생각나는 대로 비평함

자원으로 한자 알기

* 이로운(利) 나무( ) 열매인 **배**
* 언덕( )에서 쌀(米)농사를 지으며 어그러져(舛) 사는 **이웃**
* 마음( )이 가벼워(曼) **거만하고 게으르니**
* 물( )방울이 튀듯 가볍게(曼) **흩어지니**

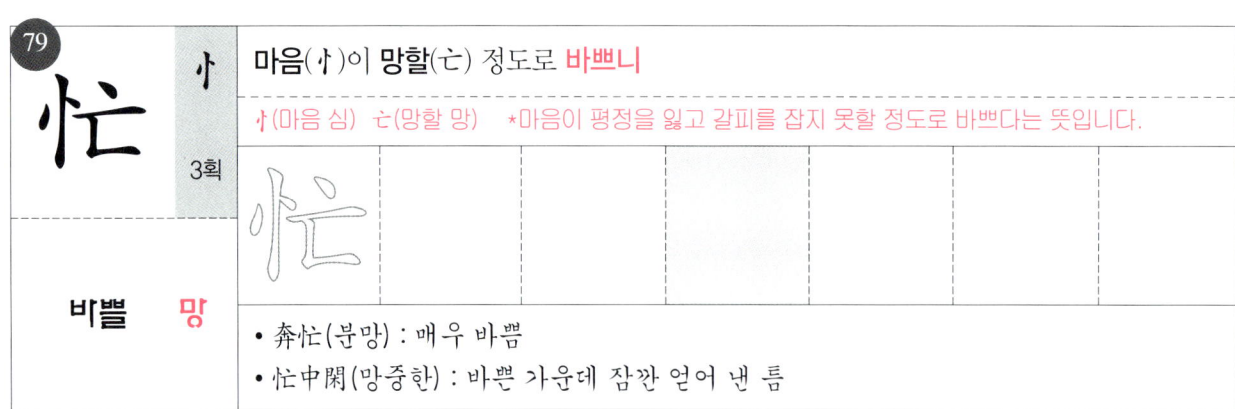

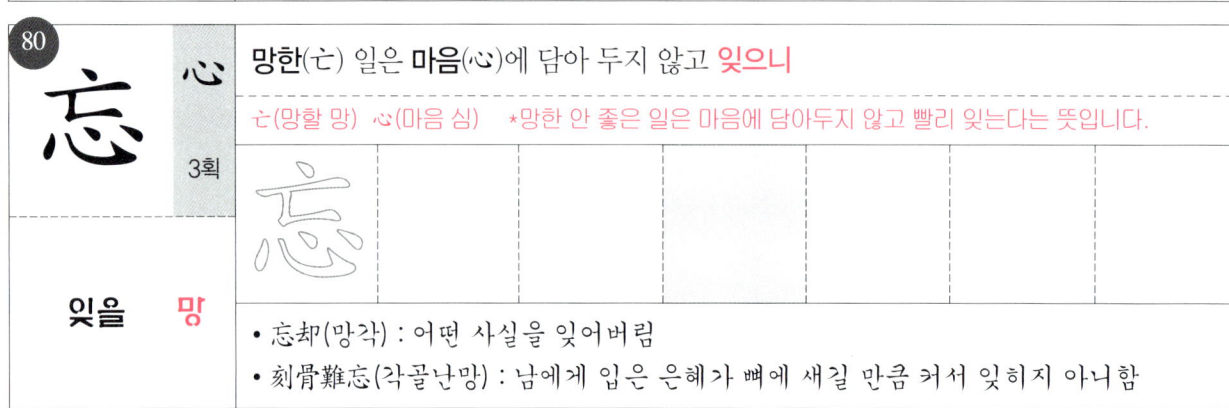

> **자원으로 한자 알기**
>
> * 마음(　　)이 망할(亡) 정도로 바쁘니　　☞
> * 망한(亡) 일은 마음(　　)에 담아 두지 않고 잊으니　　☞

一思多得

74 淚(눈물 루)　漏(샐 루) 잘 구별하세요.

淚(눈물 루) : 물(氵)처럼 집(戶)에서 개(犬)가 눈물을 흘리니

漏(샐 루) : 물(氵)처럼 지붕(尸)에서 비(雨)가 새니

76 隣(이웃 린)　憐(불쌍히 여길 련) 잘 구별하세요.

隣(이웃 린) : 언덕(阝)에서 쌀(米)농사를 지으며 어그러져(舛) 사는 이웃

憐(불쌍히 여길 련) : 마음(忄)에 쌀(米)을 몸을 어긋나게(舛) 구부려 구걸하는 사람을 불쌍히 여기니

	+	女	=	妄(망령될 망)	망하여(亡) 여자(女)가 망령되니
亡	+	目	=	盲(소경 맹)	망한(亡) 눈(目)이면 소경이니
	+	心	=	忘(잊을 망)	망한(亡) 일은 마음(心)에 담아 두지 않고 잊으니

다음 한자를 나누고 **자원**을 쓰면서 익히세요.

了 마칠 료 = ☐ + ☐

僚 동료 료 = ☐ + ☐ + ☐ + ☐ + ☐

屢 여러 루 = ☐ + ☐ + ☐ + ☐ + ☐

淚 눈물 루 = ☐ + ☐ + ☐

梨 배 리 = ☐ + ☐

隣 이웃 린 = ☐ + ☐ + ☐

慢 거만할 만 = ☐ + ☐

漫 흩어질 만 = ☐ + ☐

忙 바쁠 망 = ☐ + ☐

忘 잊을 망 = ☐ + ☐

다음 한자어의 **독음**을 쓰세요.

終 了	完 了	同 僚	官 僚
屢 次	屢 屢	血 淚	落 淚
梨 花	隣 近	隣 接	自 慢
散 漫	漫 評	奔 忙	忘 却

 다음 한자어를 **한자**로 쓰세요.

마칠 종	마칠 료	같을 동	동료 료	여러 루	차례 차	피 혈	눈물 루

배 리	꽃 화	이웃 린	가까울 근	스스로 자	거만할 만	흩어질 산	흩어질 만

빨리 분	바쁠 망	잊을 망	물리칠 각	완전할 완	마칠 료	벼슬 관	관리 료

여러 루	여러 루	떨어질 락	눈물 루	이웃 린	이을 접	함부로 만	평할 평

예문으로 한자어 익히기(한자로 쓰인 단어의 뜻을 써보세요.)

1. 수업이 終了되자 학생들이 교실 밖으로 우르르 달려 나갔다.

2. 보고서 작성을 完了하다.

3. 직장 同僚와 출장을 다녀왔다.

4. 이사회의 독단적 학교 운영은 官僚적이며 학원의 민주화를 말살하는 것이다.

5. 屢次에 걸쳐 신신당부하다.

6. 屢屢히 말하는데 이 일은 정말 중요하다.

7. 옛날 고생한 것을 생각하면 血淚를 금할 수 없다.

8. 어머니는 落淚하면서 떠나가는 아들을 바라보았다.

9. 달빛에 반사되어 떨어지는 梨花잎이 마치 하얀 눈처럼 보였다.

10. 그의 집안은 그 당시 隣近을 통틀어서 제일가는 부자였다.

11. 이 마을은 바다에 隣接되어 있어 예로부터 어업에 종사하는 주민이 많다.

12. 이번에 이겼다고 다음에도 이길 것이라고 自慢하지 마라.

13. 부질없는 일에도 신경질이 일어서 마음이 散漫해지고 시간을 일없이 소비하게 된다.

14. 한 컷짜리 漫評이 독자들의 큰 호응을 얻었다.

15. 모두 눈코 뜰 사이 없이 奔忙하여 다른 일에는 관심조차 없었다.

16. 현재 없는 미래가 없듯이 과거란 忘却되어서도 배제되어서도 안 된다.

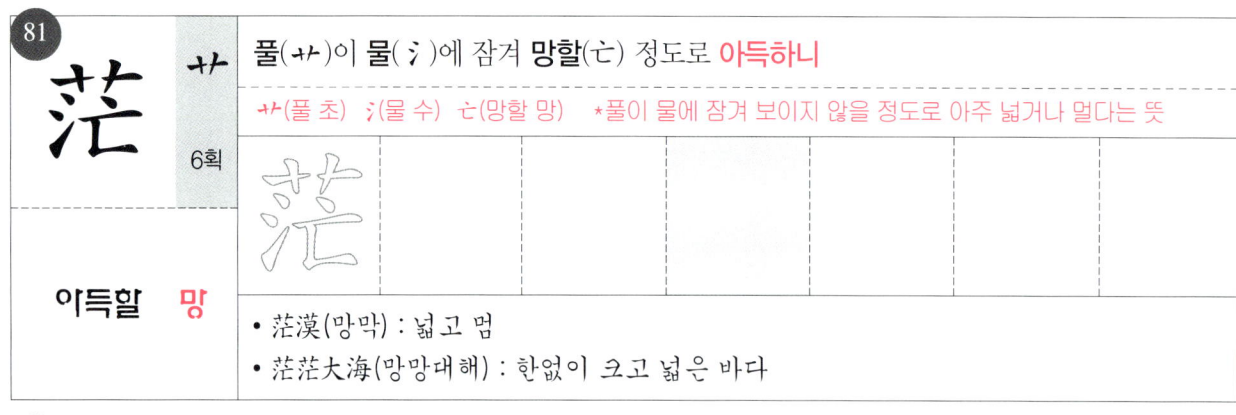

81 茫 (艸, 6획) — 아득할 망

풀(艹)이 물(氵)에 잠겨 망할(亡) 정도로 **아득하니**

艹(풀 초) 氵(물 수) 亡(망할 망) *풀이 물에 잠겨 보이지 않을 정도로 아주 넓거나 멀다는 뜻

- 茫漠(망막) : 넓고 멈
- 茫茫大海(망망대해) : 한없이 크고 넓은 바다

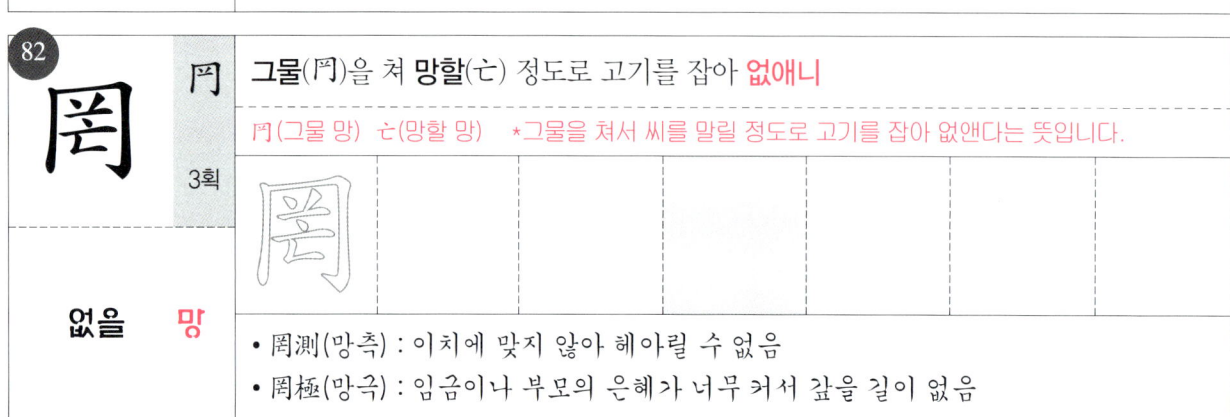

82 罔 (罓, 3획) — 없을 망

그물(罓)을 쳐 망할(亡) 정도로 고기를 잡아 **없애니**

罓(그물 망) 亡(망할 망) *그물을 쳐서 씨를 말릴 정도로 고기를 잡아 없앤다는 뜻입니다.

- 罔測(망측) : 이치에 맞지 않아 헤아릴 수 없음
- 罔極(망극) : 임금이나 부모의 은혜가 너무 커서 갚을 길이 없음

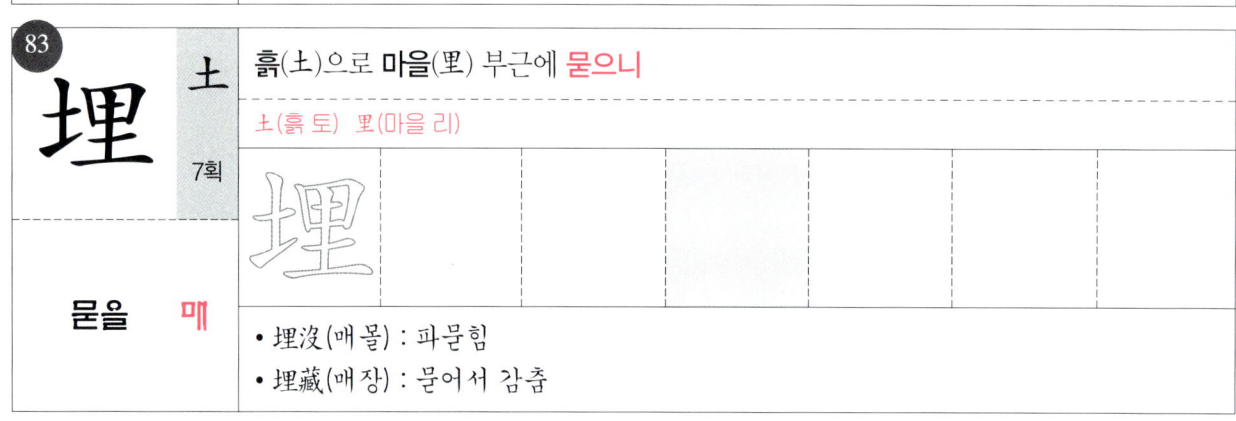

83 埋 (土, 7획) — 묻을 매

흙(土)으로 마을(里) 부근에 **묻으니**

土(흙 토) 里(마을 리)

- 埋沒(매몰) : 파묻힘
- 埋藏(매장) : 묻어서 감춤

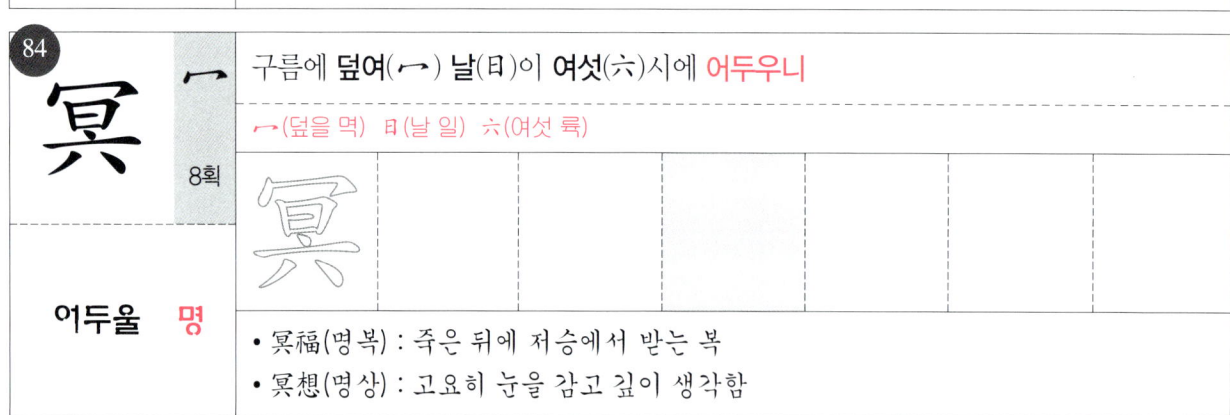

84 冥 (冖, 8획) — 어두울 명

구름에 덮여(冖) 날(日)이 여섯(六)시에 **어두우니**

冖(덮을 멱) 日(날 일) 六(여섯 륙)

- 冥福(명복) : 죽은 뒤에 저승에서 받는 복
- 冥想(명상) : 고요히 눈을 감고 깊이 생각함

자원으로 한자 알기

* 풀(   )이 물(氵)에 잠겨 **망할**(亡) 정도로 **아득하니**
* 그물(   )을 쳐 **망할**(亡) 정도로 고기를 잡아 **없애니**
* 흙(   )으로 마을(里) 부근에 **묻으니**
* 구름에 덮여(   ) 날(日)이 여섯(六)시에 **어두우니**

85 侮 — 업신여길 모

亻 / 7획

사람(亻)은 **매양**(每) 있는 일은 가볍게 여기고 **업신여기니**

亻(사람 인) 每(매양 매) *사람들은 늘 흔히 있는 일은 가볍게 여기고 업신여긴다는 뜻입니다.

- 受侮(수모) : 모욕을 받음
- 侮辱(모욕) : 깔보고 욕보임

86 冒 — 무릅쓸 모

冂 / 7획

성(冂)을 **두**(二) 번이나 **눈**(目)으로 살피려고 위험을 **무릅쓰니**

冂(성 경) 二(둘 이) 目(눈 목) *위험을 무릅쓰고 성을 살핀다는 뜻입니다.

- 冒雨(모우) : 비를 무릅씀
- 冒險(모험) : 위험을 무릅쓰고 어떠한 일을 함

87 募 — 모을 모

力 / 11획

없어진(莫) **힘**(力)을 다시 **모으니**

莫(없을 막) 力(힘 력) *갈라져 흩어지고 없어진 힘을 다시 모은다는 뜻입니다.

- 公募(공모) : 공개 모집
- 募金(모금) : 성금 따위를 모음

88 暮 — 저물 모

日 / 11획

해가 **없어져**(莫) **날**(日)이 **저무니**

莫(없을 막) 日(날 일) *해가 지면 날이 저물죠?

- 歲暮(세모) : 한 해가 끝날 무렵
- 朝三暮四(조삼모사) : 간사한 꾀로 남을 속여 희롱함을 이르는 말

자원으로 한자 알기

* 사람(   )은 **매양**(每) 있는 일은 가볍게 여기고 **업신여기니**
* 성(   )을 **두**(二) 번이나 **눈**(目)으로 살피려고 위험을 **무릅쓰니**
* **없어진**(莫) **힘**(   )을 다시 **모으니**
* 해가 **없어져**(莫) **날**(   )이 **저무니**

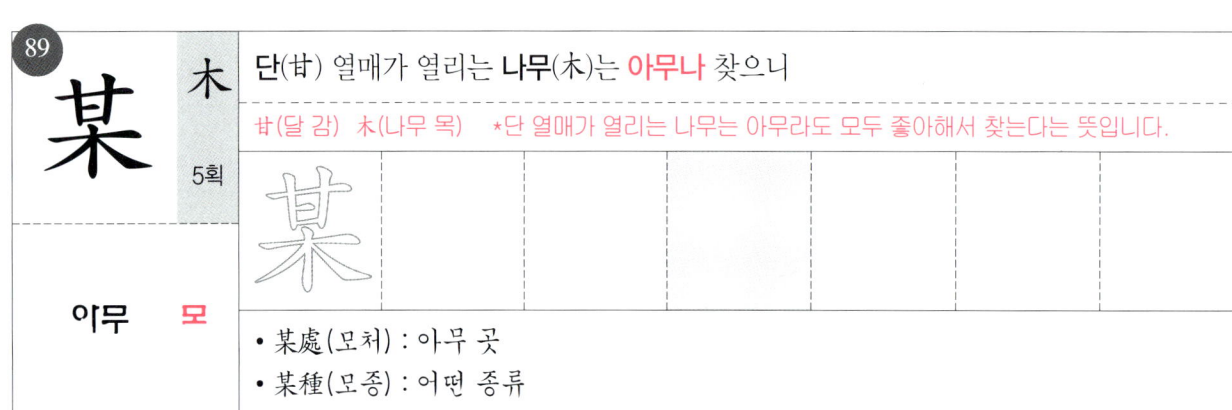

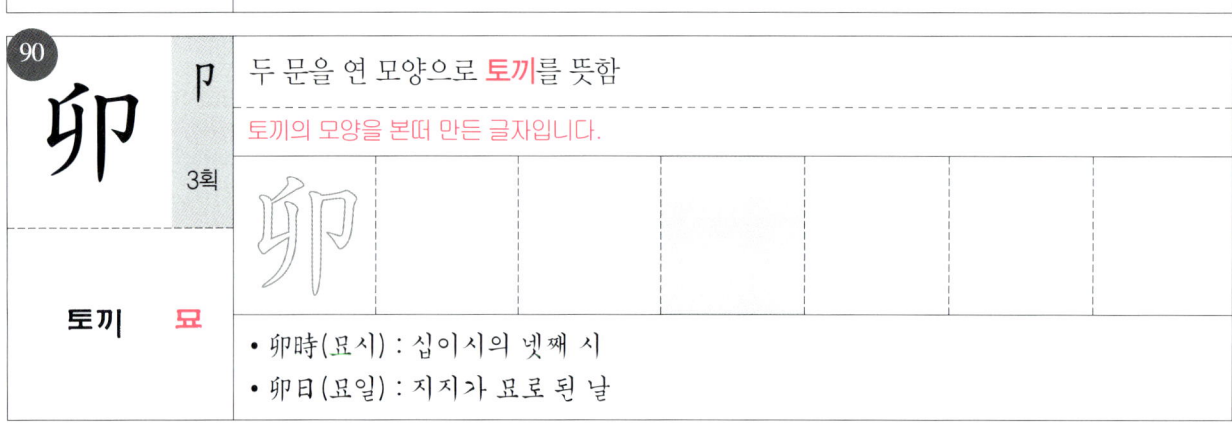

* 단(甘) 열매가 열리는 나무(　)는 아무나 찾으니
* 두 문을 연 모양으로 토끼를 뜻함

一思多得

| 氵 | + | 每 | = | 海(바다 해) | 물(氵)이 마르지 않고 매양(每) 있는 바다 |
| 亻 | + | | = | 侮(업신여길 모) | 사람(亻)은 매양(每) 있는 일은 가볍게 여기고 업신여기니 |

	+	土	=	墓(무덤 묘)	없애려고(莫) 흙(土)으로 덮어 놓은 무덤
	+	巾	=	幕(장막 막)	빛을 없게(莫) 하려고 헝겊(巾)으로 둘러친 장막
莫	+	小	=	慕(그릴 모)	없어진(莫) 후에야 마음(小)에 그리워하니
	+	力	=	募(모을 모)	없어진(莫) 힘(力)을 다시 모으니
	+	日	=	暮(저물 모)	해가 없어져(莫) 날(日)이 저무니

다음 한자를 나누고 **자원**을 쓰면서 익히세요.

茫 아득할 망 = ☐ + ☐ + ☐

罔 없을 망 = ☐ + ☐

埋 묻을 매 = ☐ + ☐

冥 어두울 명 = ☐ + ☐ + ☐

侮 업신여길 모 = ☐ + ☐

冒 무릅쓸 모 = ☐ + ☐ + ☐

募 모을 모 = ☐ + ☐

暮 저물 모 = ☐ + ☐

某 아무 모 = ☐ + ☐

卯 토끼 묘 =

다음 한자어의 **독음**을 쓰세요.

茫漠	罔測	罔極	埋沒
埋藏	冥福	冥想	受侮
侮辱	冒雨	冒險	公募
募金	歲暮	某處	某種
卯時	卯日		

 다음 한자어를 **한자**로 쓰세요.

아득할 망	넓을 막	없을 망	헤아릴 측	묻을 매	빠질 몰	저승 명	복 복
받을 수	업신여길 모	무릎쓸 모	비 우	공평할 공	모을 모	해 세	저물 모
아무 모	곳 처	지지 묘	때 시	없을 망	다할 극	묻을 매	감출 장
깊숙할 명	생각 상	업신여길 모	욕될 욕	무릎쓸 모	위험 험	모을 모	돈 금
아무 모	종류 종	지지 묘	날 일				

예문으로 한자어 익히기(한자로 쓰인 단어의 뜻을 써보세요.)

1. 그곳까지 걸어갈 생각을 하니 갈 길이 茫漠하다.

2. 요즘 젊은이들의 옷차림이 罔測하다.

3. 실낱같은 목숨을 붙여 준 성은이 罔極하여 왕궁을 향하여 머리를 여러 번 조아렸다.

4. 산사태로 몇 채의 집이 埋沒되었다.

5. 전쟁 통에 많은 사람들이 돈을 땅속에 埋藏해 두기도 했다.

6. 우리는 고모가 마련해 준 차례 상 앞에서 절을 하며 할머니의 冥福을 빌었다.

7. 나는 바다 깊숙이 가라앉는 듯 점점 깊은 冥想 속에 빠져 들어 갔다.

8. 태임이는 온갖 受侮를 당했다.

9. 줘도 안 먹을 테지만 먹는 자리에서 사람을 따돌린다는 건 너무 심한 侮辱 같았다.

10. 급한 길도 아닌데 冒雨하고 갈 까닭이 없어서 아침밥을 먹고도 떠날 생각을 하지 않았다.

11. 젊은이들은 실패를 무릅쓰고 冒險을 감행하였다.

12. 저축에 얽힌 여러분의 생활 체험 수기를 公募합니다.

13. 많은 액수의 돈이 수재민 성금으로 募金되었다.

14. 歲暮를 맞아 거리는 사람으로 붐비고 있다.

15. 그는 자기의 시체를 某處에 묻어 달라는 유언을 남겼다.

16. 장군은 고위층으로부터 某種의 중대한 명령을 받았다.

17. 매일 卯時에 일어나 아침 운동을 한다.

18. 정월 卯日에 하기로 약속하였다.

107

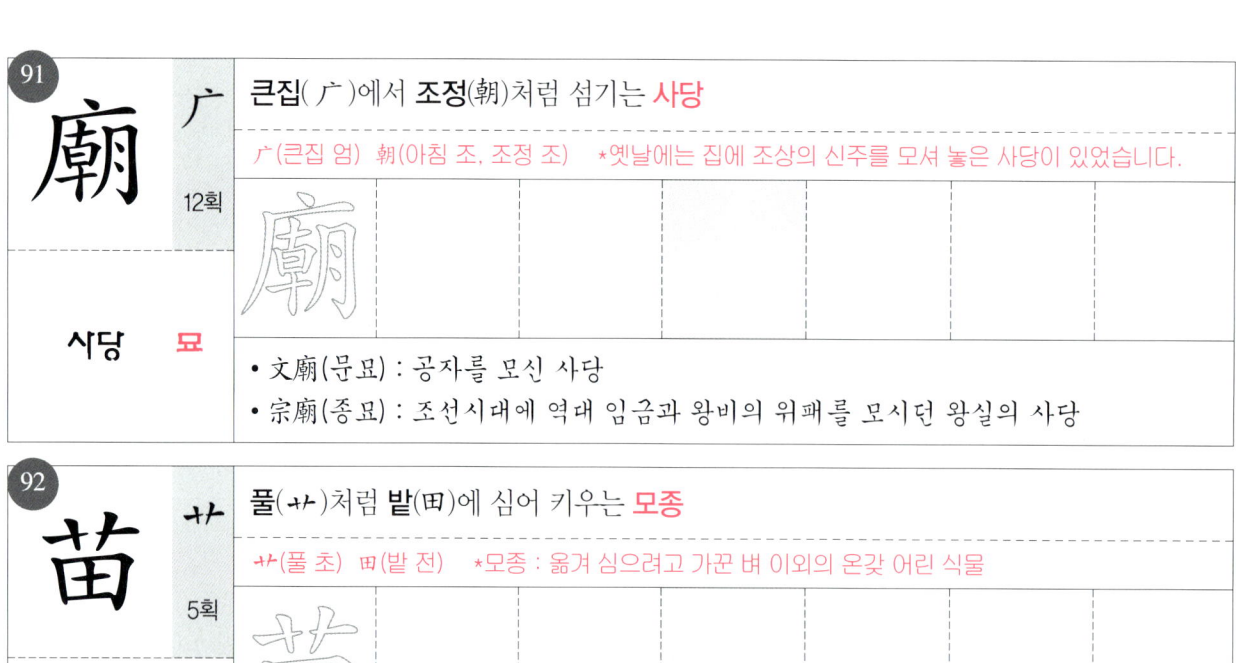

91 廟 12획 사당 묘	广	큰집(广)에서 조정(朝)처럼 섬기는 **사당**
		广(큰집 엄) 朝(아침 조, 조정 조) *옛날에는 집에 조상의 신주를 모셔 놓은 사당이 있었습니다.
		• 文廟(문묘) : 공자를 모신 사당 • 宗廟(종묘) : 조선시대에 역대 임금과 왕비의 위패를 모시던 왕실의 사당

92 苗 5획 모 묘	艹	풀(艹)처럼 밭(田)에 심어 키우는 **모종**
		艹(풀 초) 田(밭 전) *모종 : 옮겨 심으려고 가꾼 벼 이외의 온갖 어린 식물
		• 苗木(묘목) : 나무모 • 育苗(육묘) : 묘목이나 모를 기름

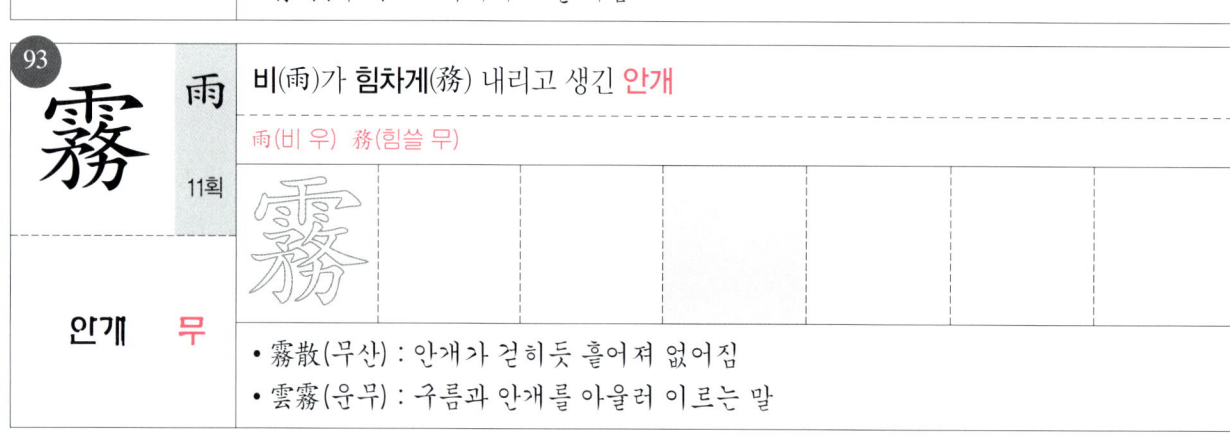

93 霧 11획 안개 무	雨	비(雨)가 힘차게(務) 내리고 생긴 **안개**
		雨(비 우) 務(힘쓸 무)
		• 霧散(무산) : 안개가 걷히듯 흩어져 없어짐 • 雲霧(운무) : 구름과 안개를 아울러 이르는 말

94 戊 1획 무성할 천간 무	戈	창(戈)에 끈(丿)을 **무성하게** 달아 꾸미니
		戈(창 과) 丿(끈 별) *수실을 곱게 꼬거나 엮어 모양을 내기 위하여 창에 달아 꾸몄다는 뜻입니다.
		• 戊申(무신) : 육십갑자의 마흔다섯째 • 戊夜(무야) : 오전 3시에서 5시 사이의 동안

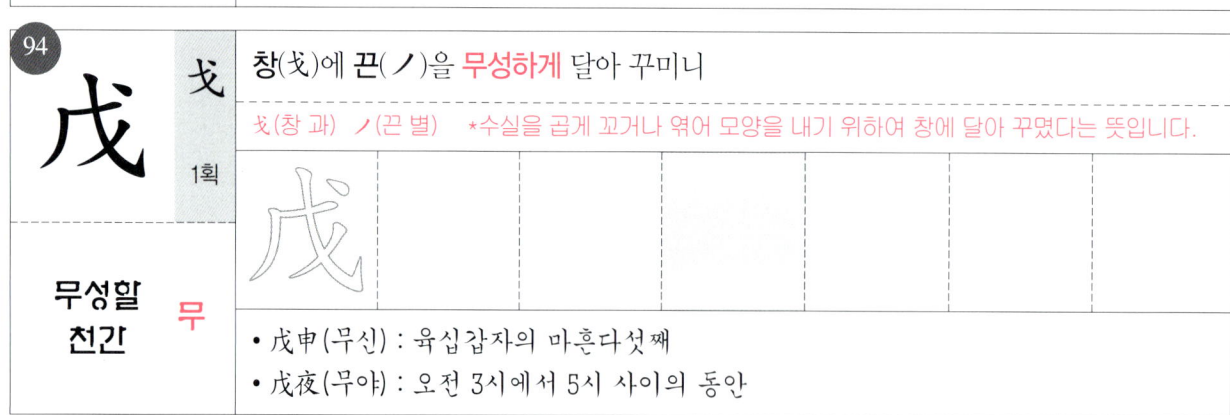

자원으로 한자 알기

* 큰집(　)에서 **조정**(朝)처럼 섬기는 **사당** ☞
* 풀(　)처럼 **밭**(田)에 심어 키우는 **모종** ☞
* 비(　)가 힘차게(務) 내리고 생긴 **안개** ☞
* 창(　)에 끈(丿)을 **무성하게** 달아 꾸미니 ☞

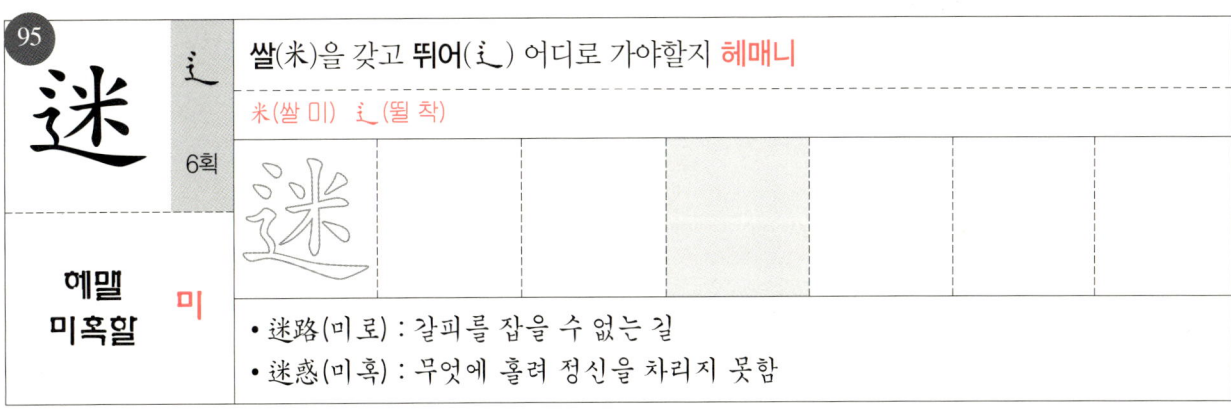

95. 迷 (헤맬·미혹할 미) 6획

쌀(米)을 갖고 뛰어(辶) 어디로 가야할지 헤매니

米(쌀 미) 辶(뛸 착)

- 迷路(미로) : 갈피를 잡을 수 없는 길
- 迷惑(미혹) : 무엇에 홀려 정신을 차리지 못함

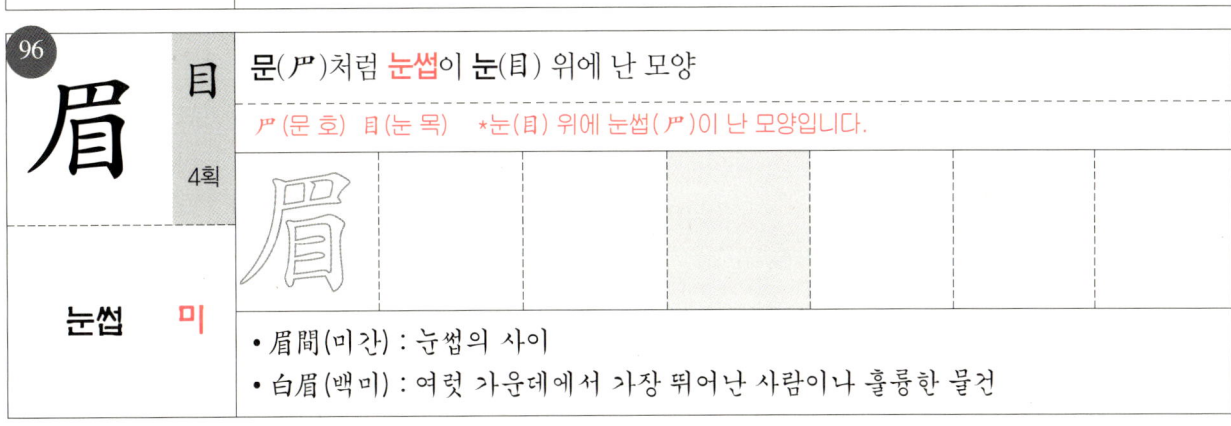

96. 眉 (눈썹 미) 4획

문(尸)처럼 눈썹이 눈(目) 위에 난 모양

尸(문 호) 目(눈 목)   *눈(目) 위에 눈썹(尸)이 난 모양입니다.

- 眉間(미간) : 눈썹의 사이
- 白眉(백미) : 여럿 가운데에서 가장 뛰어난 사람이나 훌륭한 물건

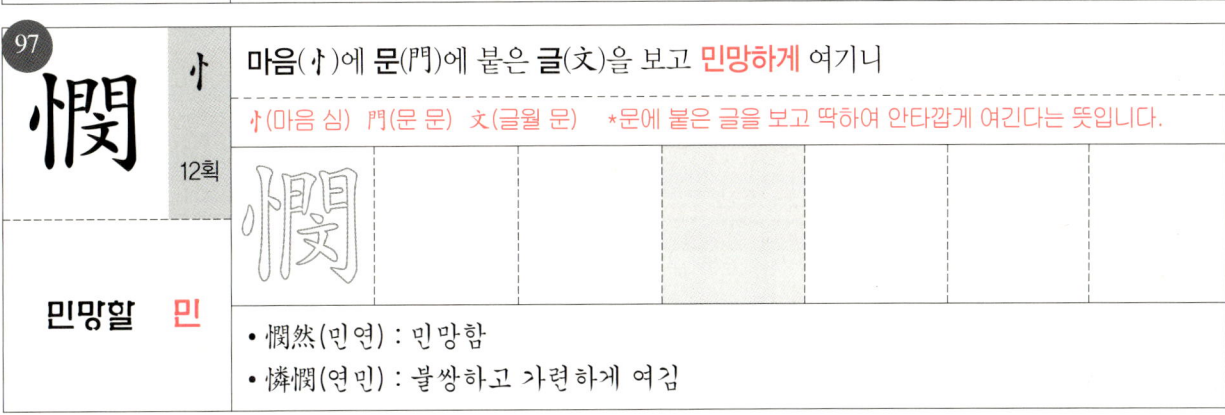

97. 憫 (민망할 민) 12획

마음(忄)에 문(門)에 붙은 글(文)을 보고 민망하게 여기니

忄(마음 심) 門(문 문) 文(글월 문)   *문에 붙은 글을 보고 딱하여 안타깝게 여긴다는 뜻입니다.

- 憫然(민연) : 민망함
- 憐憫(연민) : 불쌍하고 가련하게 여김

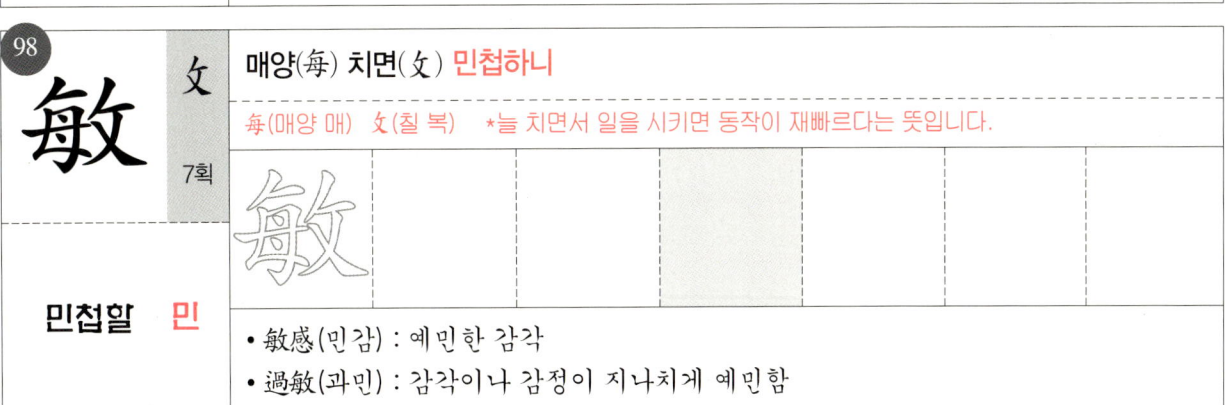

98. 敏 (민첩할 민) 7획

매양(每) 치면(攵) 민첩하니

每(매양 매) 攵(칠 복)   *늘 치면서 일을 시키면 동작이 재빠르다는 뜻입니다.

- 敏感(민감) : 예민한 감각
- 過敏(과민) : 감각이나 감정이 지나치게 예민함

자원으로 한자 알기

* 쌀(米)을 갖고 뛰어(　) 어디로 가야할지 헤매니
* 문(尸)처럼 눈썹이 눈(　) 위에 난 모양
* 마음(　)에 문(門)에 붙은 글(文)을 보고 민망하게 여기니
* 매양(每) 치면(　) 민첩하니

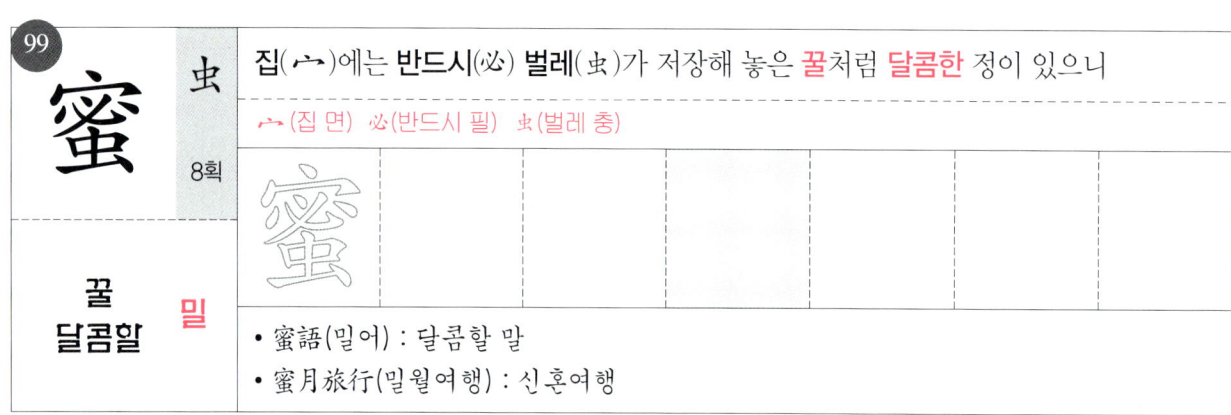

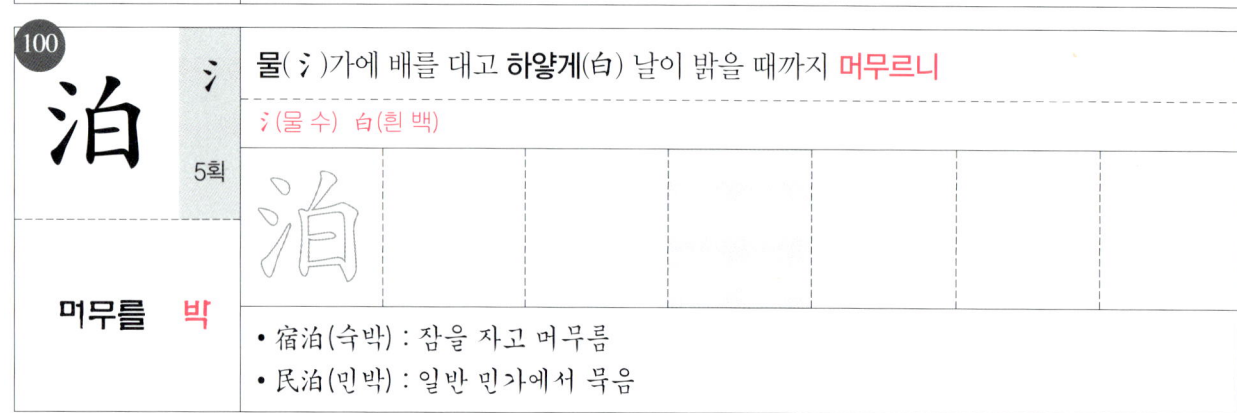

자원으로 한자 알기

* 집(宀)에는 반드시(必) 벌레(　)가 저장해 놓은 꿀처럼 달콤한 정이 있으니
* 물(　)가에 배를 대고 하얗게(白) 날이 밝을 때까지 머무르니

一思多得

水	+	田	=	畓(논 답)	물(水)이 있는 밭(田)은 논이니
艹	+		=	苗(모 묘)	풀(艹)처럼 밭(田)에 심어 키우는 모종

99 蜜(꿀 밀)　密(비밀 밀) 잘 구별하세요.

　蜜(꿀 밀) : 집(宀)에는 반드시(必) 벌레(虫)가 저장해 놓은 꿀처럼 달콤한 정이 있으니
　密(비밀 밀) : 집(宀)을 떠나 반드시(必) 산(山)에 숨어든 까닭은 비밀이 있으니

扌	+		=	拍(손뼉 칠 박)	손(扌)으로 아뢰려고(白) 손뼉 치니
辶	+	白	=	迫(핍박할 박)	하얗게(白) 질려 뛰어(辶) 달아날 정도로 핍박하니
氵	+		=	泊(머무를 박)	물(氵)가에 배를 대고 하얗게(白) 날이 밝을 때까지 머무르니

다음 한자를 나누고 **자원**을 쓰면서 익히세요.

한자	=		+		
廟 사당 묘	=		+		
苗 모 묘	=		+		
霧 안개 무	=		+		
戊 무성할 무	=		+		
迷 헤맬 미	=		+		
眉 눈썹 미	=		+		
憫 민망할 민	=		+		+	
敏 민첩할 민	=		+		
蜜 꿀 밀	=		+		+	
泊 머무를 박	=		+		

111

다음 한자어의 **독음**을 쓰세요.

文廟	宗廟	苗木	育苗
霧散	雲霧	戊申	戊夜
迷路	迷惑	眉間	白眉
憫然	憐憫	敏感	過敏
蜜語	宿泊	民泊	

 다음 한자어를 **한자**로 쓰세요.

글월 문 사당 묘	모 묘 나무 목	안개 무 흩어질 산	천간 무 지지 신
헤맬 미 길 로	눈썹 미 사이 간	민망할 민 그럴 연	민첩할 민 느낄 감
달콤할 밀 말씀 어	잘 숙 머무를 박	사당 종 사당 묘	기를 육 모 묘
구름 운 안개 무	천간 무 밤 야	미혹할 미 미혹할 혹	흰 백 눈썹 미
불쌍히 여길 련 불쌍히 여길 민	지나칠 과 민첩할 민	백성 민 머무를 박	

예문으로 한자어 익히기 (한자로 쓰인 단어의 뜻을 써보세요.)

1. 제관들은 모두 **文廟**의 배전에 엎드렸다.

2. 옛날, 조정에서 국사를 의결 집행하기 전에 먼저 **宗廟**에서 조상에게 고하였다.

3. 식목일에 **苗木**을 정성 들여 심었다.

4. **育苗** 품종

5. 원자력 발전소 설립 계획이 주민들의 반발로 **霧散**되고 말았다.

6. 높은 산봉우리는 **雲霧**에 가려져 천상에 두둥실 떠 있다.

7. 오늘은 2월 **戊申**일이다.

8. 그는 늘 **戊夜**에 일을 시작하였다.

9. 그것은 입구는 있되 출구는 없는, 수많은 방과 **迷路**를 가진 유령의 성이었다.

10. 아름다운 여인에게 **迷惑**되어 다른 일에는 전혀 신경도 못 쓰고 있었다.

11. 넓은 **眉間**과 두드러진 광대뼈는 조선 사람이려니 싶은 짐작을 어렵지 않게 한다.

12. 이번 연주회의 **白眉**는 단연 바이올린 독주였다.

13. 신중하지 못한 자신의 행동을 매우 **憫然**하게 여겼다.

14. 그는 자기 **憐憫**에 빠져 늘 우울해했다.

15. 물고기는 염분 변화에 **敏感**하게 반응한다.

16. 동물들은 새끼를 배거나 낳으면 주인에게도 아주 **過敏**해진다.

17. 두 남녀가 사랑의 **蜜語**를 속삭인다.

18. 집을 떠나면 언제나 **宿泊**이 문제다.

19. 여름휴가 기간 동안 우리는 바닷가 근처에서 **民泊**을 하였다.

자원으로 한자 알기.

51. 물(氵)을 남은(余) 흙(　)에 부어 이겨 **칠하니**

52. 손(　)으로 자꾸 집적거릴 **조짐**(兆)을 보여 화를 **돋우니**

53. 발(　)로 **조짐**(兆)을 살피려고 높이 **뛰니**

54. **벼**(　)를 수확하여 **손**(爫)으로 **절구**(臼)에 넣고 찧으니

55. 대(　)를 말(馬)처럼 타고 놀던 친구간의 우정이 **도타우니**

56. 즐거움을 **누리며**(享) 때로는 **치고**(　) 싸우는 가운데 우정이 **도타우니**

57. 살(月)이 찐 **돼지**(　)

58. 땅(一)에 싹(　)이 듬성듬성 나듯 **진 치니**

59. 쇠(　)가 하나(一)의 싹(屮)도 베지 못할 정도로 **무디고 둔하니**

60. 몸(月)을 움직여 여덟(八) 명의 사내(夫)가 말(　)에 **오르니**

61. 물(　)이 밖으로 보이게(監) **넘치니**

62. 손(　)으로 서울(京)에 가서 **노략질하니**

63. 말(　)하여 서울(京)을 살펴 아니

64. 마음(　)에 쌀(米)을 몸을 어긋나게(舛) 구부려 구걸하는 사람을 **불쌍히 여기니**

65. 적은(少) 힘(　)이라 **졸렬하고 남만 못하니**

66. 큰집(　)을 여러 채 겸할(兼) 정도로 검소하고 **청렴하니**

67. 개(　)가 짐승의 목 갈기(鼠)를 물어 **사냥하니**

68. 비(　)가 내리듯 위에서 명령(令)이 **떨어지니**

69. 선비(士)도 죄가 보이면(示) 잡아(　) **종**으로 삼으니

70. 뿔, 머리, 네 발을 본뜬 **사슴**의 모양

71. 하나(一)같이 갈고리(　)를 들고 일을 **마치니**

72. 사람(　)은 큰(大)일을 나누어(八) 말하며(曰) 작아진(小) 일을 **동료**와 함께 하니

73. 지붕(　) 밑에서 입(口)과 입(口)으로 많은(十) 여러 여자(女)들이 말하니

74. 물(　)처럼 집(戶)에서 개(犬)가 **눈물**을 흘리니

75. 이로운(利) 나무(　) 열매인 **배**

자원으로 한자 알기.

76. 언덕(   )에서 쌀(米)농사를 지으며 어그러져(舛) 사는 이웃

77. 마음(   )이 가벼워(曼) 거만하고 게으르니

78. 물(   )방울이 튀듯 가볍게(曼) 흩어지니

79. 마음(   )이 망할(亡) 정도로 바쁘니

80. 망한(亡) 일은 마음(   )에 담아 두지 않고 잊으니

81. 풀(   )이 물(氵)에 잠겨 망할(亡) 정도로 아득하니

82. 그물(   )을 쳐 망할(亡) 정도로 고기를 잡아 없애니

83. 흙(   )으로 마을(里) 부근에 묻으니

84. 구름에 덮여(   ) 날(日)이 여섯(六)시에 어두우니

85. 사람(   )은 매양(每) 있는 일은 가볍게 여기고 업신여기니

86. 성(   )을 두(二) 번이나 눈(目)으로 살피려 위험을 무릅쓰니

87. 없어진(莫) 힘(   )을 다시 모으니

88. 해가 없어져(莫) 날(   )이 저무니

89. 단(甘) 열매가 열리는 나무(   )는 아무나 찾으니

90. 두 문을 연 모양으로 토끼를 뜻함

91. 큰집(   )에서 조정(朝)처럼 섬기는 사당

92. 풀(   )처럼 밭(田)에 심어 키우는 모종

93. 비(   )가 힘차게(務) 내리고 생긴 안개

94. 창(   )에 끈(丿)을 무성하게 달아 꾸미니

95. 쌀(米)을 갖고 뛰어(   ) 어디로 가야할지 헤매니

96. 문(尸)처럼 눈썹이 눈(   ) 위에 난 모양

97. 마음(   )에 문(門)에 붙은 글(文)을 보고 민망하게 여기니

98. 매양(每) 치면(   ) 민첩하니

99. 집(宀)에는 반드시(必) 벌레(   )가 저장해 놓은 꿀처럼 달콤한 정이 있으니

100. 물(   )가에 배를 대고 하얗게(白) 날이 밝을 때까지 머무르니

115

다음 한자의 **뜻**과 **음**을 쓰세요.

塗	挑	跳	稻	篤	敦	豚
屯	鈍	騰	濫	掠	諒	憐
劣	廉	獵		零	隷	鹿
了	僚				屢	淚
梨						隣

3급 51-100번 형성평가

慢	漫				忙	忘
茫	罔	埋		冥	侮	冒
募	暮	某	卯	廟	苗	霧
戊	迷	眉	憫	敏	蜜	泊

다음 뜻과 음을 지닌 **한자**를 쓰세요.

칠할 도	돋울 도	뛸 도	벼 도	도타울 독	도타울 돈	돼지 돈
진칠 둔	둔할 둔	오를 등	넘칠 람	노략질할 략	살펴 알 량	불쌍히 여길 련
못할 렬	청렴할 렴	사냥 렵		떨어질 령	종 례	사슴 록
마칠 료	동료 료				여러 루	눈물 루
배 리						이웃 린
거만할 만	흩어질 만				바쁠 망	잊을 망
아득할 망	없을 망	묻을 매		어두울 명	업신여길 모	무릅쓸 모
모을 모	저물 모	아무 모	토끼 묘	사당 묘	모 묘	안개 무
무성할 무	헤맬 미	눈썹 미	민망할 민	민첩할 민	꿀 밀	머무를 박

3급 51-100번
형성평가

117

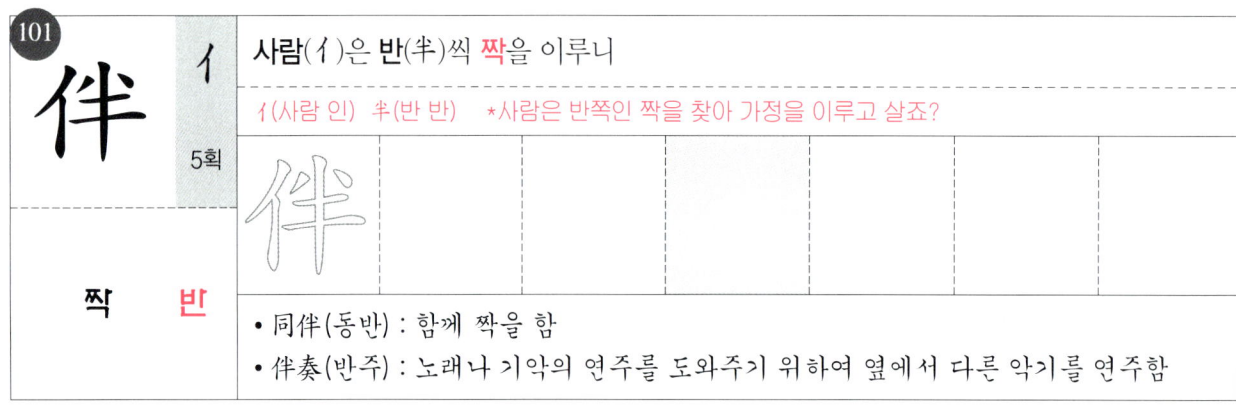

101 伴 5획 짝 반	亻	사람(亻)은 반(半)씩 짝을 이루니
		亻(사람 인) 半(반 반) *사람은 반쪽인 짝을 찾아 가정을 이루고 살죠?
		• 同伴(동반) : 함께 짝을 함
		• 伴奏(반주) : 노래나 기악의 연주를 도와주기 위하여 옆에서 다른 악기를 연주함

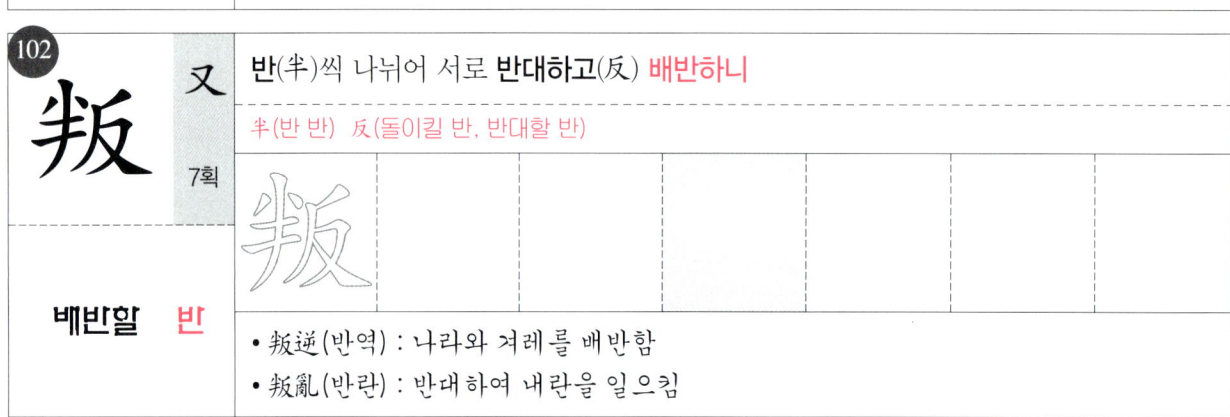

102 叛 7획 배반할 반	又	반(半)씩 나뉘어 서로 반대하고(反) 배반하니
		半(반 반) 反(돌이킬 반, 반대할 반)
		• 叛逆(반역) : 나라와 겨레를 배반함
		• 叛亂(반란) : 반대하여 내란을 일으킴

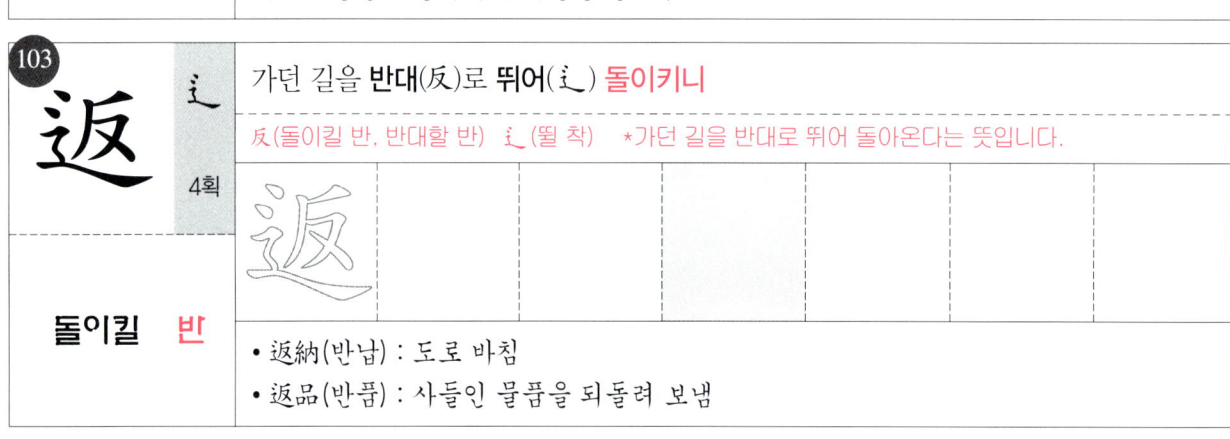

103 返 4획 돌이킬 반	辶	가던 길을 반대(反)로 뛰어(辶) 돌이키니
		反(돌이킬 반, 반대할 반) 辶(뛸 착) *가던 길을 반대로 뛰어 돌아온다는 뜻입니다.
		• 返納(반납) : 도로 바침
		• 返品(반품) : 사들인 물품을 되돌려 보냄

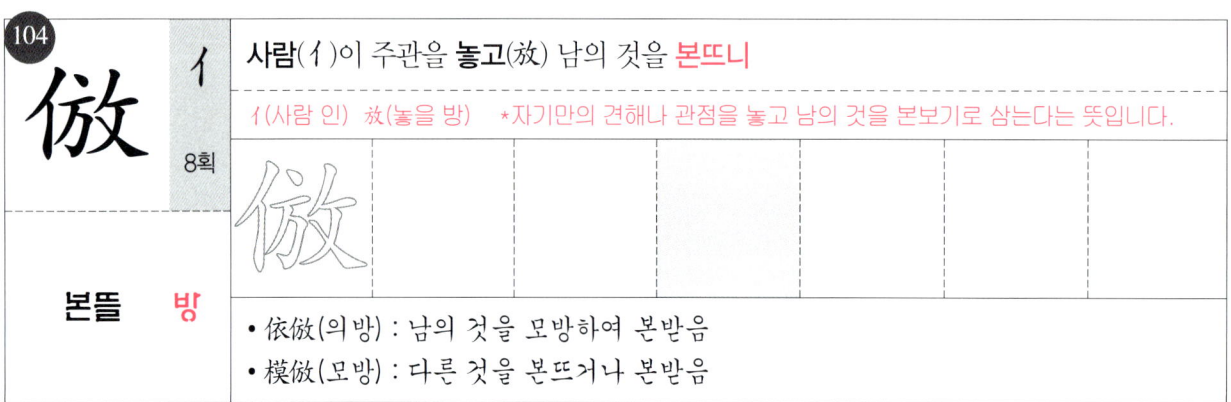

104 倣 8획 본뜰 방	亻	사람(亻)이 주관을 놓고(放) 남의 것을 본뜨니
		亻(사람 인) 放(놓을 방) *자기만의 견해나 관점을 놓고 남의 것을 본보기로 삼는다는 뜻입니다.
		• 依倣(의방) : 남의 것을 모방하여 본받음
		• 模倣(모방) : 다른 것을 본뜨거나 본받음

자원으로 한자 알기

* 사람(   )은 반(半)씩 짝을 이루니
* 반(半)씩 나뉘어 서로 반대하고(反) 배반하니
* 가던 길을 반대(反)로 뛰어(   ) 돌이키니
* 사람(   )이 주관을 놓고(放) 남의 것을 본뜨니

105 傍 (곁 방) — 10획

사람(亻)들이 머리(亠)에 헝겊을 나누어(丷) 덮고(冖) 사방(方)에서 곁으로 오니

亻(사람 인) 亠(머리 두) 丷(나눌 팔) 冖(덮을 멱) 方(사방 방)

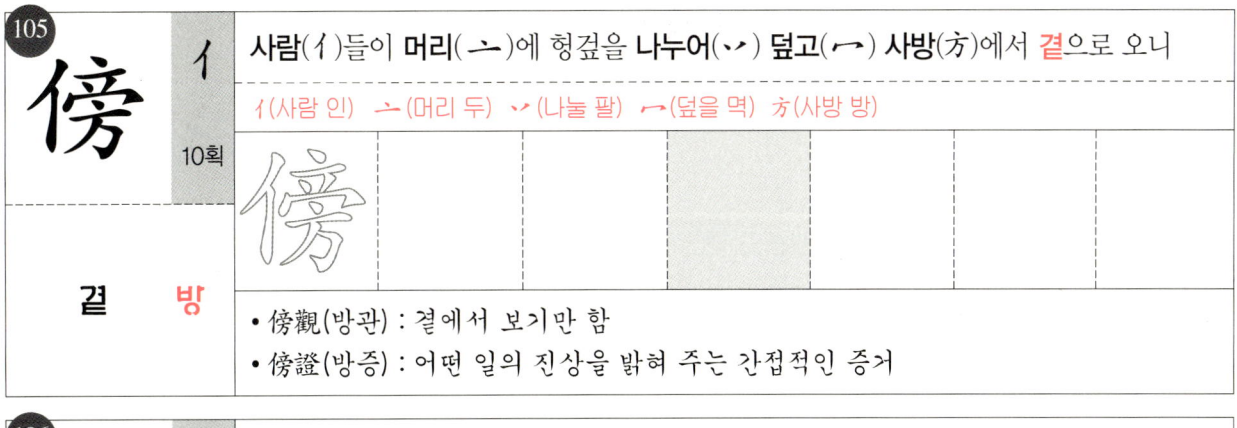

- 傍觀(방관) : 곁에서 보기만 함
- 傍證(방증) : 어떤 일의 진상을 밝혀 주는 간접적인 증거

106 邦 (나라 방) — 4획

풀이 무성하듯(丰) 고을(阝)이 번성하여 이루어진 나라

丰(풀 무성할 봉) 阝(고을 읍)   *풀이 무성하듯 여러 고을들이 연합하여 나라를 이룬다는 뜻

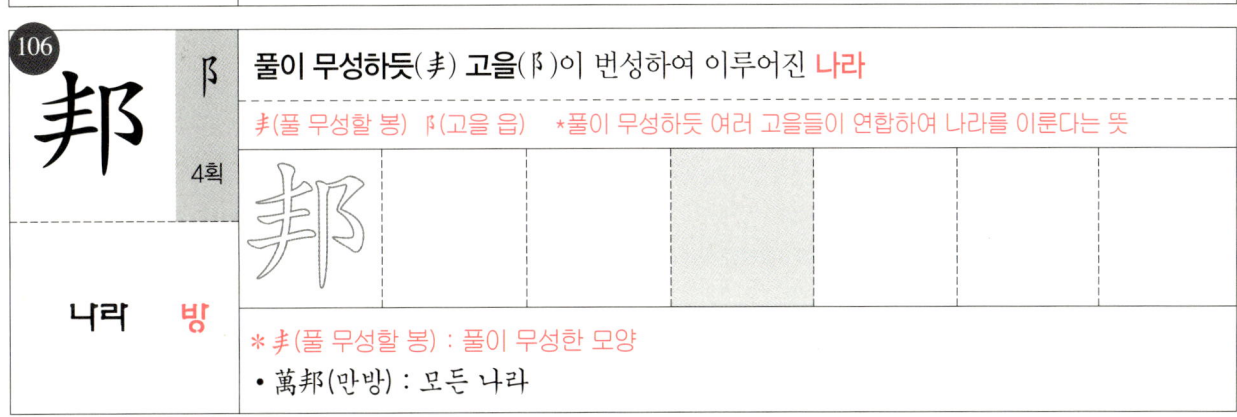

* 丰(풀 무성할 봉) : 풀이 무성한 모양
- 萬邦(만방) : 모든 나라

107 杯 (잔 배) — 4획

나무(木)가 아닌(不) 것으로 만든 잔

木(나무 목) 不(아닐 불)   *잔 : 차나 술 따위의 음료를 따라 마시는 데 쓰는 작은 그릇

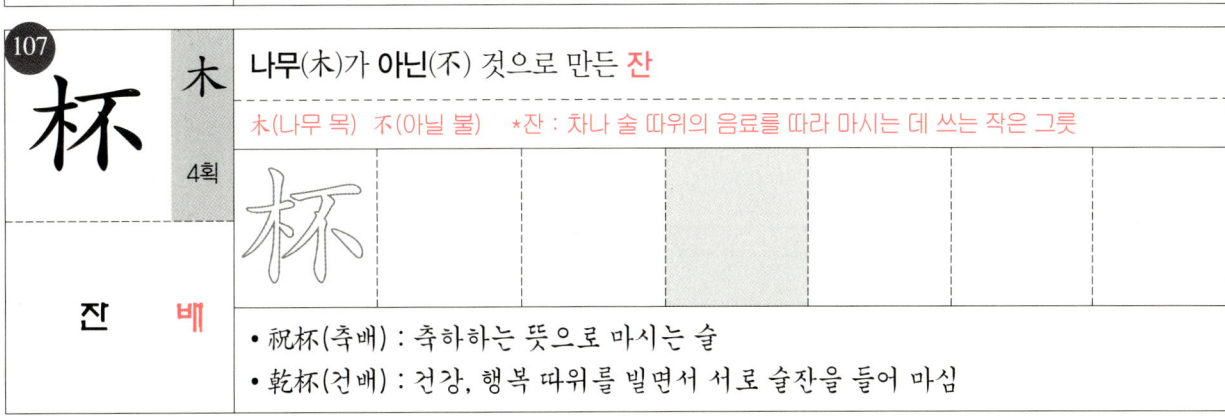

- 祝杯(축배) : 축하하는 뜻으로 마시는 술
- 乾杯(건배) : 건강, 행복 따위를 빌면서 서로 술잔을 들어 마심

108 煩 (번거로울 번) — 9획

불(火)처럼 뜨겁게 머리(頁)가 아플 정도로 번거로우니

火(불 화) 頁(머리 혈)   *머리가 불처럼 열이 나 아플 정도로 어수선하고 복잡하다는 뜻입니다.

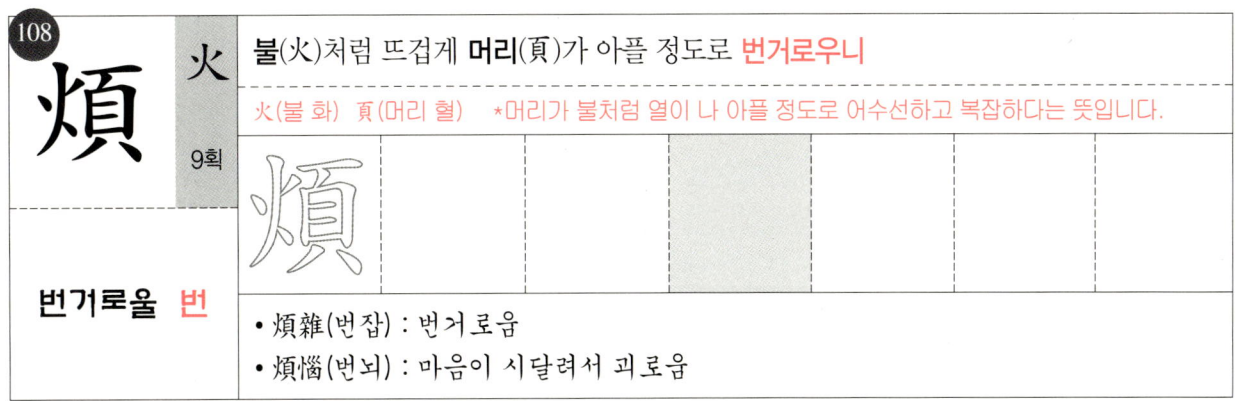

- 煩雜(번잡) : 번거로움
- 煩惱(번뇌) : 마음이 시달려서 괴로움

자원으로 한자 알기

* 사람(   )들이 머리(亠)에 헝겊을 나누어(丷) 덮고(冖) 사방(方)에서 곁으로 오니
* 풀이 무성하듯(丰) 고을(   )이 번성하여 이루어진 나라
* 나무(   )가 아닌(不) 것으로 만든 잔
* 불(   )처럼 뜨겁게 머리(頁)가 아플 정도로 번거로우니

109 翻 번역할 번	飛 12획	외국어와 국어를 **차례**(番)로 **날아**(飛) 다니듯 **번역하니**
		番(차례 번)　飛(날 비)
		• 翻譯(번역) : 다른 언어의 글로 옮김 • 翻案(번안) : 남의 작품을 원안으로 하여 고쳐 지음

110 辨 분별할 변	辛 9획	**매운**(辛) 것을 **칼**(刂)로 잘라 **고생**(辛)하며 **분별하니**
		辛(매울 신, 고생 신)　刂(칼 도)　*매운 것을 칼로 잘라 나누어 확인하고 분별한다는 뜻입니다.
		• 辨別(변별) : 사물의 옳고 그름이나 좋고 나쁨을 가림 • 辨明(변명) : 어떤 잘못이나 실수에 대하여 구실을 대며 그 까닭을 말함

자원으로 한자 알기

✻ 외국어와 국어를 **차례**(番)로 **날아**(　) 다니듯 **번역하니**

✻ **매운**(　) 것을 **칼**(刂)로 잘라 **고생**(辛)하며 **분별하니**

一思多得

是	+		= 題(문제 제)	**옳게**(是) **머리**(頁)를 써야 풀리는 **문제**
豆	+		= 頭(머리 두)	**콩**(豆)처럼 둥글둥글한 **머리**(頁)
川	+	頁	= 順(순할 순)	**냇물**(川)이 흐르듯 거스르지 않고 **우두머리**(頁)의 명령을 **순하게** 따르니
令	+		= 領(거느릴 령)	**명령**(令)하여 **우두머리**(頁)가 부하를 **거느리니**
火	+		= 煩(번거로울 번)	**불**(火)처럼 뜨겁게 **머리**(頁)가 아플 정도로 **번거로우니**

110 辨(분별할 변)　辯(말 잘할 변) 잘 구별하세요.

　　辨(분별할 변) : **매운**(辛) 것을 **칼**(刂)로 잘라 **고생**(辛)하며 **분별하니**
　　辯(말 잘할 변) : **매운**(辛) 것을 먹고도 **말**(言)을 **고생**(辛)하며 **말 잘하니**

다음 한자를 나누고 **자원**을 쓰면서 익히세요.

伴 짝 반 = ☐ + ☐

叛 배반할 반 = ☐ + ☐

返 돌이킬 반 = ☐ + ☐

倣 본뜰 방 = ☐ + ☐

傍 곁 방 = ☐ + ☐ + ☐ + ☐ + ☐

邦 나라 방 = ☐ + ☐

杯 잔 배 = ☐ + ☐

煩 번거로울 번 = ☐ + ☐

飜 번역할 번 = ☐ + ☐

辨 분별할 변 = ☐ + ☐ + ☐

121

다음 한자어의 **독음**을 쓰세요.

同伴	伴奏	叛逆	叛亂
返納	返品	依倣	模倣
傍觀	傍證	萬邦	祝杯
乾杯	煩雜	煩惱	飜譯
飜案	辨別	辨明	

 다음 한자어를 **한자**로 쓰세요.

같을 동 / 짝 반	배반할 반 / 거스를 역	돌이킬 반 / 바칠 납	의지할 의 / 본뜰 방
곁 방 / 볼 관	온갖 만 / 나라 방	축하할 축 / 잔 배	번거로울 번 / 섞일 잡
번역할 번 / 번역할 역	분별할 변 / 분별할 별	짝 반 / 연주할 주	배반할 반 / 난리 란
돌이킬 반 / 물건 품	본뜰 모 / 본뜰 방	곁 방 / 증거 증	마를 건 / 잔 배
번거로울 번 / 번뇌할 뇌	번역할 번 / 생각할 안	분별할 변 / 밝힐 명	

예문으로 한자어 익히기 (한자로 쓰인 단어의 뜻을 써보세요.)

1. 과거 대부분의 국가에서 진행된 무리한 산업화에는 환경오염이라는 문제가 **同伴**되었다.

2. 모두 **伴奏**에 맞추어 노래를 불렀다.

3. 군사 정보를 외국에 파는 행위는 나라에 **叛逆**하는 일이다.

4. 정부군은 **叛亂**을 진압하고 주모자를 체포했다.

5. 어제 도서관에서 대출한 책을 반납 창구에 **返納**했다.

6. 소매상들은 불량품을 본사로 직접 **返品**하였다.

7. 우선은 동남을 시켜서 기녀의 춤을 **依倣**하게 하여 대응하는 것이 어떨까?

8. 단지 남의 나라를 **模倣**만 하지 말고 우리의 독특한 제도를 만들 필요가 있다.

9. 그는 학교에서는 호랑이 선생님이었지만 자기 아이들 교육에는 **傍觀**적이었다.

10. 보다 객관적이고 확실한 **傍證**자료를 수집하였다.

11. 과연 **萬邦**에 견줄 데가 없는 민족이구나!

12. 우리는 변함없는 우정을 위해 **祝杯**를 들었다.

13. 나는 그녀와 우리의 사랑과 행복한 미래를 위하여 **乾杯**하였다.

14. 차가 차츰 **煩雜**하고 소란한 시내 중심부로 들어서기 시작했다.

15. 과연 그 미소 아래서 중생들의 온갖 **煩惱**가 사라져 버리는 것일까?

16. 몇 년 전만 하더라도 러시아어 문학 작품이 우리말로 직접 **飜譯**된 것은 없었다.

17. 외국 소설을 우리 정서에 맞게 **飜案**하였다.

18. 많은 생산품 중에서 최상의 것만을 **辨別**해서 시장에 내놓았다.

19. 이미 저질러 놓은 일에 대하여는 뒤늦게 다른 사람에게 **辨明**해야 아무런 소용이 없다.

111 屛 (병풍 병) 尸 8획

지붕(尸) 아래 나란하게(幷) 펼쳐놓은 병풍

尸(지붕 시) 丶(점 주) 千(방패 간)

* 幷(나란히 할 병) : 각각 점(丶) 같은 방패(千)를 들고 나란히 있는 모양
* 屛風(병풍) : 무엇을 가리거나 또는 장식용으로 방 안에 치는 물건

112 竝 (나란히 병) 立 5획

두 사람이 나란히 서(立) 있는 모양

立(설 립)

* 竝行(병행) : 나란히 감
* 竝列(병렬) : 나란히 늘어놓음

113 卜 (점 복) 卜 0획

거북을 구워 등껍데기에 나타난 금으로 점친다는 뜻

마법 술술한자 부수 24번 참고

* 占卜(점복) : 점치는 일
* 卜債(복채) : 점을 쳐 준 값으로 점쟁이에게 주는 돈

114 蜂 (벌 봉) 虫 7획

벌레(虫) 중에서 만나(夆) 모여 사는 벌

虫(벌레 충) 夆(만날 봉) *벌은 모여서 무리를 이루어 생활하죠.

* 蜂蜜(봉밀) : 벌꿀
* 養蜂(양봉) : 벌을 기름

자원으로 한자 알기

* 지붕(   ) 아래 나란하게(幷) 펼쳐놓은 병풍
* 두 사람이 나란히 서(   ) 있는 모양
* 거북을 구워 등껍데기에 나타난 금으로 점친다는 뜻
* 벌레(   ) 중에서 만나(夆) 모여 사는 벌

115 赴 (走, 2획) — 다다를 부

달려(走) 점치는(卜) 곳에 **다다르니**

走(달릴 주) 卜(점칠 복)

- 赴任(부임) : 근무할 곳으로 감
- 赴役(부역) : 병역이나 부역을 치르러 나감

116 墳 (土, 12획) — 무덤 분

땅(土) 위에 **크게**(賁) 만든 **무덤**

土(땅 토) 賁(클 분)   *왕의 무덤 보셨죠?

- 墳墓(분묘) : 무덤
- 古墳(고분) : 고대에 만들어진 무덤

117 朋 (月, 4획) — 벗 붕

몸(月)과 **몸**(月)을 나란히 하고 있는 **벗**(친구)

月(몸 월)   *벗은 제2의 나라고도 합니다. 朋은 두 사람이 몸을 나란히 하고 있는 모양입니다.

- 朋黨(붕당) : 이념과 이해에 따라 이루어진 사람의 집단
- 朋友有信(붕우유신) : 벗 사이에는 믿음이 있어야 함을 이르는 말

118 崩 (山, 8획) — 무너질 붕

산(山)처럼 굳센 **벗**(朋)의 우정도 **무너지니**

山(산 산) 朋(벗 붕)

- 崩壞(붕괴) : 허물어져 무너짐
- 崩御(붕어) : 임금이 세상을 떠남

자원으로 한자 알기

* 달려(   ) 점치는(卜) 곳에 **다다르니**
* 땅(   ) 위에 **크게**(賁) 만든 **무덤**
* 몸(   )과 **몸**(月)을 나란히 하고 있는 **벗**(친구)
* 산(   )처럼 굳센 **벗**(朋)의 우정도 **무너지니**

119 	貝	집(宀)에 하나(一)같이 작은(少) 돈(貝)을 갖고 찾아오는 손님
	7획	宀(집 면) 一(한 일) 少(작은 소) 貝(돈 패) *돈을 갖고 축하를 하거나 물건을 사러 온다는 뜻
손님 빈		
		• 貴賓(귀빈) : 귀한 손님 • 國賓(국빈) : 나라에서 정식으로 초대한 외국 손님

120 	頁	걸으며(步) 머리(頁)로 자주 생각하니
	7획	步(걸음 보) 頁(머리 혈) *머리가 아프거나 복잡할 때 산책하며 자주 생각을 한다는 뜻입니다.
자주 빈		
		• 頻繁(빈번) : 일이 매우 잦음 • 頻度(빈도) : 어떤 일이 되풀이되어 일어나는 정도

자원으로 한자 알기

* 집(宀)에 하나(一)같이 작은(少) 돈(　)을 갖고 찾아오는 손님
* 걸으며(步) 머리(　)로 자주 생각하니

一思多得

辶	+		=	逢(만날 봉)	만나려고(夆) 뛰어(辶)가 서로 만나니
山	+	夆	=	峯(봉우리 봉)	산(山)이 만나(夆) 이루어진 봉우리
虫	+		=	蜂(벌 봉)	벌레(虫) 중에서 만나(夆) 모여 사는 벌

| 走 | + | 取 | = | 趣(재미 취) | 달리는(走) 것을 취하여(取) 재미 삼으니 |
| | + | 卜 | = | 赴(다다를 부) | 달려(走) 점치는(卜) 곳에 다다르니 |

| 忄 | + | | = | 憤(성낼 분) | 마음(忄)에 크게(賁) 성내니 |
| 土 | + | 賁 | = | 墳(무덤 분) | 땅(土) 위에 크게(賁) 만든 무덤 |

다음 한자를 나누고 **자원**을 쓰면서 익히세요.

다음 한자어의 독음을 쓰세요.

屛風　竝行　竝列　占卜

卜債　蜂蜜　養蜂　赴任

赴役　墳墓　古墳　朋黨

崩壞　崩御　貴賓　國賓

頻繁　頻度

다음 한자어를 한자로 쓰세요.

병풍 병　바람 풍　나란히 병　다닐 행　점칠 점　점 복　벌 봉　꿀 밀

다다를 부　임지 임　무덤 분　무덤 묘　벗 붕　무리 당　무너질 붕　무너질 괴

귀할 귀　손님 빈　자주 빈　잦을 번　나란히 병　벌릴 렬　점 복　빚 채

기를 양　벌 봉　나아갈 부　부릴 역　예 고　무덤 분　죽을 붕　임금 어

나라 국　손님 빈　자주 빈　정도 도

예문으로 한자어 익히기 (한자로 쓰인 단어의 뜻을 써보세요.)

1. 창가에 열두 폭 屛風을 둘렀다.

2. 이론 학습은 실천과 竝行될 때 진정한 효과를 얻을 수 있다.

3. 건전지를 竝列로 연결하였다.

4. 그는 신통한 占卜으로 인근에 널리 알려져 있었다.

5. 영감쟁이 앞에 卜債를 두둑이 놓고 점을 치는 것이었다.

6. 떡을 蜂蜜에 찍어 먹으면 맛있다.

7. 그는 도시 생활을 접고 시골로 내려가 養蜂 사업을 시작했다.

8. 새로 赴任한 군수는 여러 가지 정책을 펴 나갔다.

9. 많은 사람들이 赴役에 동원되었다.

10. 삼촌은 조상의 墳墓가 있는 선산에 갔다.

11. 古墳을 발굴하다.

12. 조선 시대에 사람들이 朋黨을 이루어 상호 비판하고 견제하면서 정치를 하였다.

13. 조선 후기 사회에서는 양반 중심의 신분 질서가 급속히 崩壞되었다.

14. 임금이 崩御하자, 온 국민은 흰 갓과 흰 옷과 흰 신으로 조의를 나타내었다.

15. 존경하는 내외 貴賓 여러분!

16. 대통령 내외가 國賓 자격으로 러시아를 방문하였다.

17. 건조한 날씨 때문에 화재가 頻繁히 발생하고 있다.

18. 기름 값이 올라 대중교통을 이용하는 頻度가 급격히 증가했다.

121 聘 부를 장가들 빙	耳 7획	귀(耳)로 말미암아(由) 들리도록 다섯(5) 번이나 부르니
		耳(귀 이) 由(말미암을 유) 5(숫자 5)
		• 招聘(초빙) : 예를 갖춰 불러 맞아들임 • 聘母(빙모) : 장모

122 似 닮을 사	亻 5획	사람(亻)은 까닭(以)이 있으면 서로 닮으니
		亻(사람 인) 以(써 이, 까닭 이) *사람은 비슷한 까닭이 있으면 서로 생각이 닮는다는 뜻입니다.
		• 類似(유사) : 서로 비슷함 • 近似(근사) : 아주 비슷함

123 巳 뱀 사	巳 0획	뱀의 모양
		뱀의 모양을 본떠 만든 글자입니다.
		• 巳末(사말) : 사시의 끝 무렵 • 巳時(사시) : 오전 아홉 시부터 열한 시까지

124 捨 버릴 사	扌 8획	손(扌)으로 집(舍) 밖에 버리니
		扌(손 수) 舍(집 사) *손으로 쓰레기 같은 쓸모없는 것들을 집 밖에 버린다는 뜻입니다.
		• 捨小取大(사소취대) : 작은 것을 버리고 큰 것을 가짐 • 取捨選擇(취사선택) : 여럿 가운데서 쓸 것은 쓰고 버릴 것은 버림

자원으로 한자 알기

* 귀(   )로 **말미암아**(由) 들리도록 **다섯**(5) 번이나 **부르니**
* 사람(   )은 **까닭**(以)이 있으면 서로 **닮으니**
* **뱀**의 모양
* 손(   )으로 **집**(舍) 밖에 **버리니**

125 斯 (이 사) — 斤, 8획

그(其) 도끼(斤)가 **이것**이냐?

其(그 기) 斤(도끼 근) *금도끼 은도끼 이야기 아시죠?

- 斯民(사민) : 이 백성
- 斯文亂賊(사문난적) : 교리를 어지럽히고 사상에 어긋나는 언행을 하는 사람

126 詐 (속일 사) — 言, 5획

말(言)을 꾸며 **잠깐**(乍) **속이니**

言(말씀 언) 乍(잠깐 사)

- 詐欺(사기) : 남을 속임
- 詐稱(사칭) : 거짓으로 속여 이름

127 賜 (줄 사) — 貝, 8획

돈(貝)으로 **바꾸어**(易) **주니**

貝(돈 패) 易(바꿀 역)

- 厚賜(후사) : 후하게 내려 줌
- 下賜(하사) : 윗사람이 아랫사람에게 물건을 줌

128 朔 (초하루 삭) — 月, 6획

팔(丷)방에 **하나**(一)같이 시들어 있는 **싹**(屮)처럼 **달**(月)이 이지러지는 **초하루**

丷(여덟 팔) 一(한 일) 屮(싹 날 철) 月(달 월) *초하루 : 매달 첫째 날

- 朔望(삭망) : 음력 초하룻날과 보름날
- 滿朔(만삭) : 달이 차서 배가 몹시 부름

자원으로 한자 알기

* 그(其) 도끼(   )가 **이것**이냐?
* 말(   )을 꾸며 **잠깐**(乍) **속이니**
* 돈(   )으로 **바꾸어**(易) **주니**
* 팔(丷)방에 **하나**(一)같이 시들어 있는 **싹**(屮)처럼 달(   )이 이지러지는 **초하루**

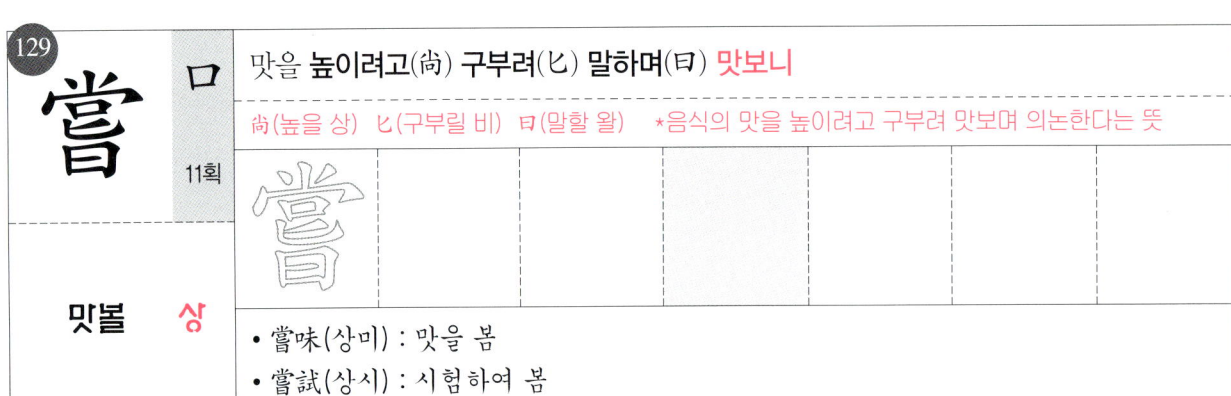

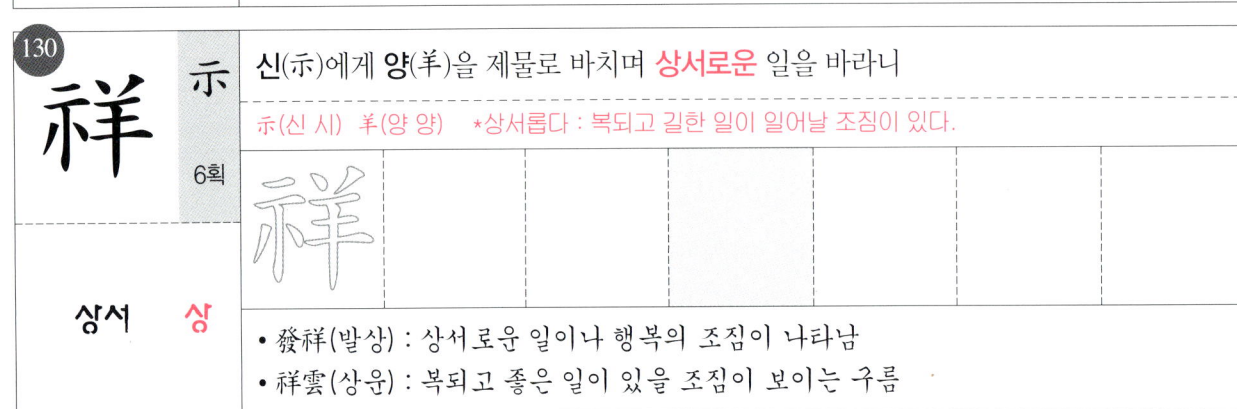

자원으로 한자 알기

* 맛을 **높이려고**(尚) **구부려**(匕) **말하며**(曰) **맛보니**
* 신(　　)에게 **양**(羊)을 제물로 바치며 **상서로운** 일을 바라니

一思多得

其	+ 欠 = 欺(속일 기)	그런(其) 저런 말을 하며 **입 벌려**(欠) **속이니**
	+ 斤 = 斯(이 사)	그(其) 도끼(斤)가 **이것**이냐?

亻 +	乍	= 作(지을 작)	**사람**(亻)은 **잠깐**(乍) 사이에 새로운 것을 **지어내니**
日 +		= 昨(어제 작)	날(日)이 잠깐(乍) 사이에 지나가 **어제**가 되니
言 +		= 詐(속일 사)	말(言)을 꾸며 잠깐(乍) **속이니**

氵 +	羊	= 洋(큰 바다 양)	물(氵)이 양(羊) 떼처럼 출렁이는 **큰 바다**
言 +		= 詳(자세할 상)	말(言)을 순한 양(羊)처럼 참으며 **자세히** 하니
示 +		= 祥(상서 상)	신(示)에게 양(羊)을 제물로 바치며 **상서로운** 일을 바라니

다음 한자를 나누고 **자원**을 쓰면서 익히세요.

聘 부를 빙 = ☐ + ☐ + ☐

似 닮을 사 = ☐ + ☐

巳 뱀 사 =

捨 버릴 사 = ☐ + ☐

斯 이 사 = ☐ + ☐

詐 속일 사 = ☐ + ☐

賜 줄 사 = ☐ + ☐

朔 초하루 삭 = ☐ + ☐ + ☐ + ☐

嘗 맛볼 상 = ☐ + ☐ + ☐

祥 상서 상 = ☐ + ☐

다음 한자어의 **독음**을 쓰세요.

招聘　　聘母　　類似　　近似

巳末　　巳時　　斯民　　詐欺

詐稱　　厚賜　　下賜　　朔望

滿朔　　嘗味　　嘗試　　發祥

祥雲

 다음 한자어를 **한자**로 쓰세요.

| 부를 초 | 부를 빙 | 비슷할 류 | 닮을 사 | 지지 사 | 끝 말 | 이 사 | 백성 민 |

| 속일 사 | 속일 기 | 두터울 후 | 줄 사 | 초하루 삭 | 보름 망 | 맛볼 상 | 맛 미 |

| 일어날 발 | 상서 상 | 장가들 빙 | 어미 모 | 가까울 근 | 닮을 사 | 지지 사 | 때 시 |

| 속일 사 | 일컬을 칭 | 내릴 하 | 줄 사 | 찰 만 | 초하루 삭 | 시험할 상 | 시험할 시 |

| 상서 상 | 구름 운 |

예문으로 **한자어** 익히기(한자로 쓰인 단어의 뜻을 써보세요.)

1. 일단 그 방면의 기술자를 **招聘**하여 의견을 듣기로 하였다.

2. **聘母**님께서 사위 몸보신하라고 보약을 지어서 들고 오셨다.

3. **類似**한 사건들이 연일 꼬리에 꼬리를 물고 발생했다.

4. 학생들의 작품이 개성이 부족하여 거의 **近似**하다는 느낌을 받았다.

5. **巳未**이 되어서야 주문한 물건이 도착하였다.

6. **巳時**에는 집중이 잘되어 효율적이다.

7. **斯民**을 두고 혼자만 살겠다고 어찌 피할 수 있단 말이오?

8. 그는 아무것도 모르는 아이들을 상대로 **詐欺**를 쳤다.

9. 김 씨는 공무원을 **詐稱**한 죄로 구속되었다.

10. 임금은 전쟁에서 이기고 돌아온 장군에게 연회를 베풀고 녹봉을 **厚賜**하였다.

11. 공신에게 말 한 필을 **下賜**하였다.

12. 딴살림 난 아들 며느리는 **朔望**에나 모이는 듯, 태임이 혼자 엎드려 곡을 하고 있었다.

13. 내 아내는 **滿朔**까지는 아니더라도 남의 눈에 띌 정도로 배가 부르다.

14. 집에 오신 손님께 대접할 음식을 **嘗味**하다.

15. 그는 손수 만든 기계를 **嘗試**하였다.

16. 그곳은 고대 문명의 **發祥**이 이루어진 곳이다.

17. **祥雲**이 공중에 어리다.

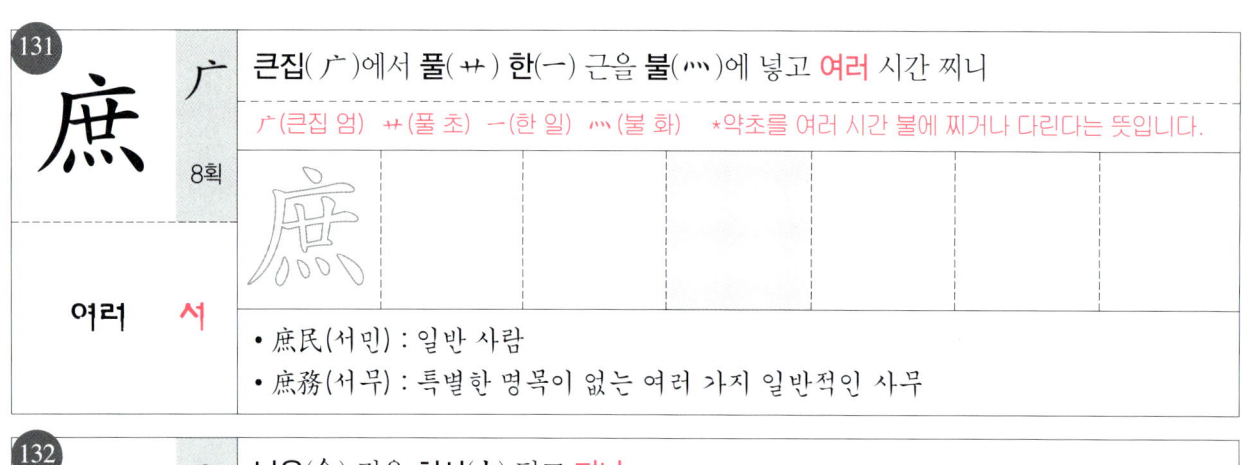

131	庶	广 8획	큰집(广)에서 풀(艹) 한(一) 근을 불(灬)에 넣고 **여러** 시간 찌니
			广(큰집 엄) 艹(풀 초) 一(한 일) 灬(불 화) *약초를 여러 시간 불에 찌거나 다린다는 뜻입니다.
	여러	서	• 庶民(서민) : 일반 사람 • 庶務(서무) : 특별한 명목이 없는 여러 가지 일반적인 사무

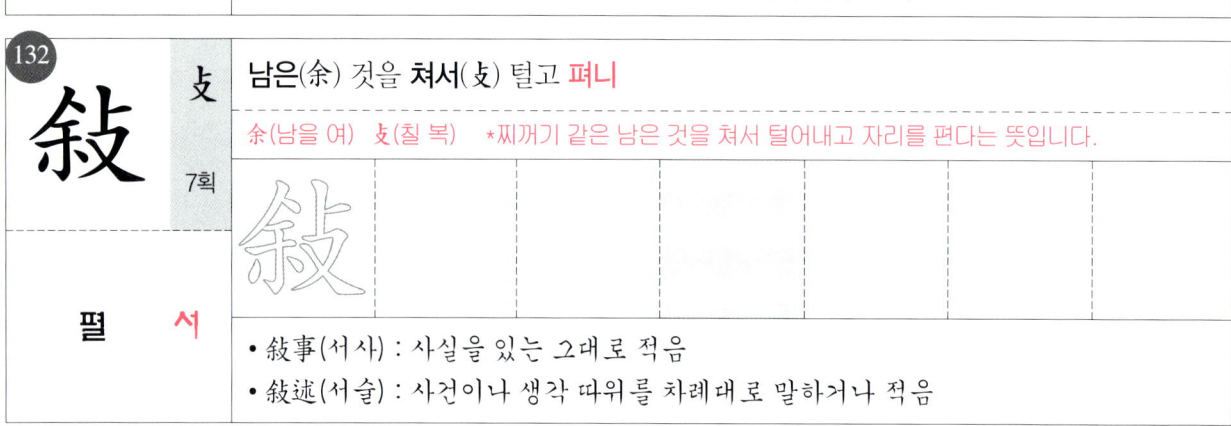

132	敘	攴 7획	남은(余) 것을 **쳐서**(攴) 털고 **펴니**
			余(남을 여) 攴(칠 복) *찌꺼기 같은 남은 것을 쳐서 털어내고 자리를 편다는 뜻입니다.
	펼	서	• 敘事(서사) : 사실을 있는 그대로 적음 • 敘述(서술) : 사건이나 생각 따위를 차례대로 말하거나 적음

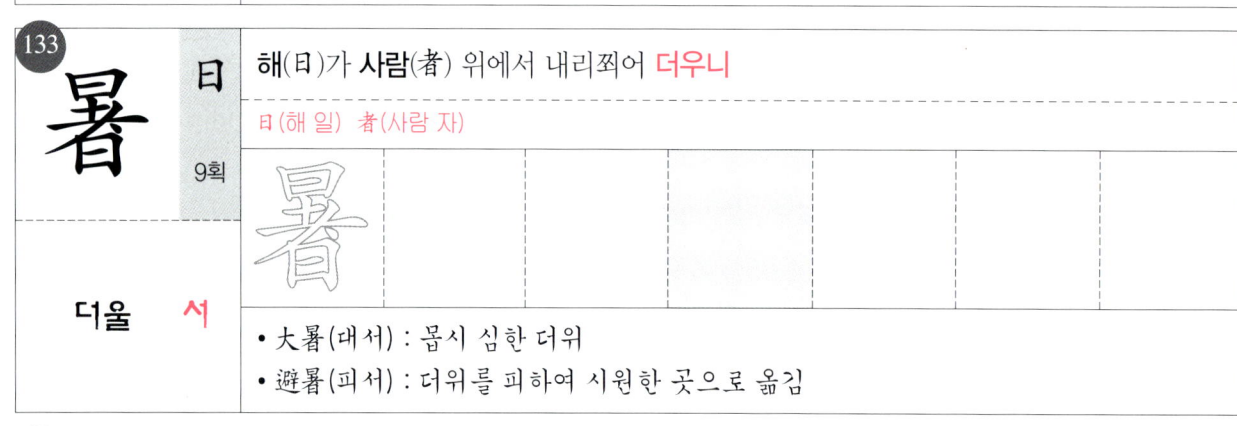

133	暑	日 9획	해(日)가 사람(者) 위에서 내리쬐어 **더우니**
			日(해 일) 者(사람 자)
	더울	서	• 大暑(대서) : 몹시 심한 더위 • 避暑(피서) : 더위를 피하여 시원한 곳으로 옮김

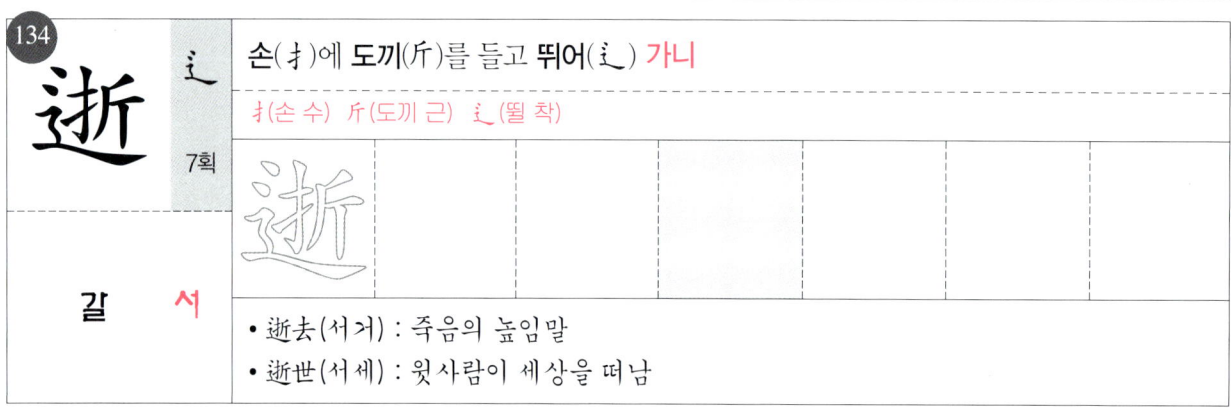

134	逝	辶 7획	손(扌)에 도끼(斤)를 들고 뛰어(辶) **가니**
			扌(손 수) 斤(도끼 근) 辶(뛸 착)
	갈	서	• 逝去(서거) : 죽음의 높임말 • 逝世(서세) : 윗사람이 세상을 떠남

자원으로 한자 알기

* 큰집(　)에서 풀(艹) 한(一) 근을 불(灬)에 넣고 **여러** 시간 찌니
* 남은(余) 것을 **쳐서**(　) 털고 **펴니**
* 해(　)가 사람(者) 위에서 내리쬐어 **더우니**
* 손(扌)에 도끼(斤)를 들고 뛰어(　) 가니

135 誓 맹세할 서	言 7획	손(扌)에 도끼(斤)를 들고 말(言)하여 **맹세하니**
		扌(손 수) 斤(도끼 근) 言(말씀 언)
		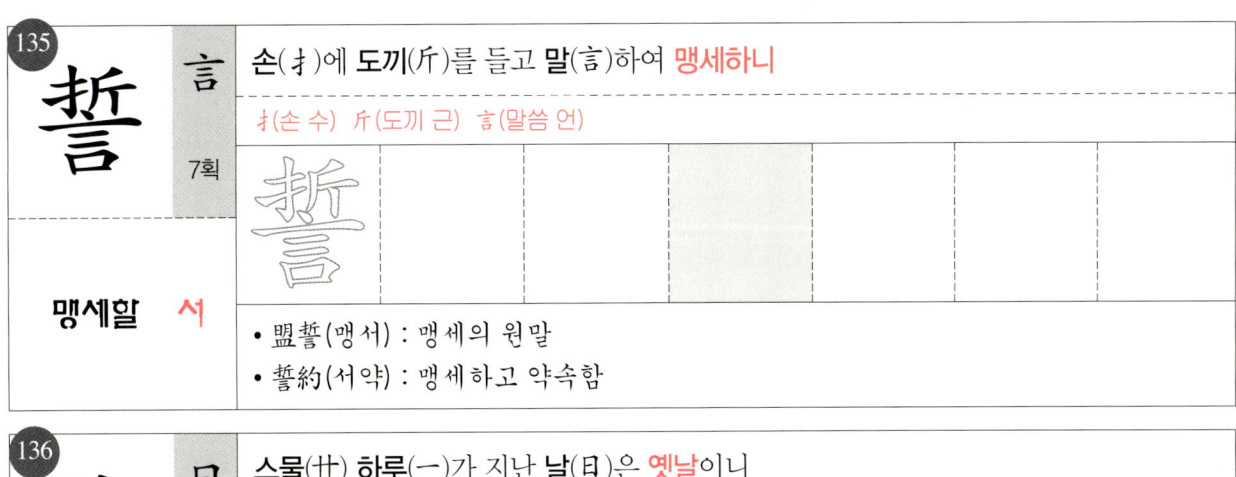
		• 盟誓(맹서) : 맹세의 원말 • 誓約(서약) : 맹세하고 약속함

136 昔 예 석	日 4획	스물(卄) 하루(一)가 지난 날(日)은 **옛날**이니
		卄(스물 입) 一(한 일) 日(날 일)
		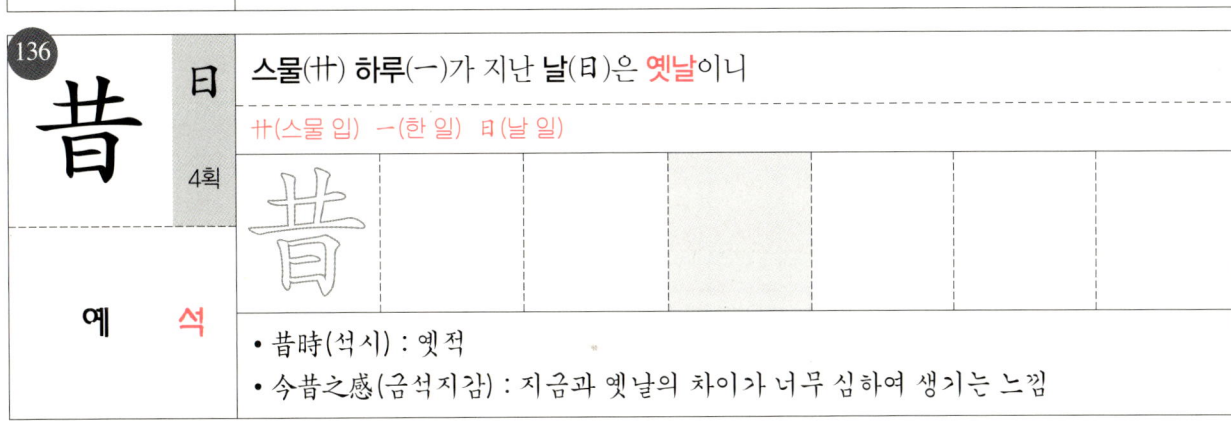
		• 昔時(석시) : 옛적 • 今昔之感(금석지감) : 지금과 옛날의 차이가 너무 심하여 생기는 느낌

137 析 쪼갤 가를 석	木 4획	나무(木)를 도끼(斤)로 **쪼개어 가르니**
		木(나무 목) 斤(도끼 근)
		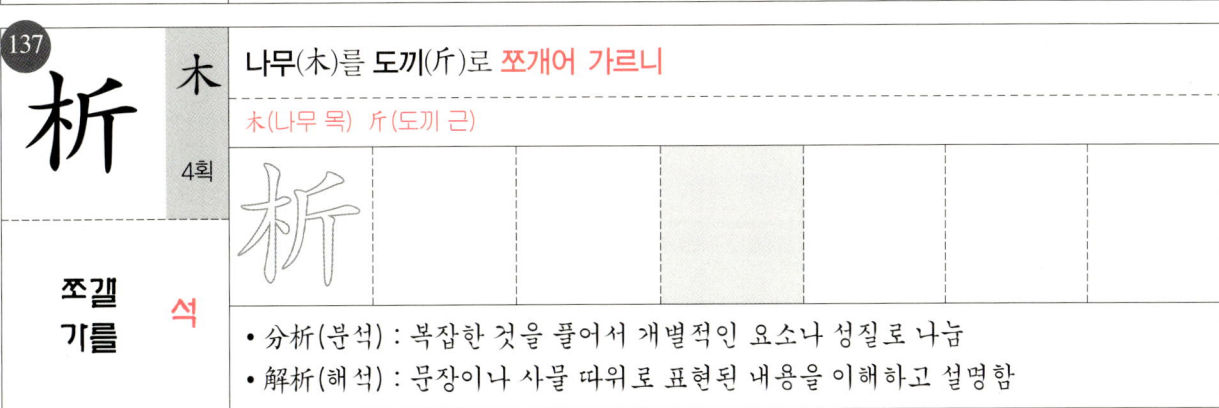
		• 分析(분석) : 복잡한 것을 풀어서 개별적인 요소나 성질로 나눔 • 解析(해석) : 문장이나 사물 따위로 표현된 내용을 이해하고 설명함

138 攝 다스릴 섭	扌 18획	손(扌)으로 귀(耳)들을 모으고 소곤거리며 **다스리니**
		扌(손 수) 耳(귀 이)
		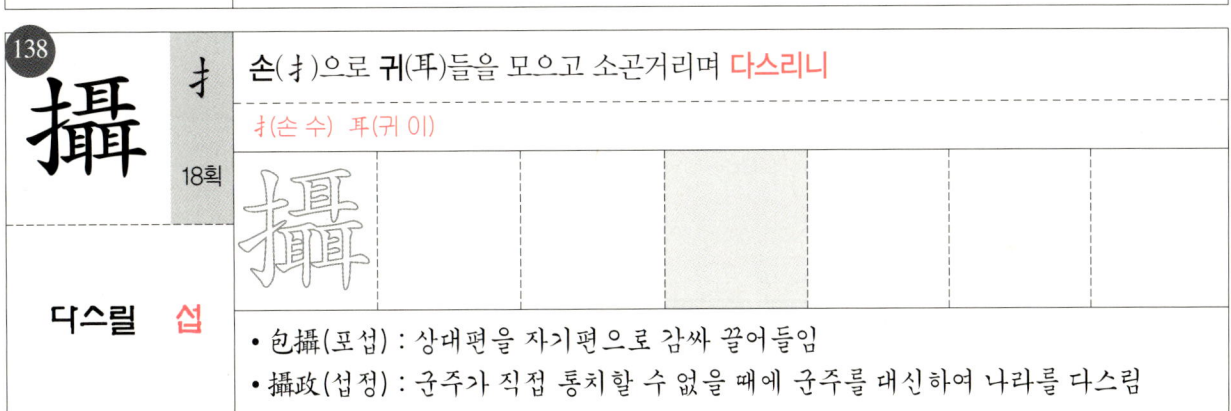
		• 包攝(포섭) : 상대편을 자기편으로 감싸 끌어들임 • 攝政(섭정) : 군주가 직접 통치할 수 없을 때에 군주를 대신하여 나라를 다스림

자원으로 한자 알기

* 손(扌)에 도끼(斤)를 들고 말(   )하여 **맹세하니**
* 스물(卄) 하루(一)가 지난 날(   )은 **옛날**이니
* 나무(   )를 도끼(斤)로 **쪼개어 가르니**
* 손(   )으로 귀(耳)들을 모으고 소곤거리며 **다스리니**

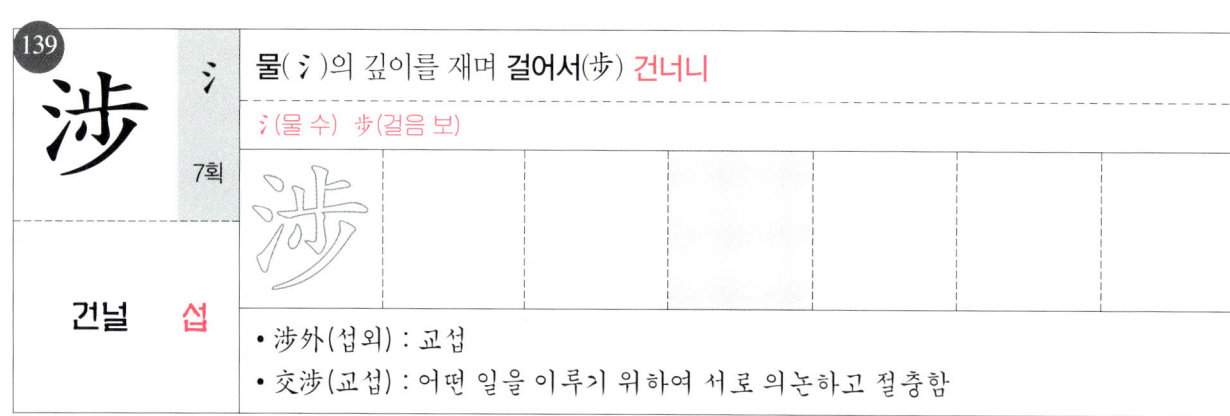

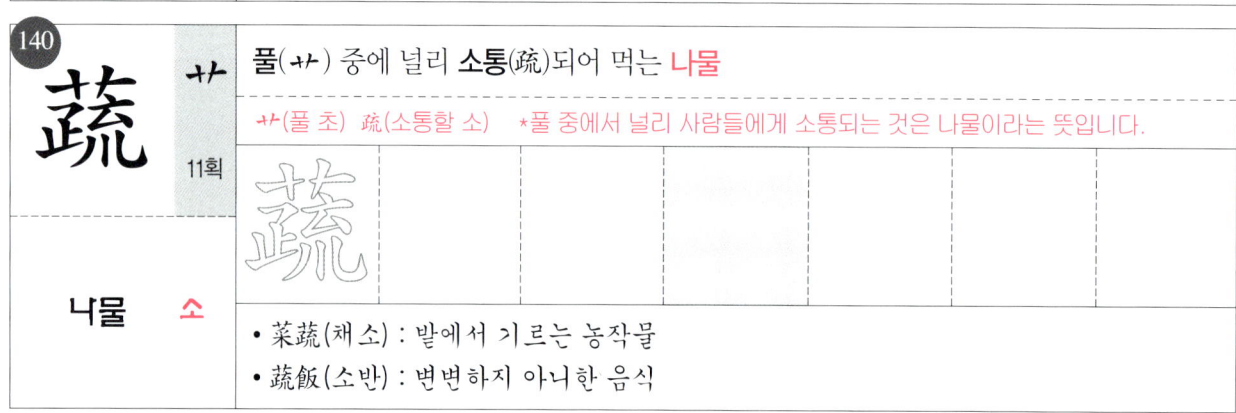

자원으로 한자 알기

* 물( )의 깊이를 재며 **걸어서**(步) **건너니**
* 풀( ) 중에 널리 **소통**(疏)되어 먹는 **나물**

一思多得

131 庶(여러 서) 度(법도 도) 席(자리 석) 잘 구별하세요.

庶(여러 서) : **큰집**(广)에서 **풀**(卄) **한**(一) 근을 **불**(灬)에 넣고 **여러** 시간 찌니
度(법도 도) : **큰집**(广)에서 **풀**(卄) **한**(一) 더미를 **또**(又) **법도**에 따라 **헤아리니**
席(자리 석) : **큰집**(广)에서 **풀**(卄) **한**(一) 더미를 **헝겊**(巾)에 넣어 만든 **자리**

| 网 | + | 者 | = | 署(관청 서) | **법망**(网)으로 **사람**(者)들을 다스리는 **관청** |
| 日 | + | | = | 暑(더울 서) | **해**(日)가 **사람**(者) 위에서 내리쬐어 **더우니** |

扌	+		=	折(꺾을 절)	**손**(扌)에 **도끼**(斤)를 들고 쳐 **꺾으니**
其	+	斤	=	斯(이 사)	그(其) **도끼**(斤)가 **이것**이냐?
木	+		=	析(쪼갤 석)	**나무**(木)를 **도끼**(斤)로 **쪼개어 가르니**

다음 한자를 나누고 **자원**을 쓰면서 익히세요.

庶 여러 서	=		+		+		+	
敍 펼 서	=		+	
暑 더울 서	=		+	
逝 갈 서	=		+		+	
誓 맹세할 서	=		+		+	
昔 예 석	=		+		+	
析 쪼갤 석	=		+	
攝 다스릴 섭	=		+		+		+	
涉 건널 섭	=		+	
蔬 나물 소	=		+	

139

다음 한자어의 **독음**을 쓰세요.

庶民	庶務	敍事	敍述
大暑	避暑	逝去	逝世
盟誓	誓約	昔時	分析
解析	包攝	攝政	涉外
交涉	菜蔬	蔬飯	

 다음 한자어를 **한자**로 쓰세요.

여러 서	백성 민	쓸 서	일 사	큰 대	더울 서	갈 서	갈 거
맹세 맹	맹세할 서	예 석	때 시	나눌 분	쪼갤 석	쌀 포	다스릴 섭
관계할 섭	바깥 외	나물 채	나물 소	여러 서	일 무	펼 서	펼 술
피할 피	더위 서	갈 서	세상 세	맹세할 서	약속할 약	풀 해	밝힐 석
다스릴 섭	정사 정	서로 교	관계할 섭	나물 소	밥 반		

예문으로 한자어 익히기 (한자로 쓰인 단어의 뜻을 써보세요.)

1. 탱자나무는 대부분 **庶民** 집들의 앞 울타리 노릇을 했고, 대나무는 뒤 울타리 노릇을 했다.

2. 그 선생님이 학교 **庶務**를 담당하신다.

3. 본질에 접근하기 위하여 우선 **敍事**적 설명이 필요합니다.

4. 그의 일기에는 일상의 느낌과 주변 상황 따위가 **敍述**되어 있다.

5. **大暑**는 일 년 중 가장 무더운 시기이다.

6. 바닷가로 **避暑**를 떠나다.

7. 대통령께서 **逝去**하셨다.

8. 은사께서 지병으로 **逝世**하셨다.

9. 나는 이 세상에 태어나서 **盟誓**라는 것을 해 본 것이 처음이다.

10. 그는 선생님에게 다시는 지각을 하지 않겠다고 **誓約**했다.

11. 대동강은 **昔時**부터 내륙 지방의 중요한 교통로로 이용되어 왔다.

12. 기상청은 현재의 대기를 상승 기류에 의한 불규칙한 흐름이라고 **分析**하였다.

13. 역사적 사실은 논리만으로 인식되어서는 안 된다. 정리로서의 **解析**이 따라야 한다.

14. 신라는 백제와 고구려 유민을 **包攝**하여 당나라 군대를 물리쳤다.

15. 동궁의 존엄한 자리에 계시고 대리로 **攝政**까지 하셨으면서도….

16. 드라마를 제작하기 위하여 배우들을 **涉外**하였다.

17. 상호 협력 문제가 경쟁 회사와 무난하게 **交涉**되리라곤 처음부터 기대하지 않았다.

18. 기름진 음식에 식상해 있다가 신선한 **菜蔬**와 산채로만 된 밥을 먹으니 입맛이 돈다.

19. **蔬飯**이지만 맛있게 드세요.

141 召 — 부를 소 (2획)

칼(刀)을 들고 입(口)으로 소리쳐 **부르니**

刀(칼 도) 口(입 구) *칼을 들고 적진에 달려가 소리쳐 부른다는 뜻입니다.

- 召命(소명) : 임금이 신하를 부르는 명령
- 召集(소집) : 조직체의 구성원을 불러서 모음

142 昭 — 밝을 소 (5획)

해(日)를 불러(召) 비추면 **밝으니**

日(해 일) 召(부를 소)

- 昭詳(소상) : 분명하고 자세함
- 昭明(소명) : 사물을 분간함이 밝고 똑똑함

143 騷 — 떠들 소 (10획)

말(馬)이 벼룩(蚤)에 물려 날뛰며 **떠드니**

馬(말 마) 又(또 우) 、(점 주) 虫(벌레 충) *말이 벼룩에 물려 가려워서 날뛰며 떠든다는 뜻

*蚤(벼룩 조) : 또(又) 점(、) 점(、)이 물어 가렵게 만드는 벌레(虫)인 벼룩

- 騷音(소음) : 시끄러운 소리

144 粟 — 조 속 (6획)

껍질에 덮여(襾) 있는 쌀(米) 같은 **조**

襾(덮을 아) 米(쌀 미)

*粟(조 속) : 오곡의 하나로 밥을 짓기도 하고 떡, 과자, 엿, 술 따위의 원료로 씀

- 粟米(속미) : 좁쌀

자원으로 한자 알기

* 칼(刀)을 들고 입(　)으로 소리쳐 **부르니**

* 해(　)를 불러(召) 비추면 **밝으니**

* 말(　)이 벼룩(蚤)에 물려 날뛰며 **떠드니**

* 껍질에 덮여(襾) 있는 쌀(　) 같은 **조**

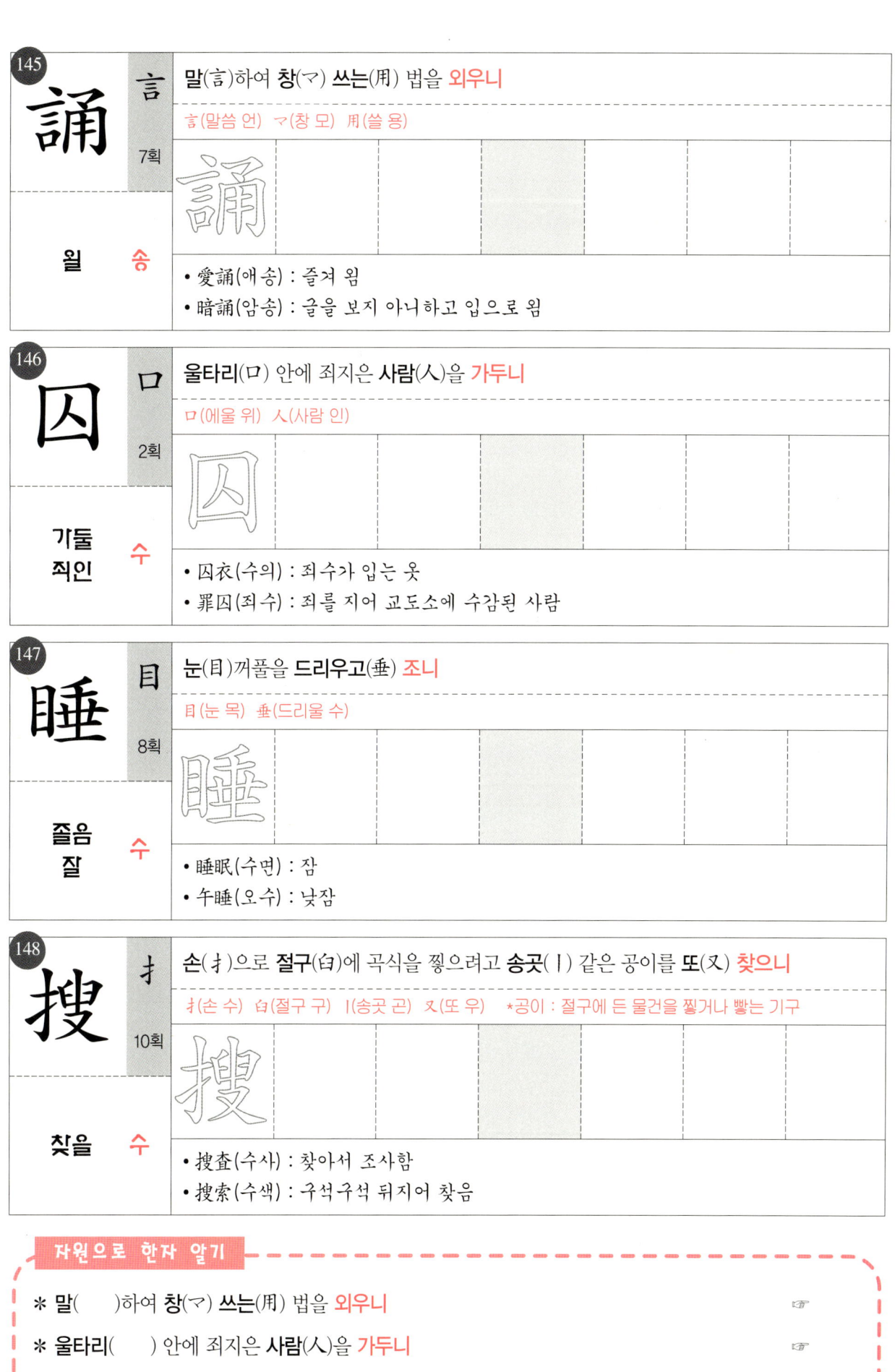

145 誦 월 송	言 7획	말(言)하여 창(マ) 쓰는(用) 법을 **외우니** 言(말씀 언) マ(창 모) 用(쓸 용)

- 愛誦(애송) : 즐겨 욈
- 暗誦(암송) : 글을 보지 아니하고 입으로 욈

146 囚 가둘 죄인 수	囗 2획	울타리(囗) 안에 죄지은 **사람(人)**을 **가두니** 囗(에울 위) 人(사람 인)

- 囚衣(수의) : 죄수가 입는 옷
- 罪囚(죄수) : 죄를 지어 교도소에 수감된 사람

147 睡 졸음 잘 수	目 8획	눈(目)꺼풀을 드리우고(垂) **조니** 目(눈 목) 垂(드리울 수)

- 睡眠(수면) : 잠
- 午睡(오수) : 낮잠

148 搜 찾을 수	扌 10획	손(扌)으로 절구(臼)에 곡식을 찧으려고 송곳(丨) 같은 공이를 또(又) **찾으니** 扌(손 수) 臼(절구 구) 丨(송곳 곤) 又(또 우) *공이 : 절구에 든 물건을 찧거나 빻는 기구

- 搜査(수사) : 찾아서 조사함
- 搜索(수색) : 구석구석 뒤지어 찾음

자원으로 한자 알기

* 말(　)하여 창(マ) 쓰는(用) 법을 **외우니**
* 울타리(　) 안에 죄지은 **사람(人)**을 **가두니**
* 눈(　)꺼풀을 드리우고(垂) **조니**
* 손(　)으로 절구(臼)에 곡식을 찧으려고 송곳(丨) 같은 공이를 또(又) **찾으니**

149 誰 (누구 수) 8획

言 / 말(言)을 새(隹)와 **누가** 할 수 있으랴?

言(말씀 언) 隹(새 추)

- 誰何(수하) : 어떤 사람
- 誰怨孰尤(수원숙우) : 누구를 원망하고 탓할 수가 없음

150 雖 (비록 수) 9획

唯 / 입(口)으로 벌레(虫)처럼 우는 새(隹)가 **비록** 시끄러워도 보호하니

口(입 구) 虫(벌레 충) 隹(새 추)

- 雖然(수연) : 그렇지만
- 雖有他親(수유타친) : 비록 다른 친척이 있으나

자원으로 한자 알기

* 말(　　)을 새(隹)와 **누가** 할 수 있으랴?   ☞
* 입(口)으로 벌레(虫)처럼 우는 새(　　)가 **비록** 시끄러워도 보호하니   ☞

一思多得

扌	+	召	= 招(부를 초)	손(扌)에 칼(刀)을 들고 입(口)으로 **부르니**
日	+	召	= 昭(밝을 소)	해(日)를 불러(召) 비추면 **밝으니**

西	+	木	= 栗(밤 률)	가시로 덮인(西) 나무(木) 열매인 **밤**
西	+	米	= 粟(조 속)	껍질에 덮여(西) 있는 쌀(米) 같은 **조**

辶	+	甬	= 通(통할 통)	창(マ)을 쓰며(用) 뛰어(辶)가 적진을 **통과하니**
言	+	甬	= 誦(욀 송)	말(言)하여 창(マ) 쓰는(用) 법을 **외우니**

口	+	大	= 因(의지할 인)	울타리(口)가 크고(大) 튼튼해야 **의지하고** 사니
口	+	木	= 困(곤란할 곤)	울타리(口)에 갇힌 나무(木)는 자라기 **곤란하니**
口	+	人	= 囚(가둘 수)	울타리(口) 안에 죄지은 사람(人)을 **가두니**

다음 한자를 나누고 **자원**을 쓰면서 익히세요.

召 부를 소 = ☐ + ☐

昭 밝을 소 = ☐ + ☐

騷 떠들 소 = ☐ + ☐

粟 조 속 = ☐ + ☐

誦 욀 송 = ☐ + ☐ + ☐

囚 가둘 수 = ☐ + ☐

睡 졸음 수 = ☐ + ☐

搜 찾을 수 = ☐ + ☐ + ☐ + ☐

誰 누구 수 = ☐ + ☐

雖 비록 수 = ☐ + ☐ + ☐

145

다음 한자어의 **독음**을 쓰세요.

召命	召集	昭詳	昭明
騷音	粟米	愛誦	暗誦
囚衣	罪囚	睡眠	午睡
搜査	搜索	誰何	雖然

 다음 한자어를 **한자**로 쓰세요.

부를 소 · 명령할 명	분명할 소 · 자세할 상	떠들 소 · 소리 음	조 속 · 쌀 미
즐길 애 · 욀 송	죄인 수 · 옷 의	잘 수 · 잘 면	찾을 수 · 조사할 사
누구 수 · 어느 하	비록 수 · 그럴 연	부를 소 · 모을 집	밝을 소 · 똑똑할 명
욀 암 · 욀 송	죄 죄 · 죄인 수	낮 오 · 잘 수	찾을 수 · 찾을 색

예문으로 한자어 익히기(한자로 쓰인 단어의 뜻을 써보세요.)

1. 그는 하나님의 **召命**을 받아 성직자가 되었다.

2. 회장은 즉시 이사들을 **召集**하여 대책을 의논하였다.

3. 대강의 소식은 알고 있으나 **昭詳**한 내용을 알지 못했다.

4. 숙모님은 **昭明**한 어른으로 집안의 온갖 대소사를 현명하게 처리하셨다.

5. 그 목소리는 웅웅거리는 버스의 **騷音**으로 가라앉아 있었다.

6. 텅 빈 뒤주 바닥엔 **粟米** 한 바가지가 남아 있을 뿐이었다.

7. 고장마다 **愛誦**되어 전해지는 민요가 있다.

8. 박사는 마치 생명의 열쇠나 되는 듯이 책을 거의 **暗誦**하다시피 했다.

9. 그는 감옥에서 푸른 **囚衣**를 입고 참회의 나날을 보내고 있다.

10. 기가 죽어 있는 꼴이 꼭 **罪囚** 같다.

11. **睡眠** 부족으로 몹시 피곤하다.

12. 누렁이는 안채 축담 앞에 머리를 꼬고 납작 엎드려 **午睡**를 즐기는 참이었다.

13. 목격자의 잠적으로 **搜査**가 장기화되었다.

14. 사고 비행기의 실종자를 **搜索**하다.

15. **誰何**를 막론하고 이곳에 들어올 수 없다.

16. 네 말도 일리는 있다. **雖然**이나 우리는 다른 사람들의 의견에 따라야만 한다.

자원으로 한자 알기.

101. 사람(   )은 반(半)씩 짝을 이루니

102. 반(半)씩 나뉘어 서로 반대하고(反) 배반하니

103. 가던 길을 반대(反)로 뛰어(   ) 돌이키니

104. 사람(   )이 주관을 놓고(放) 남의 것을 본뜨니

105. 사람(   )들이 머리(亠)에 헝겊을 나누어(ᄽ) 덮고(冖) 사방(方)에서 곁으로 오니

106. 풀이 무성하듯(丰) 고을(   )이 번성하여 이루어진 나라

107. 나무(   )가 아닌(不) 것으로 만든 잔

108. 불(   )처럼 뜨겁게 머리(頁)가 아플 정도로 번거로우니

109. 외국어와 국어를 차례(番)로 날아(   ) 다니듯 번역하니

110. 매운(   ) 것을 칼(刂)로 잘라 고생(辛)하며 분별하니

111. 지붕(   ) 아래 나란하게(幷) 펼쳐놓은 병풍

112. 두 사람이 나란히 서(   ) 있는 모양

113. 거북을 구워 등껍데기에 나타난 금으로 점친다는 뜻

114. 벌레(   ) 중에서 만나(夆) 모여 사는 벌

115. 달려(   ) 점치는(卜) 곳에 다다르니

116. 땅(   ) 위에 크게(賁) 만든 무덤

117. 몸(   )과 몸(月)을 나란히 하고 있는 벗(친구)

118. 산(   )처럼 굳센 벗(朋)의 우정도 무너지니

119. 집(宀)에 하나(一)같이 작은(少) 돈(   )을 갖고 찾아오는 손님

120. 걸으며(步) 머리(   )로 자주 생각하니

121. 귀(   )로 말미암아(由) 들리도록 다섯(丂) 번이나 부르니

122. 사람(   )은 까닭(以)이 있으면 서로 닮으니

123. 뱀의 모양

124. 손(   )으로 집(宀) 밖에 버리니

125. 그(其) 도끼(   )가 이것이냐?

148

자원으로 한자 알기.

126. 말(　)을 꾸며 잠깐(乍) **속이니**　　☞

127. 돈(　)으로 바꾸어(易) **주니**　　☞

128. 팔(八)방에 하나(一)같이 시들어 있는 싹(屮)처럼 달(　)이 이지러지는 **초하루**　　☞

129. 맛을 높이려고(尙) 구부려(匕) 말하며(曰) **맛보니**　　☞

130. 신(　)에게 양(羊)을 제물로 바치며 **상서로운** 일을 바라니　　☞

131. 큰집(　)에서 풀(艹) 한(一) 근을 불(灬)에 넣고 **여러** 시간 찌니　　☞

132. 남은(余) 것을 쳐서(　) 털고 **펴니**　　☞

133. 해(　)가 사람(者) 위에서 내리쬐어 **더우니**　　☞

134. 손(扌)에 도끼(斤)를 들고 뛰어(　) **가니**　　☞

135. 손(扌)에 도끼(斤)를 들고 말(　)하여 **맹세하니**　　☞

136. 스물(卄) 하루(一)가 지난 날(　)은 **옛날**이니　　☞

137. 나무(　)를 도끼(斤)로 쪼개어 **가르니**　　☞

138. 손(　)으로 귀(耳)들을 모으고 소곤거리며 **다스리니**　　☞

139. 물(　)의 깊이를 재며 걸어서(步) **건너니**　　☞

140. 풀(　) 중에 널리 소통(疏)되어 먹는 **나물**　　☞

141. 칼(刀)을 들고 입(　)으로 소리쳐 **부르니**　　☞

142. 해(　)를 불러(召) 비추면 **밝으니**　　☞

143. 말(　)이 벼룩(蚤)에 물려 날뛰며 **떠드니**　　☞

144. 껍질에 덮여(襾) 있는 쌀(　) 같은 **조**　　☞

145. 말(　)하여 창(マ) 쓰는(用) 법을 **외우니**　　☞

146. 울타리(　) 안에 죄지은 사람(人)을 **가두니**　　☞

147. 눈(　)꺼풀을 드리우고(垂) **조니**　　☞

148. 손(　)으로 절구(臼)에 곡식을 찧으려고 송곳(丨) 같은 공이를 또(又) **찾으니**　　☞

149. 말(　)을 새(隹)와 **누가** 할 수 있으랴?　　☞

150. 입(口)으로 벌레(虫)처럼 우는 새(　)가 비록 시끄러워도 보호하니　　☞

149

다음 한자의 **뜻**과 **음**을 쓰세요.

伴	叛	返	倣	傍	邦	杯
煩	飜	辨	屛	竝	卜	蜂
赴	墳	朋		崩	賓	頻
聘	似				巳	捨
斯						詐
賜	朔				嘗	祥
庶	敍	署		逝	誓	昔
析	攝	涉	蔬	召	昭	騷
粟	誦	囚	睡	搜	誰	雖

3급 101-150번
형성평가

다음 뜻과 음을 지닌 **한자**를 쓰세요.

짝 반	배반할 반	돌이킬 반	본뜰 방	곁 방	나라 방	잔 배
번거로울 번	번역할 번	분별할 변	병풍 병	나란히 병	점 복	벌 봉
다다를 부	무덤 분	벗 붕		무너질 붕	손님 빈	자주 빈
부를 빙	닮을 사				뱀 사	버릴 사
이 사						속일 사
줄 사	초하루 삭				맛볼 상	상서 상
여러 서	펼 서	더울 서		갈 서	맹세할 서	예 석
쪼갤 석	다스릴 섭	건널 섭	나물 소	부를 소	밝을 소	떠들 소
조 속	욀 송	가둘 수	졸음 수	찾을 수	누구 수	비록 수

151

151 遂 (7획) — 드디어, 이룰 **수**

팔(八)방에서 **돼지**(豕)를 뛰어(辶)가 **드디어** 잡으니

八(여덟 팔) 豕(돼지 시) 辶(뛸 착)

- 完遂(완수) : 뜻한 바를 완전히 이룸
- 遂行(수행) : 계획한 대로 일을 해냄

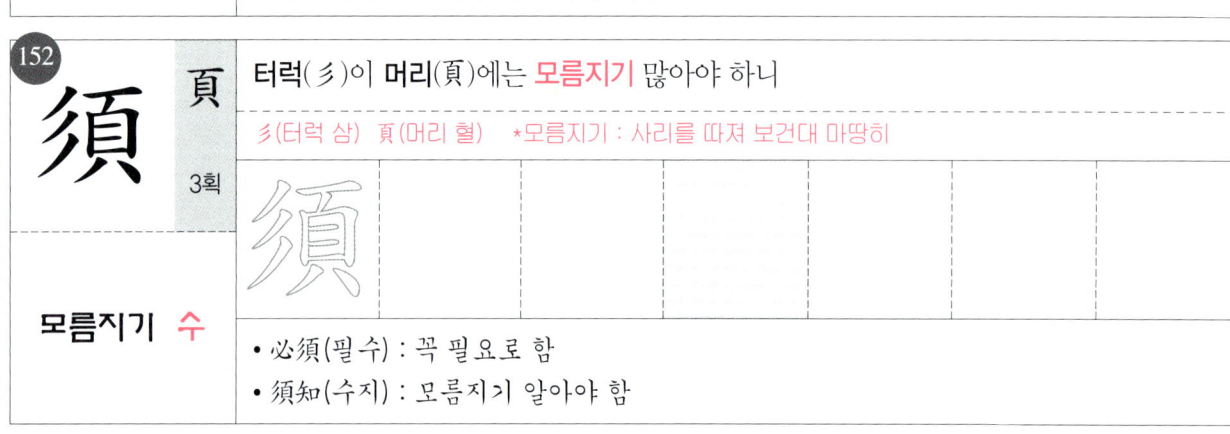

152 須 (3획) — 모름지기 **수**

터럭(彡)이 머리(頁)에는 **모름지기** 많아야 하니

彡(터럭 삼) 頁(머리 혈) *모름지기 : 사리를 따져 보건대 마땅히

- 必須(필수) : 꼭 필요로 함
- 須知(수지) : 모름지기 알아야 함

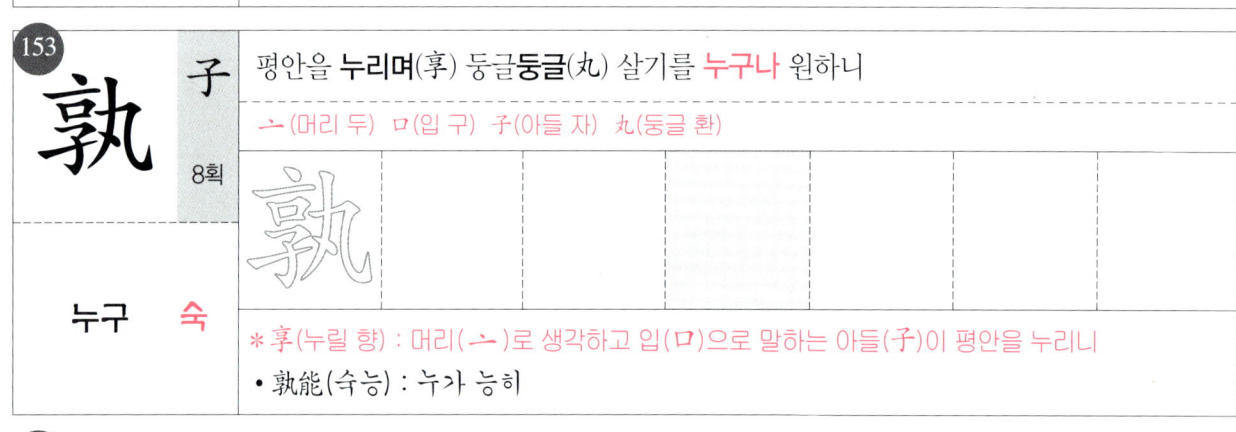

153 孰 (8획) — 누구 **숙**

평안을 누리며(享) 둥글둥글(丸) 살기를 **누구나** 원하니

亠(머리 두) 口(입 구) 子(아들 자) 丸(둥글 환)

*享(누릴 향) : 머리(亠)로 생각하고 입(口)으로 말하는 아들(子)이 평안을 누리니
- 孰能(숙능) : 누가 능히

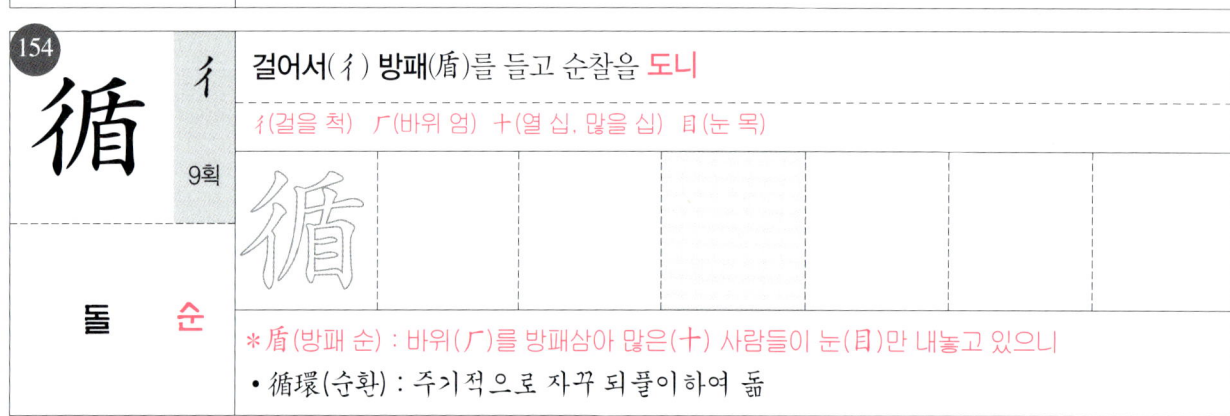

154 循 (9획) — 돌 **순**

걸어서(彳) 방패(盾)를 들고 순찰을 **도니**

彳(걸을 척) 厂(바위 엄) 十(열 십, 많을 십) 目(눈 목)

*盾(방패 순) : 바위(厂)를 방패삼아 많은(十) 사람들이 눈(目)만 내놓고 있으니
- 循環(순환) : 주기적으로 자꾸 되풀이하여 돎

자원으로 한자 알기

* 팔(八)방에서 **돼지**(豕)를 뛰어( )가 **드디어** 잡으니
* 터럭(彡)이 머리( )에는 **모름지기** 많아야 하니
* 평안을 누리며(享) 둥글둥글(丸) 살기를 **누구나** 원하니
* 걸어서( ) 방패(盾)를 들고 순찰을 **도니**

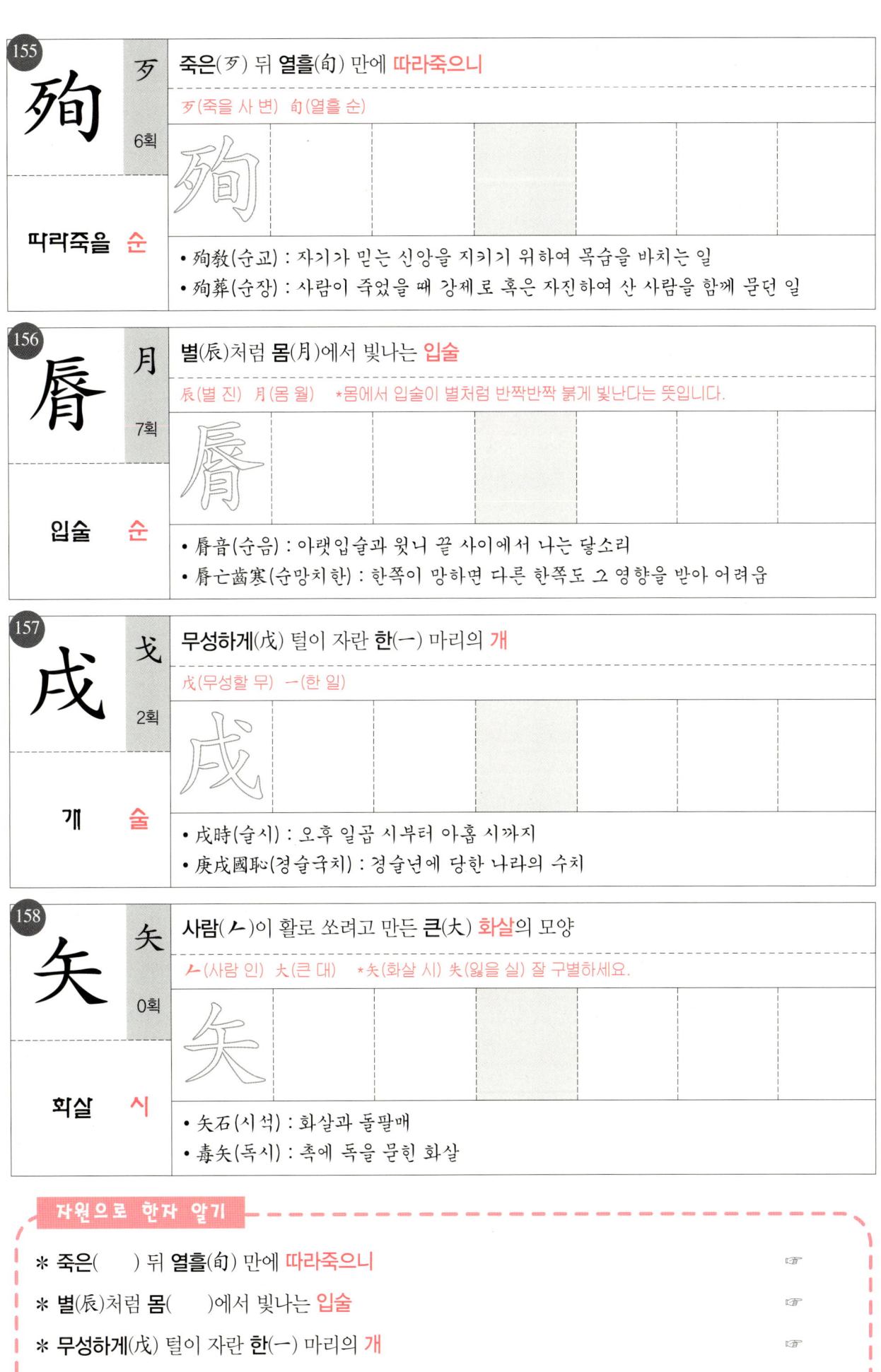

자원으로 한자 알기

* 죽은(　) 뒤 **열흘**(旬) 만에 **따라죽으니**
* **별**(辰)처럼 **몸**(　)에서 빛나는 **입술**
* **무성하게**(戊) 털이 자란 **한**(一) 마리의 **개**
* **사람**(ㅅ)이 활로 쏘려고 만든 **큰**(大) **화살**의 모양

159 伸 펼 늘일	亻 5획 신	사람(亻)이 몸을 펴(申) 늘이니
		亻(사람 인) 申(펼 신) *피곤할 때에 몸을 쭉 펴고 팔다리를 뻗어 몸을 늘인다는 뜻입니다.

		• 伸縮(신축) : 늘고 줆 • 伸張(신장) : 세력이나 권리 따위가 늘어남

160 辛 고생 매울	辛 0획 신	서(立) 있는 십(十)자가에 매달려 고생을 맵게 하니
		立(설 립) 十(열 십) *옛날에는 죄인을 십자가 같은 형틀에 매달아 놓았지요.

		• 辛苦(신고) : 어려운 일을 당하여 몹시 애씀 • 香辛料(향신료) : 음식에 맵거나 향기로운 맛을 더하는 조미료

자원으로 한자 알기

* 사람(　　)이 몸을 펴(申) 늘이니
* 서(立) 있는 십(十)자가에 매달려 고생을 맵게 하니

一思多得

川	+	頁	=	順(순할 순)	냇물(川)이 흐르듯 거스르지 않고 우두머리(頁)의 명령을 순하게 따르니
彡	+		=	須(모름지기 수)	터럭(彡)이 머리(頁)에는 모름지기 많아야 하니

		+	阝	=	郭(외성 곽)	평안을 누리기(享) 위하여 고을(阝)마다 쌓은 외성
享		+	攵	=	敦(도타울 돈)	즐거움을 누리며(享) 때로는 치고(攵) 싸우는 가운데 우정이 도타우니
		+	丸	=	孰(누구 숙)	평안을 누리며(享) 둥글둥글(丸) 살기를 누구나 원하니

示	+		=	神(귀신 신)	신(示)처럼 모습을 펼쳐(申) 보이는 귀신
土	+	申	=	坤(땅 곤)	흙(土)이 넓게 펼쳐(申) 있는 땅
亻	+		=	伸(펼 신)	사람(亻)이 몸을 펴(申) 늘이니

다음 한자를 나누고 **자원**을 쓰면서 익히세요.

遂 드디어 수 = ＿ + ＿ + ＿

須 모름지기 수 = ＿ + ＿

孰 누구 숙 = ＿ + ＿

循 돌 순 = ＿ + ＿

殉 따라죽을 순 = ＿ + ＿

脣 입술 순 = ＿ + ＿

戌 개 술 = ＿ + ＿

矢 화살 시 = ＿ + ＿

伸 펼 신 = ＿ + ＿

辛 매울 신 = ＿ + ＿

다음 한자어의 **독음**을 쓰세요.

完遂	遂行	必須	須知
孰能	循環	殉敎	殉葬
脣音	戌時	矢石	毒矢
伸縮	伸張	辛苦	

 다음 한자어를 **한자**로 쓰세요.

완전할 완	이룰 수	반드시 필	필요할 수	누구 숙	능할 능	돌 순	고리 환
따라죽을 순	종교 교	입술 순	소리 음	지지 술	때 시	화살 시	돌 석
늘일 신	줄일 축	고생 신	괴로울 고	이룰 수	행할 행	모름지기 수	알 지
따라죽을 순	장사지낼 장	독 독	화살 시	늘일 신	늘일 장		

예문으로 한자어 익히기(한자로 쓰인 단어의 뜻을 써보세요.)

1. 이 과제는 우리가 열과 성을 다할 때 비로소 **完遂**될 수 있을 것이다.

2. 정당은 국가의 중요한 정책 결정과 **遂行**을 보조할 수 있어야 한다.

3. 한문학은 조선 시대의 양반들이 **必須**적으로 익혀야 하는 교양이었다.

4. 자신이 소속된 일에 대해서는 **須知**해야 한다.

5. 모두들 피하는 그 일을 **孰能**하리오?

6. 공기가 **循環**해야 바람이 불고 비가 내린다.

7. 그의 아들은 젊은 나이에 아프리카에서 선교하다가 **殉教**하였다.

8. 주인이 죽으면 노예가 함께 **殉葬**을 당하기도 하였다.

9. 국어의 'ㅂ, ㅃ, ㅍ, ㅁ'은 **脣音**이다.

10. 오후 일곱 시부터 아홉 시까지는 **戌時**이다.

11. 배에 갑옷을 입혀서 적의 **矢石**을 막아 낼 도리를 생각해냈다.

12. 그곳 원주민들은 **毒矢**로 커다란 짐승을 사냥한다.

13. 이 속옷은 **伸縮**성이 좋아서 체형을 잘 보정해 준다.

14. 외국에 수출하는 방식으로 무역을 **伸張**하고 국민 경제를 발전시켰다.

15. 그는 오랜 **辛苦** 끝에 자수성가했다.

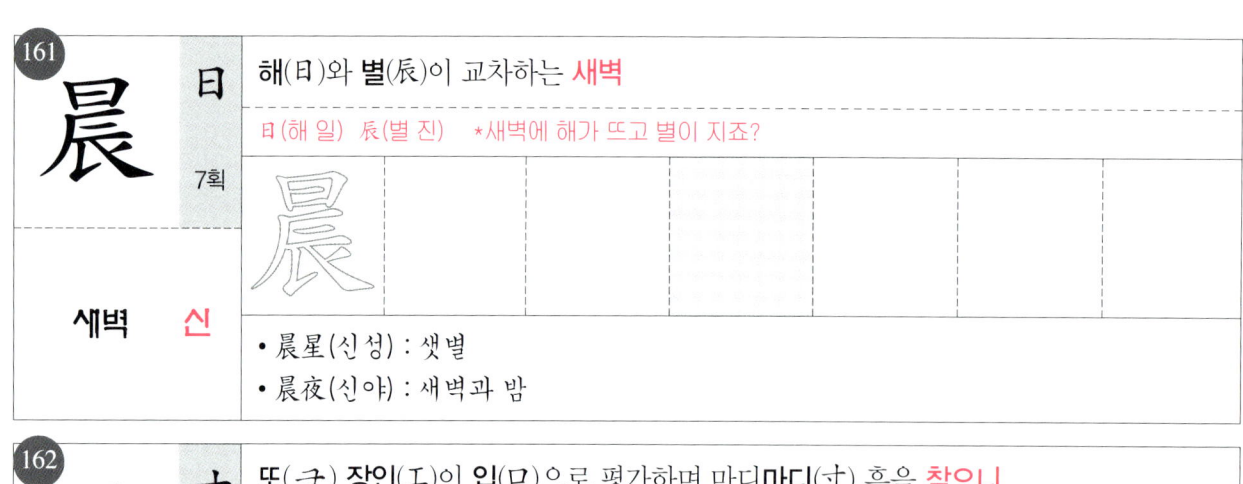

161 晨 (7획) — 새벽 신
해(日)와 별(辰)이 교차하는 **새벽**
日(해 일) 辰(별 진) *새벽에 해가 뜨고 별이 지죠?
- 晨星(신성) : 샛별
- 晨夜(신야) : 새벽과 밤

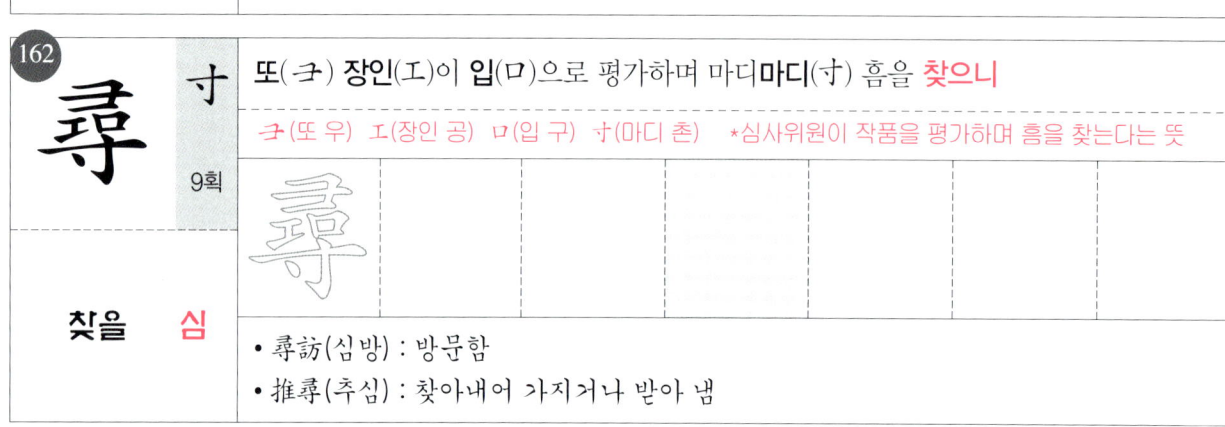

162 尋 (9획) — 찾을 심
또(⺕) 장인(工)이 입(口)으로 평가하며 마디마디(寸) 흠을 **찾으니**
⺕(또 우) 工(장인 공) 口(입 구) 寸(마디 촌) *심사위원이 작품을 평가하며 흠을 찾는다는 뜻
- 尋訪(심방) : 방문함
- 推尋(추심) : 찾아내어 가지거나 받아 냄

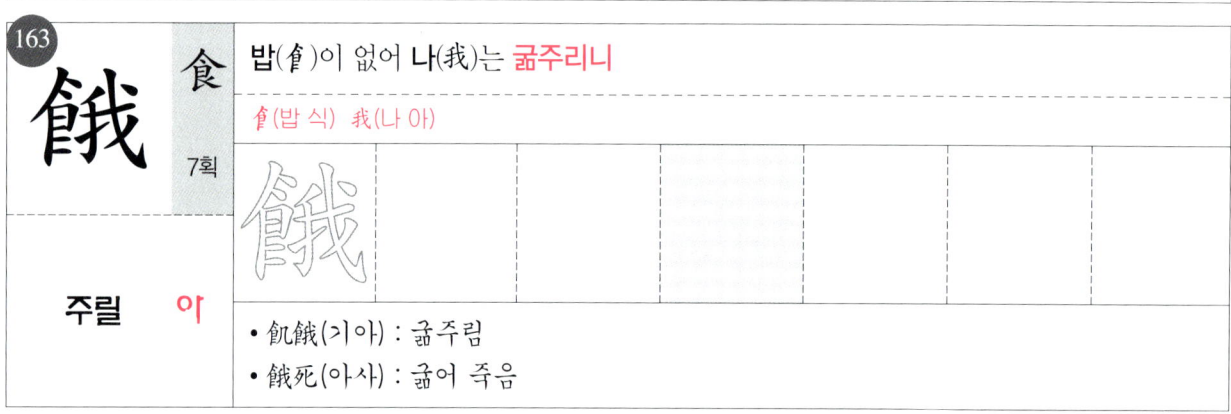

163 餓 (7획) — 주릴 아
밥(食)이 없어 나(我)는 **굶주리니**
食(밥 식) 我(나 아)
- 飢餓(기아) : 굶주림
- 餓死(아사) : 굶어 죽음

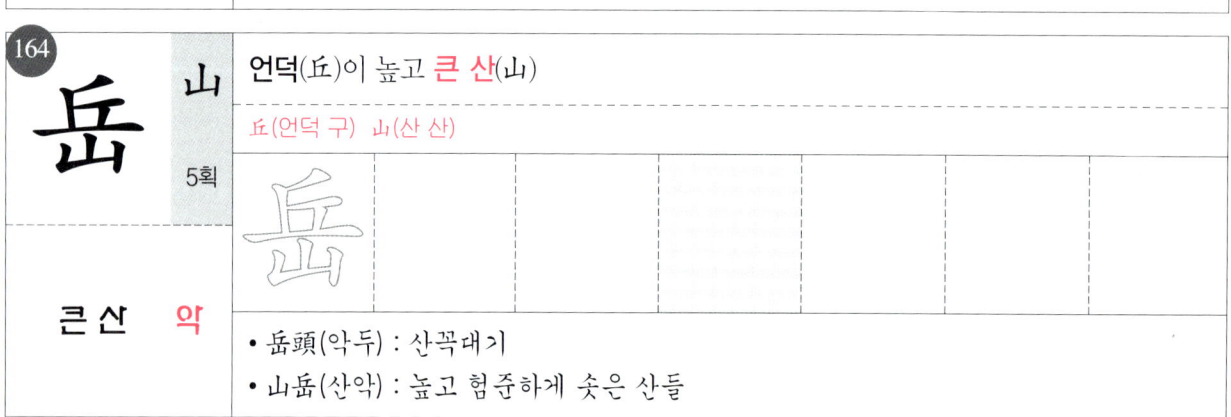

164 岳 (5획) — 큰산 악
언덕(丘)이 높고 **큰 산**(山)
丘(언덕 구) 山(산 산)
- 岳頭(악두) : 산꼭대기
- 山岳(산악) : 높고 험준하게 솟은 산들

자원으로 한자 알기

* 해(   )와 **별**(辰)이 교차하는 **새벽**
* 또(⺕) 장인(工)이 입(口)으로 평가하며 마디**마디**(   ) 흠을 **찾으니**
* 밥(   )이 없어 **나**(我)는 **굶주리니**
* 언덕(丘)이 높고 **큰 산**(   )

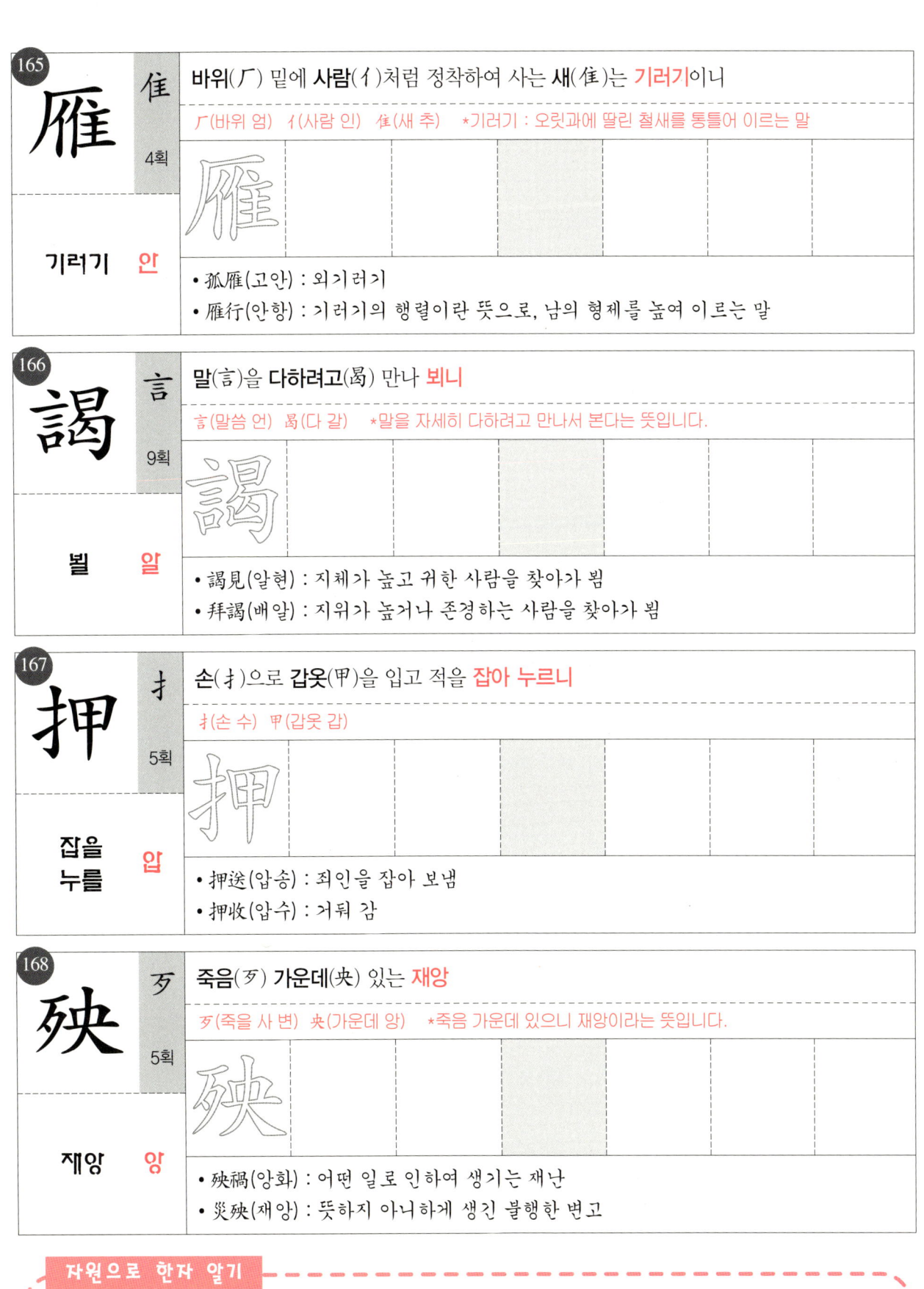

165 雁 4획 기러기 안	바위(厂) 밑에 사람(亻)처럼 정착하여 사는 새(隹)는 기러기이니

厂(바위 엄) 亻(사람 인) 隹(새 추) *기러기 : 오릿과에 딸린 철새를 통틀어 이르는 말

- 孤雁(고안) : 외기러기
- 雁行(안항) : 기러기의 행렬이란 뜻으로, 남의 형제를 높여 이르는 말

166 謁 9획 뵐 알	말(言)을 다하려고(曷) 만나 뵈니

言(말씀 언) 曷(다 갈) *말을 자세히 다하려고 만나서 본다는 뜻입니다.

- 謁見(알현) : 지체가 높고 귀한 사람을 찾아가 뵘
- 拜謁(배알) : 지위가 높거나 존경하는 사람을 찾아가 뵘

167 押 5획 잡을 누를 압	손(扌)으로 갑옷(甲)을 입고 적을 잡아 누르니

扌(손 수) 甲(갑옷 갑)

- 押送(압송) : 죄인을 잡아 보냄
- 押收(압수) : 거둬 감

168 殃 5획 재앙 앙	죽음(歹) 가운데(央) 있는 재앙

歹(죽을 사 변) 央(가운데 앙) *죽음 가운데 있으니 재앙이라는 뜻입니다.

- 殃禍(앙화) : 어떤 일로 인하여 생기는 재난
- 災殃(재앙) : 뜻하지 아니하게 생긴 불행한 변고

자원으로 한자 알기

* 바위(厂) 밑에 사람(亻)처럼 정착하여 사는 새(   )는 기러기이니
* 말(   )을 다하려고(曷) 만나 뵈니
* 손(   )으로 갑옷(甲)을 입고 적을 잡아 누르니
* 죽음(   ) 가운데(央) 있는 재앙

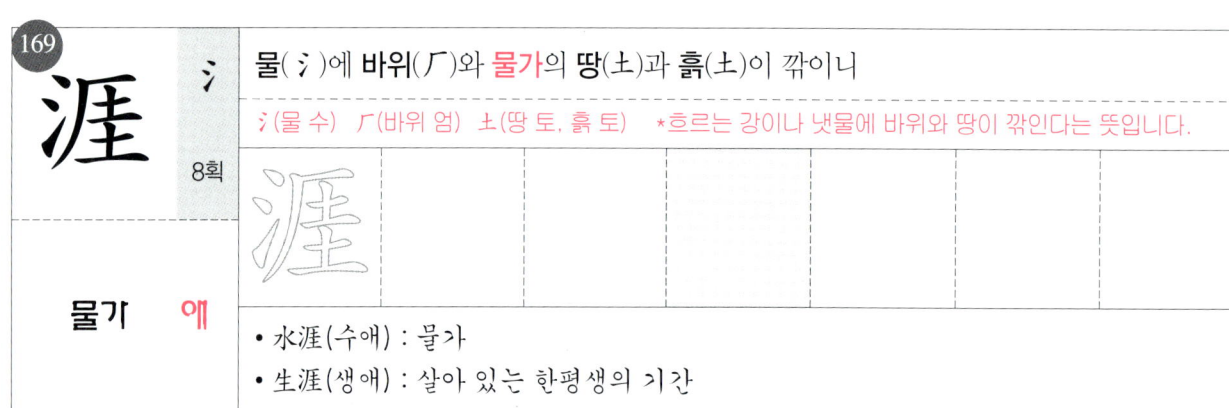

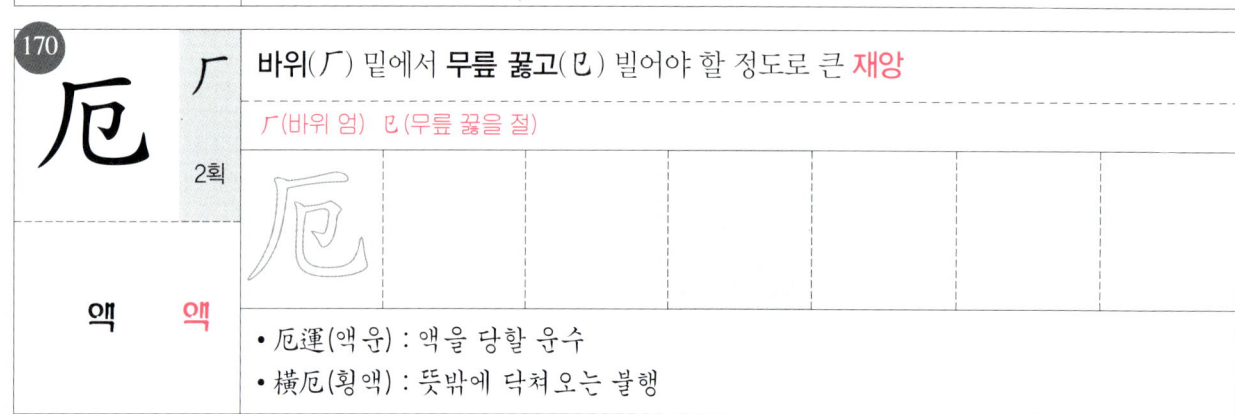

자원으로 한자 알기

* 물(　)에 바위(厂)와 물가의 땅(土)과 흙(土)이 깎이니
* 바위(　) 밑에서 무릎 꿇고(㔾) 빌어야 할 정도로 큰 재앙

一思多得

曲	+	辰	= 農(농사 농)	몸을 **구부리고**(曲) **별**(辰)이 뜨는 밤까지 **농사**를 지으니
日	+		= 晨(새벽 신)	**해**(日)와 **별**(辰)이 교차하는 **새벽**

食	+	几	= 飢(주릴 기)	**밥**(食)이 **책상**(几)에 없어 **굶주리니**
	+	我	= 餓(주릴 아)	**밥**(食)이 없어 **나**(我)는 **굶주리니**

氵	+	曷	= 渴(목마를 갈)	**물**(氵)이 **다하여**(曷) **목마르니**
言	+		= 謁(뵐 알)	**말**(言)을 **다하려고**(曷) 만나 **뵈니**

日	+	央	= 映(비칠 영)	**해**(日)가 하늘 **가운데**(央)서 **비치니**
歹	+		= 殃(재앙 앙)	**죽음**(歹) **가운데**(央) 있는 **재앙**

다음 한자를 나누고 **자원**을 쓰면서 익히세요.

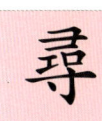 =   +

 =   +   +   +

 =   +

 =   +

 =   +   +

 =   +

 =   +

 =   +

涯 물가 애 =   +   +

厄 액 액 =   +

다음 한자어의 **독음**을 쓰세요.

晨星　　晨夜　　尋訪　　推尋

飢餓　　餓死　　岳頭　　山岳

孤雁　　雁行　　謁見　　拜謁

押送　　押收　　殃禍　　災殃

水涯　　生涯　　厄運　　橫厄

 다음 한자어를 **한자**로 쓰세요.

새벽신　별성　　찾을심　찾을방　　주릴기　주릴아　　큰산악　머리두

외로울고　기러기안　뵐알　뵈올현　　잡을압　보낼송　　재앙앙　재앙화

물수　물가애　　액액　운수운　　새벽신　밤야　　밀추　찾을심

주릴아　죽을사　　산산　큰산악　　기러기안　항렬항　　절배　뵐알

누를압　거둘수　　재앙재　재앙앙　　살생　한계애　　갑자기횡　액액

예문으로 한자어 익히기 (한자로 쓰인 단어의 뜻을 써보세요.)

1. **晨星**은 희미하게 밝아 오는 하늘 뒤편으로 까물까물 꺼져 갔다.

2. 바람과 이슬을 무릅쓰고 **晨夜**에 왕복하는 것도 미안한 일이요.

3. 선생님께서 반 학생들의 집을 **尋訪**하셨다.

4. 묵은빚 **推尋**까지 시켜서 나는 아귀다툼과 주먹다짐을 하루도 몇 번씩 할 때가 많았다.

5. 전쟁으로 수많은 사람이 **飢餓**와 궁핍에 떨고 있다.

6. 옛날에 흉년이 드는 해에는 **餓死**하는 사람이 꽤 많았다고 한다.

7. **岳頭**에 올라서다.

8. 멀리 눈 쌓인 **山岳**엔 안개가 걷히고 바다엔 붉은 해가 불끈 솟았다.

9. 구만리장천을 짝 잃고 날아가는 **孤雁**의 울음 같은 저 소리

10. **雁行**이 모두 몇 분입니까?

11. 그날 양녕은 수양의 부탁으로 왕께 **謁見**하러 예궐하였다.

12. 석 달 만에 스승을 **拜謁**하니 감개무량하였다.

13. 용의자를 경찰서로 **押送**하였다.

14. 선생님은 가방 검사를 해서 나온 만화책을 모조리 **押收**해 가셨다.

15. 그는 그동안 지은 죄에 대해 **殃禍**를 받았다.

16. 지나치게 발달한 기술 문명이 결국은 인류에게 **災殃**을 가져올 수 있다.

17. 우리는 **水涯**에 앉아 흐르는 물을 바라보고 있었다.

18. 우리는 위인들의 **生涯**를 통해 교훈을 얻는다.

19. 그는 교통사고라는 큰 **厄運**을 겪었다.

20. 줄초상이라는 말대로 **橫厄**은 연거푸 일어나는 모양인지 계절까지 무더워지기 시작했다.

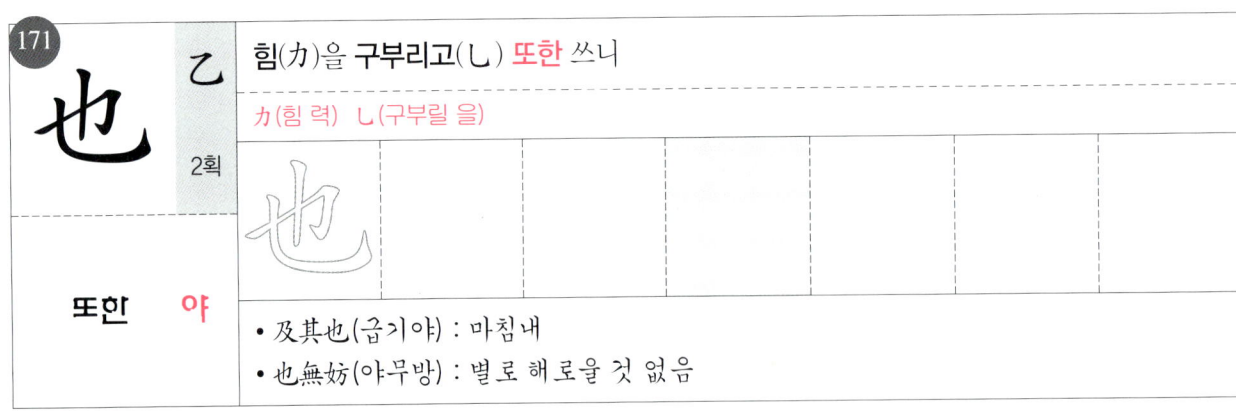

171 也 2획	乙	힘(力)을 구부리고(乙) **또한** 쓰니
		力(힘 력) 乙(구부릴 을)
또한 야		• 及其也(급기야) : 마침내 • 也無妨(야무방) : 별로 해로울 것 없음

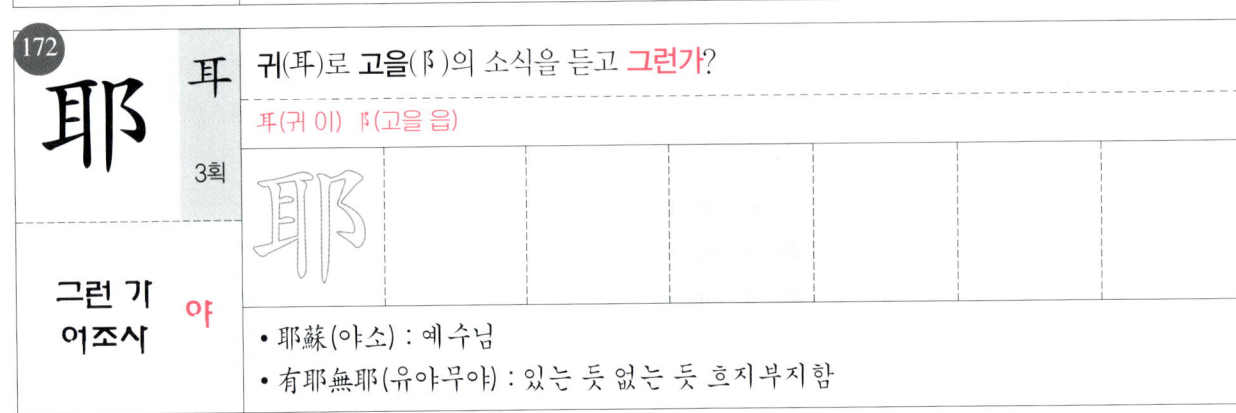

172 耶 3획	耳	귀(耳)로 고을(阝)의 소식을 듣고 **그런가?**
		耳(귀 이) 阝(고을 읍)
그런가 어조사 야		• 耶蘇(야소) : 예수님 • 有耶無耶(유야무야) : 있는 듯 없는 듯 흐지부지함

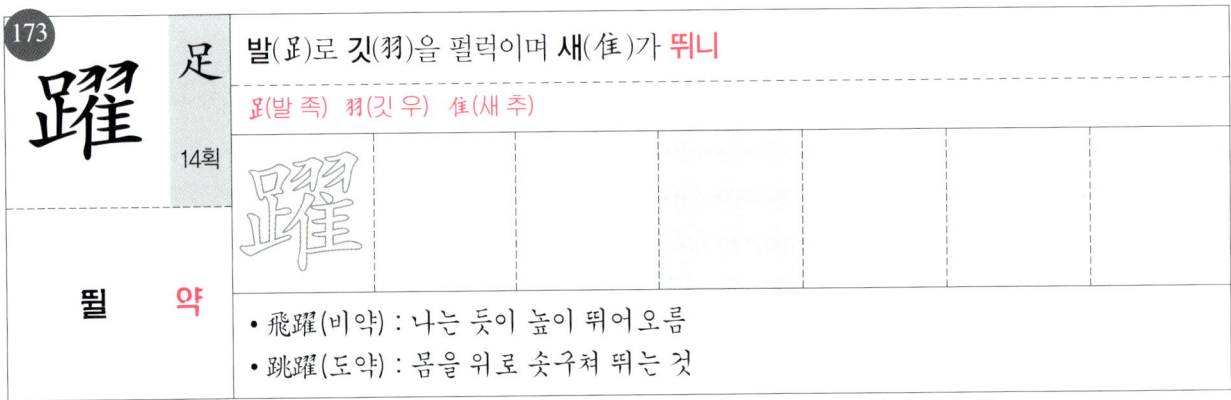

173 躍 14획	足	발(足)로 깃(羽)을 펄럭이며 새(隹)가 **뛰니**
		足(발 족) 羽(깃 우) 隹(새 추)
뛸 약		• 飛躍(비약) : 나는 듯이 높이 뛰어오름 • 跳躍(도약) : 몸을 위로 솟구쳐 뛰는 것

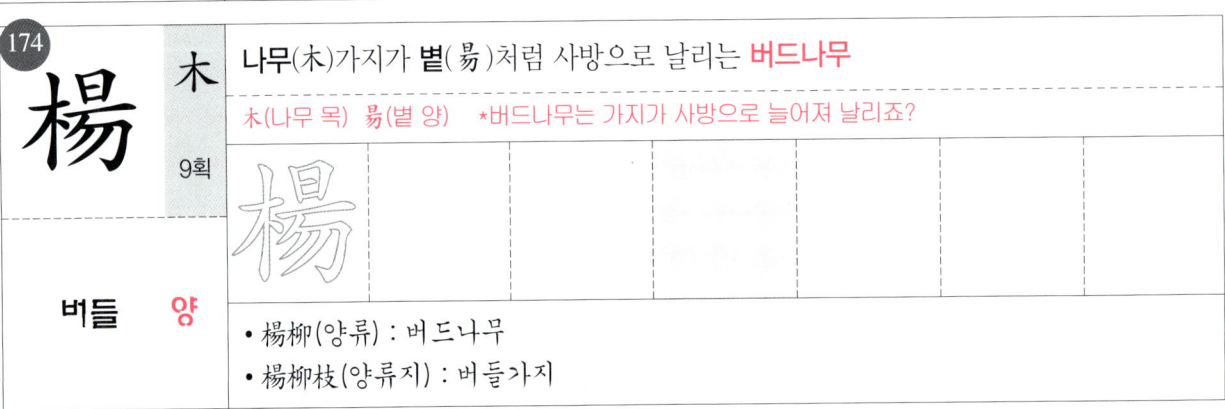

174 楊 9획	木	나무(木)가지가 볕(昜)처럼 사방으로 날리는 **버드나무**
		木(나무 목) 昜(볕 양) *버드나무는 가지가 사방으로 늘어져 날리죠?
버들 양		• 楊柳(양류) : 버드나무 • 楊柳枝(양류지) : 버들가지

자원으로 한자 알기

* 힘(力)을 구부리고(   ) **또한** 쓰니
* 귀(   )로 고을(阝)의 소식을 듣고 **그런가?**
* 발(   )로 깃(羽)을 펄럭이며 새(隹)가 **뛰니**
* 나무(   )가지가 볕(昜)처럼 사방으로 날리는 **버드나무**

175 於 어조사 어	方 4획	사방(方)에서 사람(人) 둘(ㆍ)씩 짝을 맺어 주듯 말을 연결시키는 **어조사**
		方(사방 방) 人(사람 인) ㆍ(둘 이)　*어조사 : 다른 글자를 보조하여 주는 한문의 토
		· 甚至於(심지어) : 심하면 · 於斯爲盛(어사위성) : 그 때를 한창으로 함

176 焉 어찌 언	灬 7획	바르게(正) 다섯(ㄅ) 번이나 **불**(灬)을 **어찌** 피울까?
		正(바를 정) ㄅ(숫자 5) 灬(불 화)
		· 終焉(종언) : 없어지거나 죽어서 존재가 사라짐 · 焉敢生心(언감생심) : 감히 그런 마음을 품을 수 없음

177 予 나 줄 여	亅 3획	**창**(矛)에서 끈(丿)을 떼어 **나**에게 **줄래**?
		矛(창 모) 丿(끈 별)　*부수 矛(창 모)에서 丿(끈 별)을 떼면 予(나 여, 줄 여)입니다.
		· 予曰(여왈) : 내게 말하기를 · 予奪(여탈) : 주는 것과 빼앗는 것

178 汝 너 여	氵 5획	물(氵) 뿌린 여자(女)가 너여?
		氵(물 수) 女(계집 녀)
		· 汝等(여등) : 너희들 · 汝輩(여배) : 너희들

자원으로 한자 알기

* 사방(　)에서 **사람**(人) 둘(ㆍ)씩 짝을 맺어 주듯 말을 연결시키는 **어조사**
* 바르게(正) 다섯(ㄅ) 번이나 **불**(　)을 **어찌** 피울까?
* 창(矛)에서 끈(丿)을 떼어 **나**에게 **줄래**?
* 물(　) 뿌린 **여자**(女)가 **너**여?

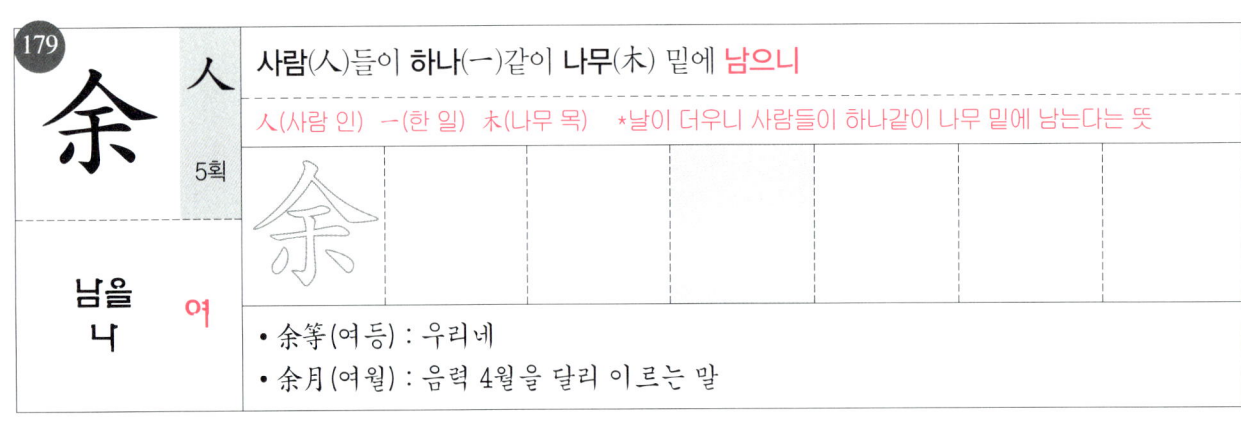

179 余 5획	人	사람(人)들이 하나(一)같이 나무(木) 밑에 남으니
		人(사람 인) 一(한 일) 木(나무 목) *날이 더우니 사람들이 하나같이 나무 밑에 남는다는 뜻
남을 여		• 余等(여등) : 우리네 • 余月(여월) : 음력 4월을 달리 이르는 말

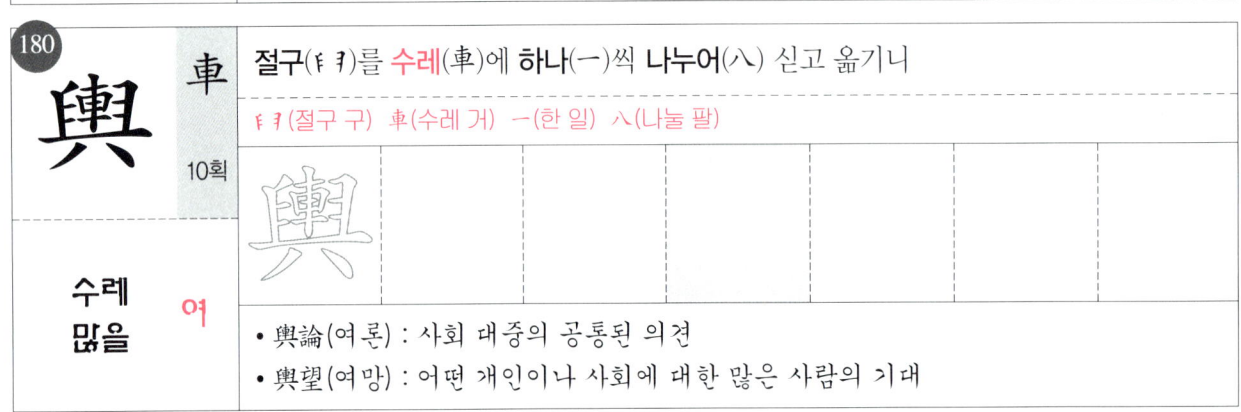

180 輿 10획	車	절구(𦥑)를 수레(車)에 하나(一)씩 나누어(八) 싣고 옮기니
		𦥑(절구 구) 車(수레 거) 一(한 일) 八(나눌 팔)
수레 많을 여		• 輿論(여론) : 사회 대중의 공통된 의견 • 輿望(여망) : 어떤 개인이나 사회에 대한 많은 사람의 기대

자원으로 한자 알기

* 사람(   )들이 하나(一)같이 나무(木) 밑에 남으니
* 절구(𦥑)를 수레(   )에 하나(一)씩 나누어(八) 싣고 옮기니

一思多得

180 輿(수레 여) 興(일 흥) 잘 구별하세요.

輿(수레 여) : 절구(𦥑)를 수레(車)에 하나(一)씩 나누어(八) 싣고 옮기니
興(일 흥) : 절구(𦥑)를 같이(同) 한(一) 번에 나누어(八) 들고 일어나니

다음 한자를 나누고 **자원**을 쓰면서 익히세요.

也 또한 야 = ☐ + ☐

耶 그런가 야 = ☐ + ☐

躍 뛸 약 = ☐ + ☐ + ☐

楊 버들 양 = ☐ + ☐

於 어조사 어 = ☐ + ☐ + ☐

焉 어찌 언 = ☐ + ☐ + ☐

予 나 여 = ☐ − ☐

汝 너 여 = ☐ + ☐

餘 남을 여 = ☐ + ☐ + ☐

輿 수레 여 = ☐ + ☐ + ☐ + ☐

167

 다음 한자어의 **독음**을 쓰세요.

耶 蘇	飛 躍	跳 躍	楊 柳
終 焉	予 曰	予 奪	汝 等
汝 輩	余 等	余 月	輿 論
輿 望			

 다음 한자어를 **한자**로 쓰세요.

그런 가 야	되살아날 소	날 비	뛸 약	버들 양	버들 류	마칠 종	어조사 언
나 여	말할 왈	너 여	무리 등	나 여	무리 등	많을 여	논할 론
뛸 도	뛸 약	줄 여	빼앗을 탈	너 여	무리 배	나머지 여	달 월
많을 여	바랄 망						

예문으로 한자어 익히기(한자로 쓰인 단어의 뜻을 써보세요.)

1. 기독교는 부활의 종교입니다. 우리 모두 **耶蘇** 믿는 사람들이 됩시다.

2. 경제의 **飛躍**이 생활을 윤택하게 했다.

3. 이번 월드컵에서 선전하면 한국 축구는 세계무대로 **跳躍**할 수 있을 것이다.

4. **楊柳** 가지 껍질을 쪽 벗기다.

5. 이데올로기 **終焉**의 시대

6. **予曰** 두려움을 피하지 말고 극복하라고 하였다.

7. 개인적으로 권리를 **予奪**할 하등의 이해관계가 없다.

8. **汝等**의 꿈을 이루어라.

9. **汝輩**끼리만 놀지 말고 같이 놀아라.

10. **余等**은 이에 자유임을 선포한다.

11. **余月**에 들어서만 이익금이 두 배로 늘었다.

12. 언론은 성역 없는 보도로 사회 **輿論**을 이끌어 가야 한다.

13. 온 국민이 **輿望**해 온 남북 이산가족의 상봉이 드디어 이루어졌다.

181 閱 볼 열	門 7획	문(門) 안에서 **바꾸어**(兌) 가며 **보니**
		門(문 문) 兌(바꿀 태)
		• 閱覽(열람) : 책 등을 두루 훑어서 봄 • 檢閱(검열) : 어떤 행위나 사업 따위를 살펴 조사하는 일

182 泳 헤엄칠 영	氵 5획	물(氵)에서 **오래**(永) **헤엄치니**
		氵(물 수) 永(길 영, 오랠 영)
		• 泳法(영법) : 헤엄치는 방법 • 水泳(수영) : 물속을 헤엄치는 일

183 詠 읊을 영	言 5획	말(言)을 **길게**(永) 늘여 **읊으니**
		言(말씀 언) 永(길 영, 오랠 영)
		• 詠歌(영가) : 시가를 읊음 • 愛詠(애영) : 시가 따위를 즐겨 읊음

184 銳 날카로울 예	金 7획	무딘 **쇠**(金)를 **바꾸어**(兌) **날카롭게** 하니
		金(쇠 금) 兌(바꿀 태)
		• 銳角(예각) : 직각보다 작은 각 • 銳利(예리) : 날이 서 있거나 끝이 뾰족함

자원으로 한자 알기

* 문(　) 안에서 **바꾸어**(兌) 가며 **보니**
* 물(　)에서 **오래**(永) **헤엄치니**
* 말(　)을 **길게**(永) 늘여 **읊으니**
* 무딘 **쇠**(　)를 **바꾸어**(兌) **날카롭게** 하니

185 傲 거만할 오	亻 11획	사람(亻)이 땅(土)을 사방(方)으로 치며(攵) 거만하게 구니
		亻(사람 인) 土(땅 토) 方(사방 방) 攵(칠 복)
		傲
		• 傲氣(오기) : 오만스러운 기운 • 傲慢(오만) : 태도나 행동이 건방지거나 거만함

186 吾 나 오	口 4획	다섯(五) 번이나 입(口) 벌려 나를 알리니
		五(다섯 오) 口(입 구)
		吾
		• 吾等(오등) : 우리들 • 吾鼻三尺(오비삼척) : 자기 사정이 급하여 남을 돌볼 겨를이 없음

187 娛 즐길 오	女 7획	여자(女)가 입(口)을 싸고(ㄱ) 크게(大) 소리 지르며 즐거워하니
		女(계집 녀) 口(입 구) ㄱ(쌀 포) 大(큰 대)
		娛
		• 娛樂(오락) : 기분을 즐겁게 하는 일 • 娛樂室(오락실) : 오락에 필요한 시설이 되어 있는 방

188 嗚 슬플 오	口 10획	입(口)으로 까마귀(烏)가 슬피 우니
		口(입 구) 烏(까마귀 오) *대체로 까치는 좋은 소식을, 까마귀는 슬픈 소식을 알려 준다고 하죠.
		嗚
		• 嗚泣(오읍) : 목이 메어 욺 • 嗚呼(오호) : 슬플 때나 탄식할 때 내는 소리

자원으로 한자 알기

* 사람(   )이 땅(土)을 사방(方)으로 치며(攵) 거만하게 구니
* 다섯(五) 번이나 입(   ) 벌려 나를 알리니
* 여자(   )가 입(口)을 싸고(ㄱ) 크게(大) 소리 지르며 즐거워하니
* 입(   )으로 까마귀(烏)가 슬피 우니

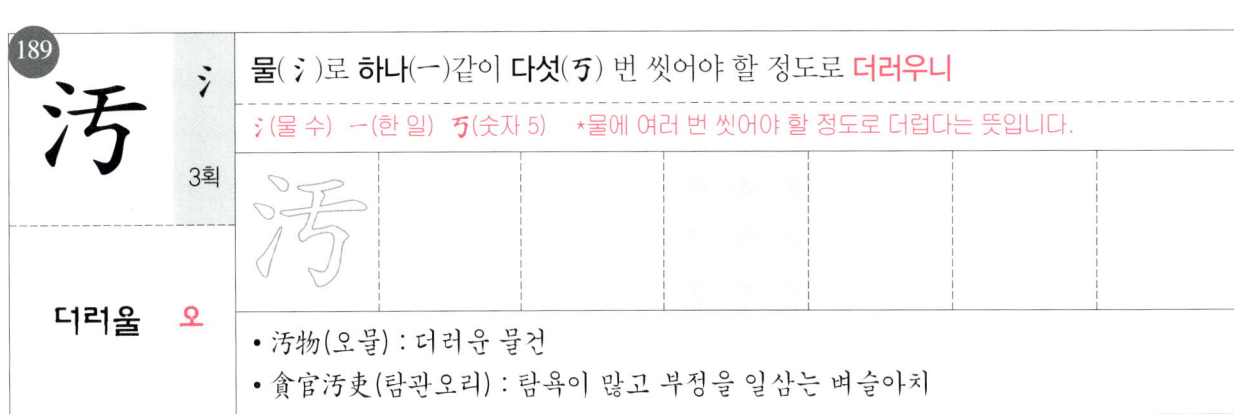

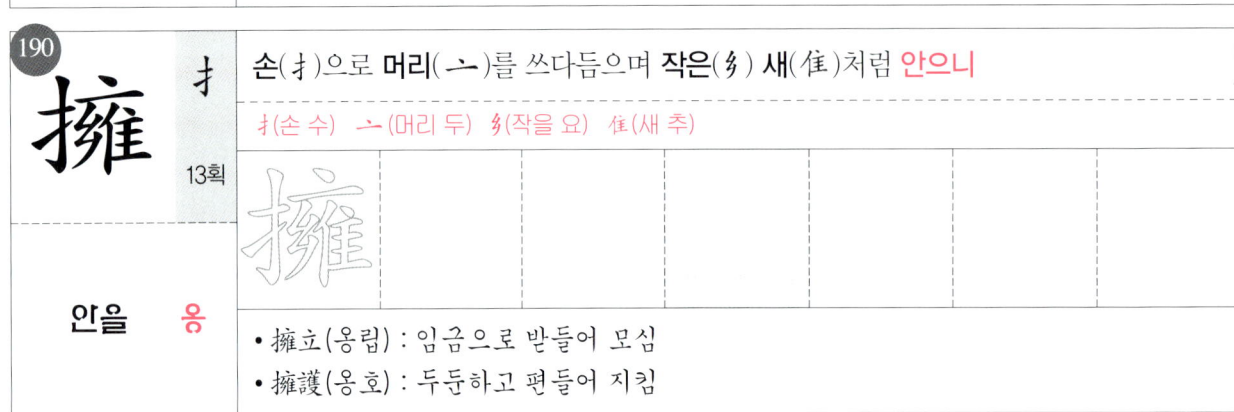

자원으로 한자 알기

* 물(　)로 하나(一)같이 다섯(5) 번 씻어야 할 정도로 더러우니
* 손(　)으로 머리(一)를 쓰다듬으며 작은(彡) 새(隹)처럼 안으니

一思多得

門	+	各	=	閣(집 각)	문(門)을 달고 각각(各) 사는 집
	+	兌	=	閱(볼 열)	문(門) 안에서 바꾸어(兌) 가며 보니

言	+		=	說(말씀 설)	말(言)을 바꾸어(兌) 말씀하여 달래니
禾	+		=	稅(세금 세)	벼(禾)로 바꾸어(兌) 내는 세금
月	+	兌	=	脫(벗을 탈)	몸(月)에 옷을 바꾸어(兌) 입으려고 벗으니
忄	+		=	悅(기쁠 열)	마음(忄)을 바꾸어(兌) 기쁘니
金	+		=	銳(날카로울 예)	무딘 쇠(金)를 바꾸어(兌) 날카롭게 하니

言	+		=	誤(그르칠 오)	말(言)할 때 입(口)을 싸고(乛) 크게(大) 소리치면 그르치니
女	+	吳	=	娛(즐길 오)	여자(女)가 입(口)을 싸고(乛) 크게(大) 소리 지르며 즐거워하니

다음 한자를 나누고 **자원**을 쓰면서 익히세요.

閱 (볼 열) = ☐ + ☐

泳 (헤엄칠 영) = ☐ + ☐

詠 (읊을 영) = ☐ + ☐

銳 (날카로울 예) = ☐ + ☐ + ☐ + ☐

傲 (거만할 오) = ☐ + ☐

吾 (나 오) = ☐ + ☐ + ☐ + ☐

娛 (즐길 오) = ☐ + ☐

嗚 (슬플 오) = ☐ + ☐ + ☐

汚 (더러울 오) = ☐ + ☐

擁 (안을 옹) = ☐ + ☐ + ☐ + ☐

다음 한자어의 **독음**을 쓰세요.

閱覽　　檢閱　　泳法　　水泳

詠歌　　愛詠　　銳角　　銳利

傲氣　　傲慢　　吾等　　娛樂

嗚泣　　嗚呼　　汚物　　擁立

擁護

 다음 한자어를 **한자**로 쓰세요.

볼 열　볼 람　헤엄칠 영　방법 법　읊을 영　노래 가　날카로울 예　각도 각

거만할 오　기운 기　나 오　무리 등　즐길 오　즐길 락　슬플 오　울 읍

더러울 오　물건 물　안을 옹　세울 립　검사할 검　볼 열　물 수　헤엄칠 영

즐길 애　읊을 영　날카로울 예　날카로울 리　거만할 오　거만할 만　슬플 오　탄식할 호

지킬 옹　보호할 호

예문으로 한자어 익히기 (한자로 쓰인 단어의 뜻을 써보세요.)

1. 그는 도서관에 가서 참고 서적을 閱覽했다.

2. 영화의 사전 檢閱이 폐지되었다.

3. 자유형은 빠르게 수영할 수 있는 泳法이다.

4. 水泳할 줄 안다고 깊은 곳에 함부로 들어가면 위험하다.

5. 그녀가 맑고 고운 목소리로 詠歌를 마치자 모두 박수를 보냈다.

6. 어머니는 서정적인 내용의 시가를 愛詠하신다.

7. 90도보다 작은 각을 銳角이라 한다.

8. 銳利한 면도날에 베이다.

9. 자기들도 언젠가는 그렇게 살 수 있으리라는 선망 섞인 傲氣가 뻗치고 일어났던 것이다.

10. 그녀는 여전히 그의 傲慢한 말투에 개의치 않고 조용조용 그렇게 말했다.

11. 吾等은 조선의 독립국임과 조선인의 자주민임을 선언하노라.

12. 그의 유일한 娛樂은 음악 감상이다.

13. 친구와의 이별에 그녀는 嗚泣하였다.

14. 嗚呼라, 원통하고 한스럽도다.

15. 화장실 앞에는 汚物이 번져서 벌써 지린내가 코를 찌른다.

16. 선왕의 조카를 새 왕으로 擁立하였다.

17. 그는 도시 빈민 계층의 권익이 擁護되어야 한다고 주장했다.

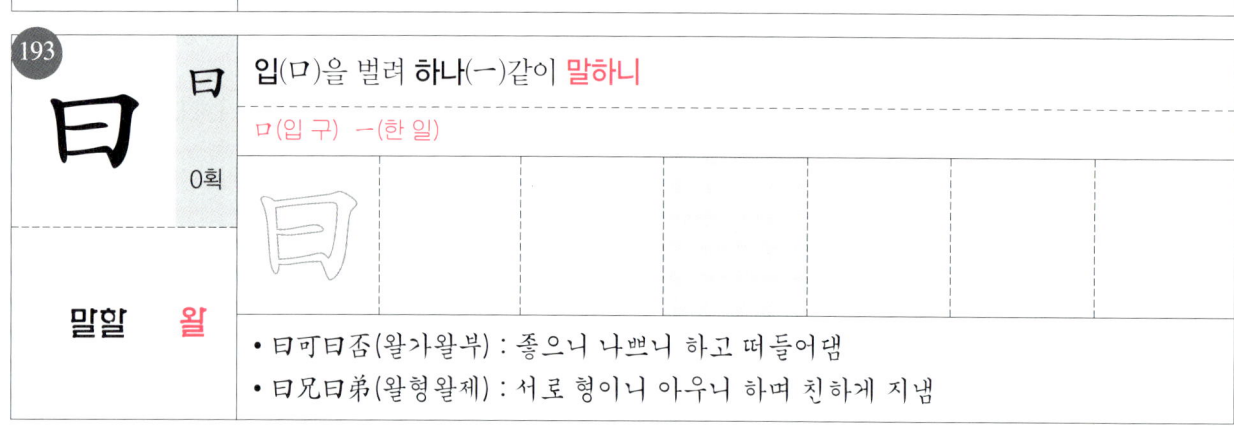

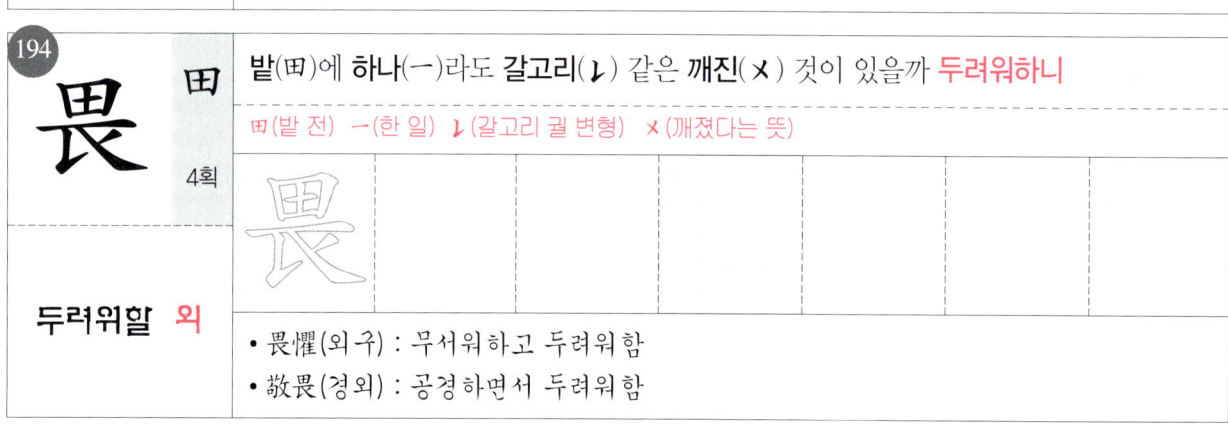

자원으로 한자 알기

* 공평하게(公) 좌우로 깃(   )처럼 수염 난 **늙은이**
* 신하(   ) 된 **사람**(人)은 임금 앞에서 **엎드리니**
* 입(口)을 벌려 하나(一)같이 **말하니**
* 밭(   )에 하나(一)라도 갈고리(𠄌) 같은 깨진(乂) 것이 있을까 **두려워하니**

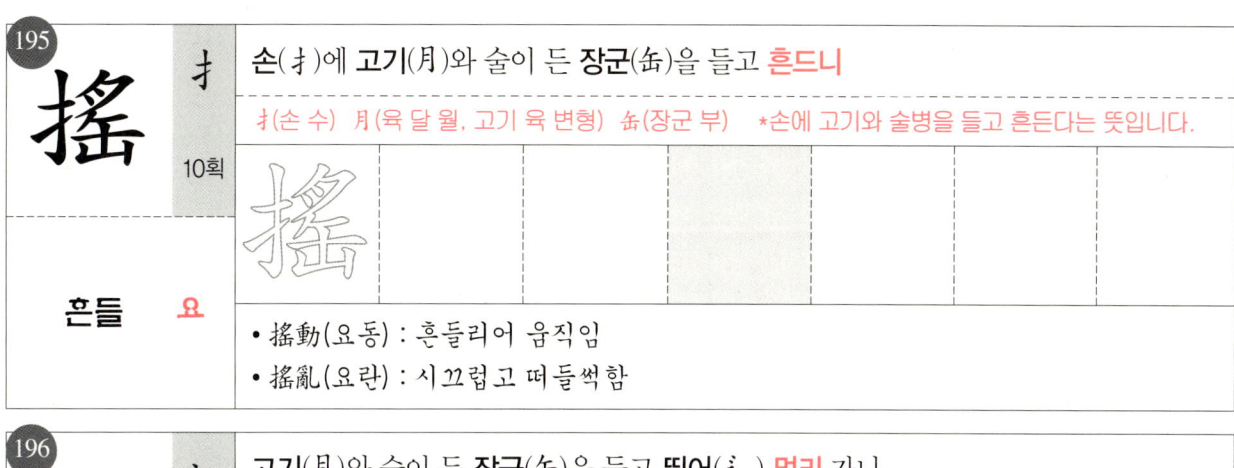

195 搖 / 흔들 요	扌 10획	손(扌)에 고기(月)와 술이 든 장군(缶)을 들고 흔드니
		扌(손 수) 月(육 달 월, 고기 육 변형) 缶(장군 부) *손에 고기와 술병을 들고 흔든다는 뜻입니다.
		• 搖動(요동) : 흔들리어 움직임 • 搖亂(요란) : 시끄럽고 떠들썩함

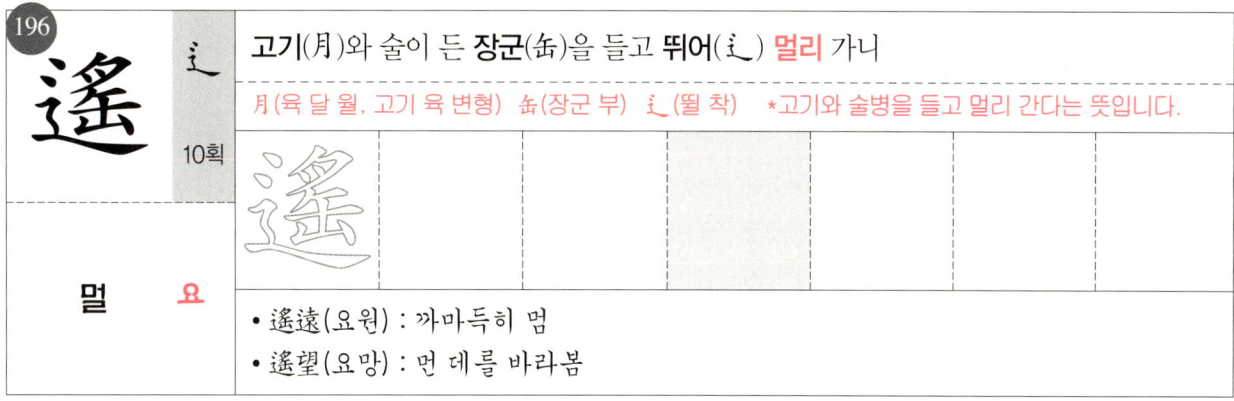

196 遙 / 멀 요	辶 10획	고기(月)와 술이 든 장군(缶)을 들고 뛰어(辶) 멀리 가니
		月(육 달 월, 고기 육 변형) 缶(장군 부) 辶(뛸 착) *고기와 술병을 들고 멀리 간다는 뜻입니다.
		• 遙遠(요원) : 까마득히 멂 • 遙望(요망) : 먼 데를 바라봄

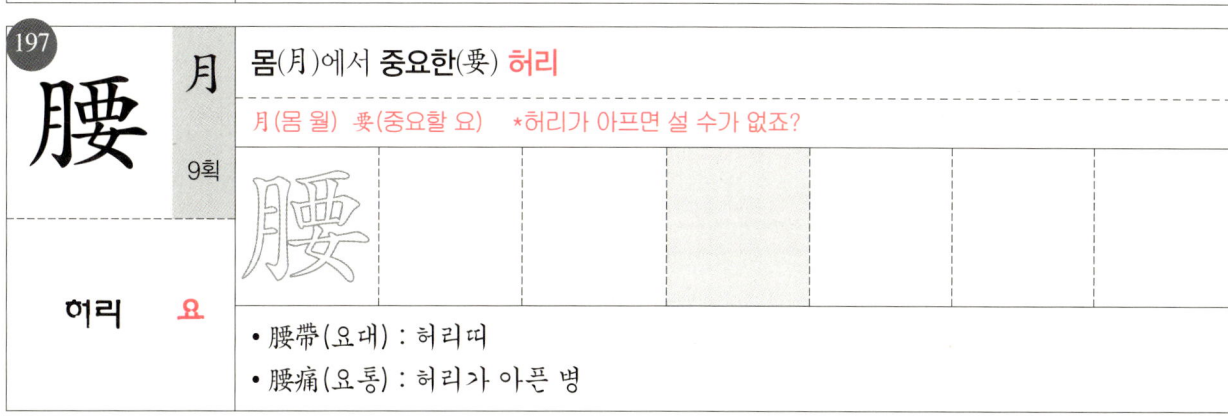

197 腰 / 허리 요	月 9획	몸(月)에서 중요한(要) 허리
		月(몸 월) 要(중요할 요) *허리가 아프면 설 수가 없죠?
		• 腰帶(요대) : 허리띠 • 腰痛(요통) : 허리가 아픈 병

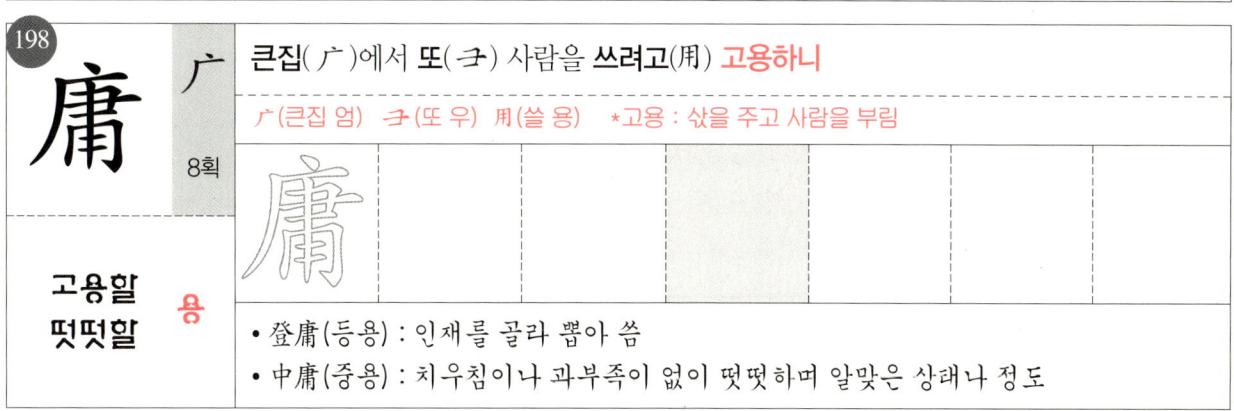

198 庸 / 고용할 떳떳할 용	广 8획	큰집(广)에서 또(⺕) 사람을 쓰려고(用) 고용하니
		广(큰집 엄) ⺕(또 우) 用(쓸 용) *고용 : 삯을 주고 사람을 부림
		• 登庸(등용) : 인재를 골라 뽑아 씀 • 中庸(중용) : 치우침이나 과부족이 없이 떳떳하며 알맞은 상태나 정도

자원으로 한자 알기

* 손(   )에 고기(月)와 술이 든 장군(缶)을 들고 흔드니
* 고기(月)와 술이 든 장군(缶)을 들고 뛰어(   ) 멀리 가니
* 몸(   )에서 중요한(要) 허리
* 큰집(   )에서 또(⺕) 사람을 쓰려고(用) 고용하니

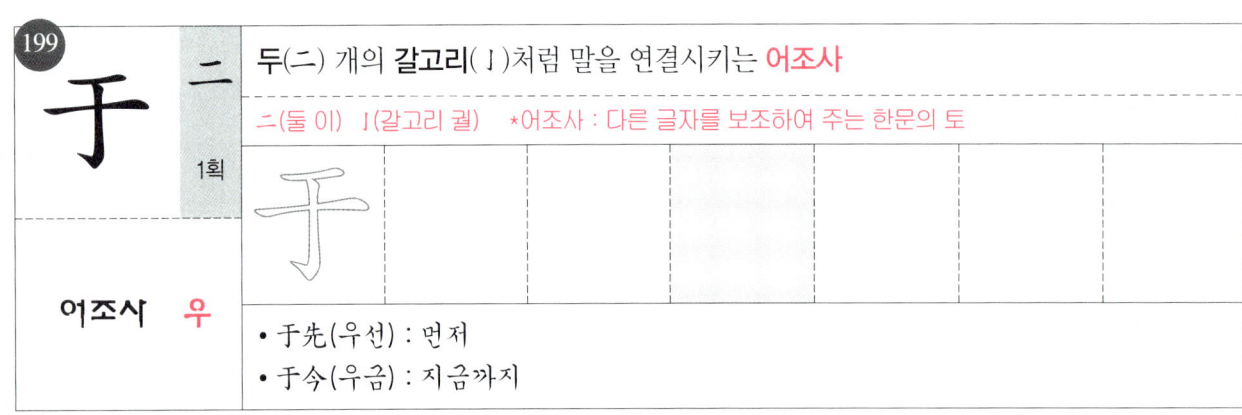

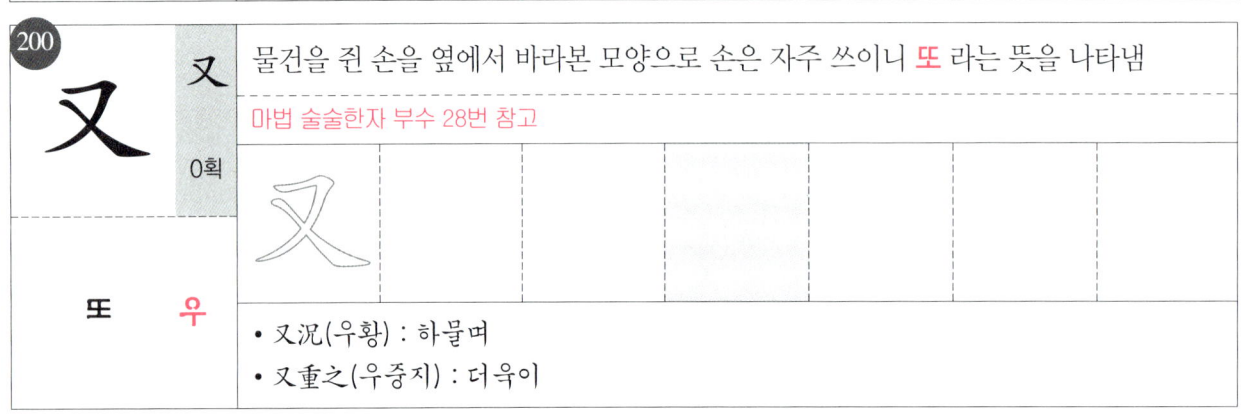

자원으로 한자 알기

* 두( ) 개의 **갈고리**(亅)처럼 말을 연결시키는 **어조사** ☞
* 물건을 쥔 손을 옆에서 바라본 모양으로 손은 자주 쓰이니 **또** 라는 뜻을 나타냄 ☞

一思多得

言	+		= 謠(노래 요)	말(言)을 길게 늘여 **고기**(月)와 **장군**(缶)에 담긴 술을 마시며 **노래**하니
扌	+	月 缶	= 搖(흔들 요)	손(扌)에 **고기**(月)와 술이 든 **장군**(缶)을 들고 **흔드니**
辶	+		= 遙(멀 요)	**고기**(月)와 술이 든 **장군**(缶)을 들고 뛰어(辶) **멀리** 가니

199 于(어조사 우) 千(방패 간) 잘 구별하세요.

于(어조사 우) : 두(二) 개의 **갈고리**(亅)처럼 말을 연결시키는 **어조사**

干(방패 간) : **하나**(一)로 **많은**(十) 것을 막을 수 있는 **방패**

다음 한자를 나누고 **자원**을 쓰면서 익히세요.

翁 늙은이 옹 = ☐ + ☐

臥 엎드릴 와 = ☐ + ☐

曰 말할 왈 = ☐ + ☐

畏 두려워할 외 = ☐ + ☐ + ☐ + ☐

搖 흔들 요 = ☐ + ☐ + ☐

遙 멀 요 = ☐ + ☐ + ☐

腰 허리 요 = ☐ + ☐

庸 고용할 용 = ☐ + ☐ + ☐

于 어조사 우 = ☐ + ☐

又 또 우 =

다음 한자어의 **독음**을 쓰세요.

老翁	臥龍	臥病	畏懼
敬畏	搖動	搖亂	遙遠
遙望	腰帶	腰痛	登庸
中庸	于先	于今	又況

 다음 한자어를 **한자**로 쓰세요.

늙을 로	늙은이 옹	누울 와	용 룡	두려워할 외	두려워할 구	흔들 요	움직일 동
멀 요	멀 원	허리 요	띠 대	나갈 등	고용할 용	어조사 우	먼저 선
또 우	하물며 황	누울 와	병 병	공경할 경	두려워할 외	흔들 요	어지러울 란
멀 요	바라볼 망	허리 요	아플 통	가운데 중	떳떳할 용	어조사 우	이제 금

예문으로 한자어 익히기 (한자로 쓰인 단어의 뜻을 써보세요.)

1. 멀리 소나무 밑에서는 흰 수염을 단 **老翁** 두 분이 바둑을 두고 있었다.

2. 침실에는 촛불이 놋쇠 **臥龍** 촛대에서 꺼불꺼불 춤을 추고 있었다.

3. **臥病**으로 문밖출입을 못하다.

4. 그는 임금의 노여움을 **畏懼**하였다.

5. 하나님을 **敬畏**하다.

6. 잔잔한 바다에 난데없는 풍랑이 일어 배가 좌우로 심하게 **搖動**했다.

7. 바람 하나 없는 적막한 숲속에서 늦여름 풀벌레들만 **搖亂**스레 울어댄다.

8. 결혼이라는 문제가 아직은 **遙遠**하게 느껴진다.

9. 우리는 누런 벼가 익어가는 들녘을 **遙望**하였다.

10. **腰帶**를 졸라매다.

11. 할아버지는 **腰痛**으로 빨리 걷지를 못한다.

12. 공민왕 때 관리로 **登庸**된 신진 사대부들은 조선 왕조 건국의 주역으로 활동하였다.

13. **中庸**을 지키다.

14. 나는 **于先** 형의 방으로 가서 원고부터 조사했다.

15. 그는 지형을 조사하느라고 **于今** 13년을 전국 방방곡곡을 헤매고 다녔다.

16. 짐승도 제 새끼는 귀한 줄 아는데, **又況** 사람이야.

자원으로 한자 알기.

151. 팔(八)방에서 돼지(豕)를 뛰어(   )가 드디어 잡으니

152. 터럭(彡)이 머리(   )에는 모름지기 많아야 하니

153. 평안을 누리며(享) 둥글둥글(丸) 살기를 누구나 원하니

154. 걸어서(   ) 방패(盾)를 들고 순찰을 도니

155. 죽은(   ) 뒤 열흘(旬) 만에 따라죽으니

156. 별(辰)처럼 몸(   )에서 빛나는 입술

157. 무성하게(戊) 털이 자란 한(一) 마리의 개

158. 사람(亠)이 활로 쏘려고 만든 큰(大) 화살의 모양

159. 사람(   )이 몸을 펴(申) 늘이니

160. 서(立) 있는 십(十)자가에 매달려 고생을 맵게 하니

161. 해(   )와 별(辰)이 교차하는 새벽

162. 또(⺕) 장인(工)이 입(口)으로 평가하며 마디마디(   ) 흠을 찾으니

163. 밥(   )이 없어 나(我)는 굶주리니

164. 언덕(丘)이 높고 큰 산(   )

165. 바위(厂) 밑에 사람(亻)처럼 정착하여 사는 새(   )는 기러기이니

166. 말(   )을 다하려고(曷) 만나 뵈니

167. 손(   )으로 갑옷(甲)을 입고 적을 잡아 누르니

168. 죽음(   ) 가운데(央) 있는 재앙

169. 물(   )에 바위(厂)와 물가의 땅(土)과 흙(土)이 깎이니

170. 바위(   ) 밑에서 무릎 꿇고(巳) 빌어야 할 정도로 큰 재앙

171. 힘(力)을 구부리고(   ) 또한 쓰니

172. 귀(   )로 고을(阝)의 소식을 듣고 그런가?

173. 발(   )로 깃(羽)을 펄럭이며 새(隹)가 뛰니

174. 나무(   )가지가 볕(昜)처럼 사방으로 날리는 버드나무

175. 사방(   )에서 사람(人) 둘(丶)씩 짝을 맺어 주듯 말을 연결시키는 어조사

182

자원으로 한자 알기.

176. 바르게(正) 다섯(ᅮ) 번이나 불(   )을 어찌 피울까?

177. 창(矛)에서 끈(ノ)을 떼어 나에게 줄래?

178. 물(   ) 뿌린 여자(女)가 너여?

179. 사람(   )들이 하나(一)같이 나무(木) 밑에 남으니

180. 절구(𦥑)를 수레(   )에 하나(一)씩 나누어(八) 싣고 옮기니

181. 문(   ) 안에서 바꾸어(兌) 가며 보니

182. 물(   )에서 오래(永) 헤엄치니

183. 말(   )을 길게(永) 늘여 읊으니

184. 무딘 쇠(   )를 바꾸어(兌) 날카롭게 하니

185. 사람(   )이 땅(土)을 사방(方)으로 치며(夂) 거만하게 구니

186. 다섯(五) 번이나 입(   ) 벌려 나를 알리니

187. 여자(   )가 입(口)을 싸고(ᄀ) 크게(大) 소리 지르며 즐거워하니

188. 입(   )으로 까마귀(烏)가 슬피 우니

189. 물(   )로 하나(一)같이 다섯(ᄀ) 번 씻어야 할 정도로 더러우니

190. 손(   )으로 머리(亠)를 쓰다듬으며 작은(彡) 새(隹)처럼 안으니

191. 공평하게(公) 좌우로 깃(   )처럼 수염 난 늙은이

192. 신하(   ) 된 사람(人)은 임금 앞에서 엎드리니

193. 입(口)을 벌려 하나(一)같이 말하니

194. 밭(   )에 하나(一)라도 갈고리(乚) 같은 깨진(乂) 것이 있을까 두려워하니

195. 손(   )에 고기(月)와 술이 든 장군(缶)을 들고 흔드니

196. 고기(月)와 술이 든 장군(缶)을 들고 뛰어(   ) 멀리 가니

197. 몸(   )에서 중요한(要) 허리

198. 큰집(   )에서 또(彐) 사람을 쓰려고(用) 고용하니

199. 두(   ) 개의 갈고리(亅)처럼 말을 연결시키는 어조사

200. 물건을 쥔 손을 옆에서 바라본 모양으로 손은 자주 쓰이니 또 라는 뜻을 나타냄

다음 한자의 **뜻**과 **음**을 쓰세요.

遂	須	孰	循	殉	脣	戌
矢	伸	辛	晨	尋	餓	岳
雁	謁	押		殃	涯	厄
也	耶				躍	楊
於						焉

3급 151-200번
형성평가

予	汝				余	與
閱	泳	詠		銳	傲	吾
娛	嗚	汚	擁	翁	臥	曰
畏	搖	遙	腰	庸	于	又

다음 뜻과 음을 지닌 **한자**를 쓰세요.

드디어 수	모름지기 수	누구 숙	돌 순	따라죽을 순	입술 순	개 술
화살 시	펼 신	매울 신	새벽 신	찾을 심	주릴 아	큰 산 악
기러기 안	뵐 알	누를 압		재앙 앙	물가 애	액 액
또한 야	그런가 야				뛸 약	버들 양
어조사 어						어찌 언
나 여	너 여				남을 여	수레 여
볼 열	헤엄칠 영	읊을 영		날카로울 예	거만할 오	나 오
즐길 오	슬플 오	더러울 오	안을 옹	늙은이 옹	누울 와	말할 왈
두려워할 외	흔들 요	멀 요	허리 요	고용할 용	어조사 우	또 우

3급 151-200번
형성평가

201	尤	尢 1획	절름발이(尢)에 점(丶)을 찍어 강조를 하여 도움이 **더욱** 필요하다는 뜻
			一(한 일) 丿(삐침 별) 乚(구부릴 을) 丶(점 주)
	더욱 **우**		* 尢(절름발이 왕) : 한(一)쪽 다리를 비스듬히(丿) 구부리고(乚) 있는 절름발이 모양 • 尤甚(우심) : 더욱 심함

202	云	二 2획	둘(二)이 사사로이(厶) **말하니**
			二(둘 이) 厶(사사로울 사)
	이를 **운**		* 云(이를 운) : 무엇이라고 말하다. • 云云(운운) : 이러이러함의 뜻으로 하는 말

203	違	辶 9획	위대한(韋) 뜻을 **어기고** 뛰어(辶) 달아나 기대에 **어긋나니**
			韋(가죽 위, 위대할 위) 辶(뛸 착)
	어길 어긋날 **위**		• 違約(위약) : 약속이나 계약을 어김 • 違反(위반) : 법률, 명령, 약속 따위를 지키지 않고 어김

204	緯	糹 9획	실(糹)을 가죽(韋)처럼 질기게 만들어 **씨실**로 사용하니
			糹(실 사) 韋(가죽 위) *씨실 : 천, 돗자리, 짚신 따위를 짤 때에 가로로 놓는 실
	씨실 가로 **위**		• 緯度(위도) : 지구 위의 위치를 나타내는 좌표축 중에서 가로로 된 것 • 經緯(경위) : 직물의 날과 씨를 아울러 이르는 말. 또는 일이 진행되어 온 과정

자원으로 한자 알기

* 절름발이(   )에 점(丶)을 찍어 강조를 하여 도움이 **더욱** 필요하다는 뜻
* 둘(   )이 사사로이(厶) **말하니**
* 위대한(韋) 뜻을 어기고 뛰어(   ) 달아나 기대에 어긋나니
* 실(   )을 가죽(韋)처럼 질기게 만들어 씨실로 사용하니

205 愈 — 나을, 더욱 / 유

心 · 9획

뜻이 **통하여**(兪) 마음(心)이 **나으니**

兪(통할 유) 心(마음 심)

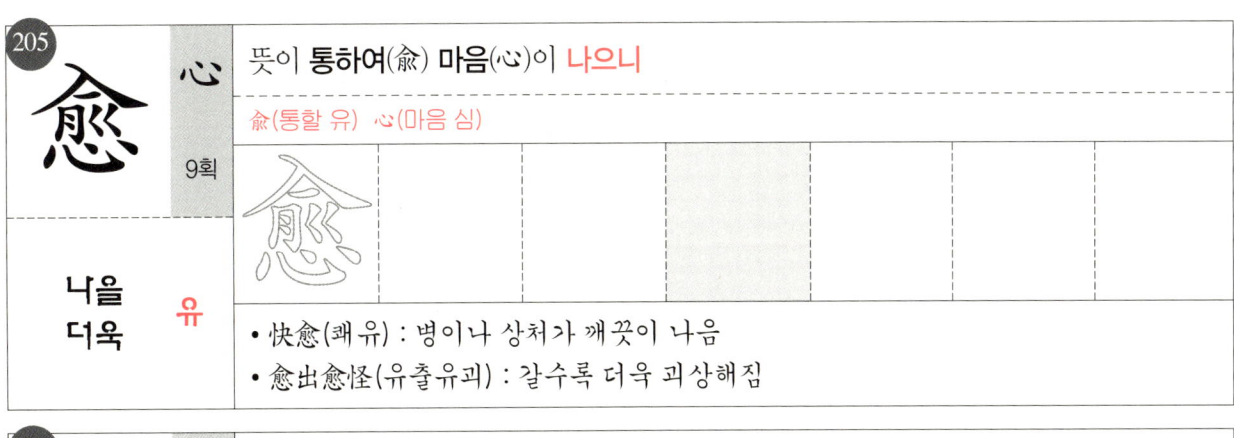

- 快愈(쾌유) : 병이나 상처가 깨끗이 나음
- 愈出愈怪(유출유괴) : 갈수록 더욱 괴상해짐

206 唯 — 오직 / 유

口 · 8획

입(口)으로 새(隹)처럼 **오직** 울뿐이니

口(입 구) 隹(새 추)

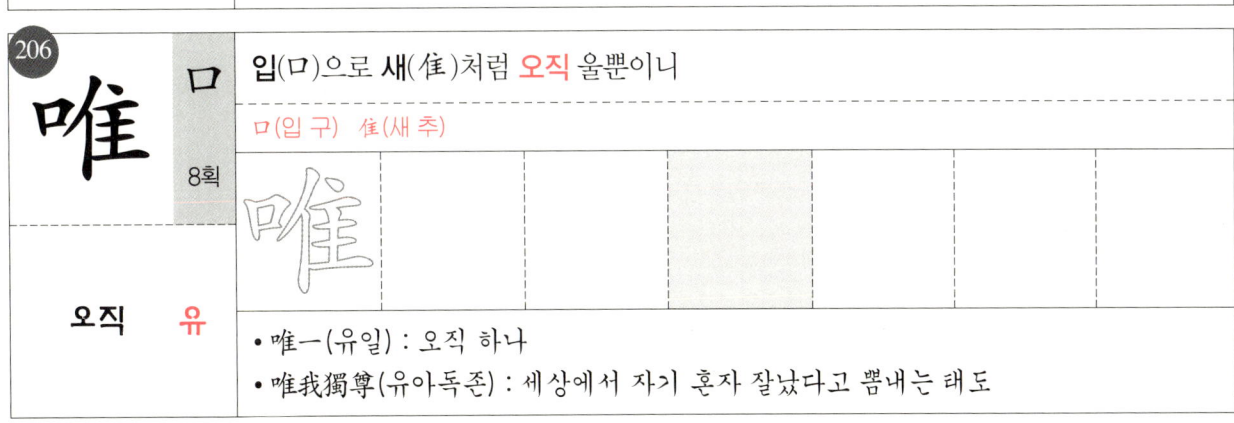

- 唯一(유일) : 오직 하나
- 唯我獨尊(유아독존) : 세상에서 자기 혼자 잘났다고 뽐내는 태도

207 惟 — 생각할, 오직 / 유

忄 · 8획

마음(忄)에 새(隹)처럼 상상의 날개를 펼치고 **생각하니**

忄(마음 심) 隹(새 추)

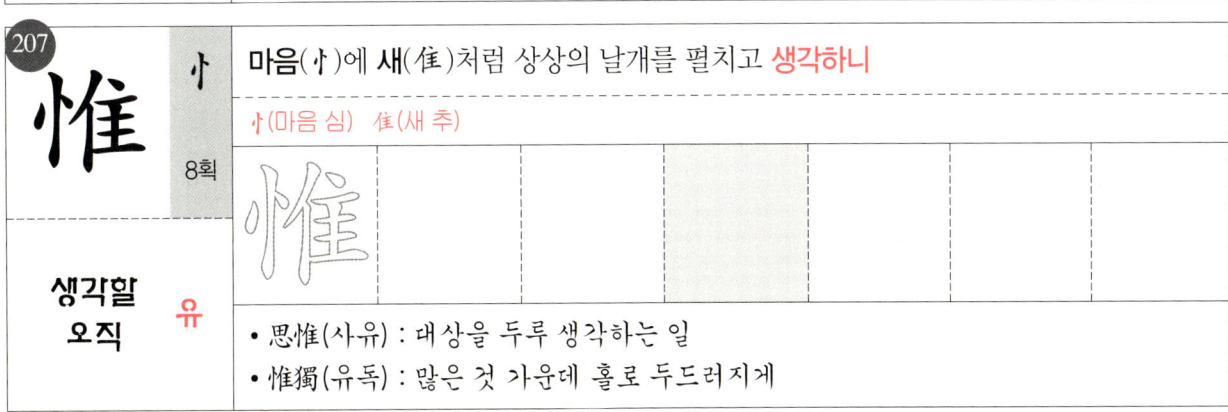

- 思惟(사유) : 대상을 두루 생각하는 일
- 惟獨(유독) : 많은 것 가운데 홀로 두드러지게

208 酉 — 닭, 술 / 유

酉 · 0획

하나(一)의 울타리(口)로 걸어(儿)와 막대기(一)에 앉아 있는 **닭**

마법 술술한자 부수 162번 참고

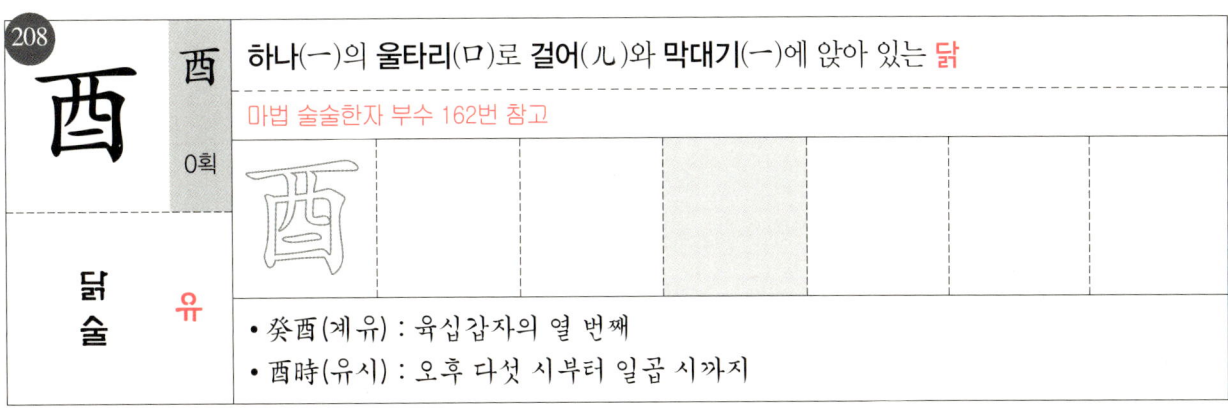

- 癸酉(계유) : 육십갑자의 열 번째
- 酉時(유시) : 오후 다섯 시부터 일곱 시까지

자원으로 한자 알기

* 뜻이 **통하여**(兪) 마음(　　)이 **나으니**　　☞
* 입(　　)으로 새(隹)처럼 **오직** 울뿐이니　　☞
* 마음(　　)에 새(隹)처럼 상상의 날개를 펼치고 **생각하니**　　☞
* 하나(一)의 울타리(口)로 걸어(儿)와 막대기(一)에 앉아 있는 **닭**　　☞

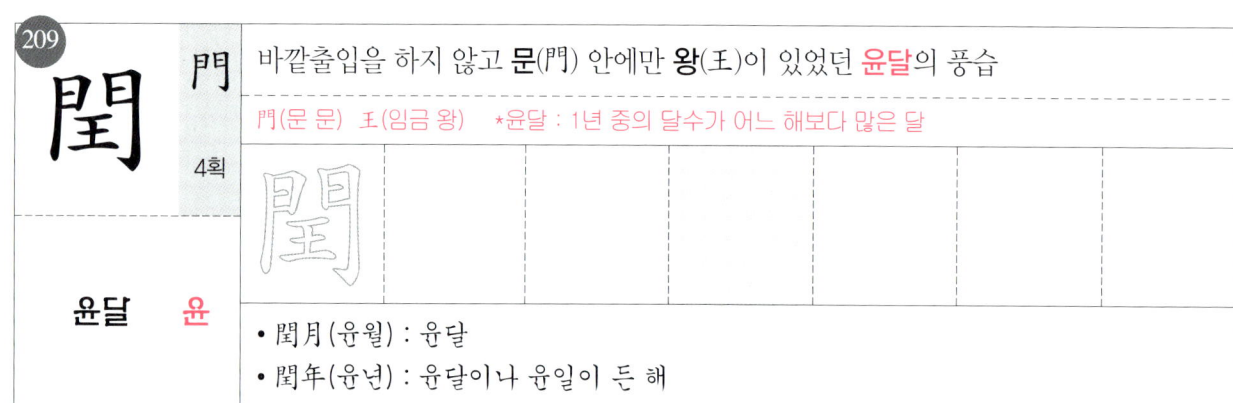

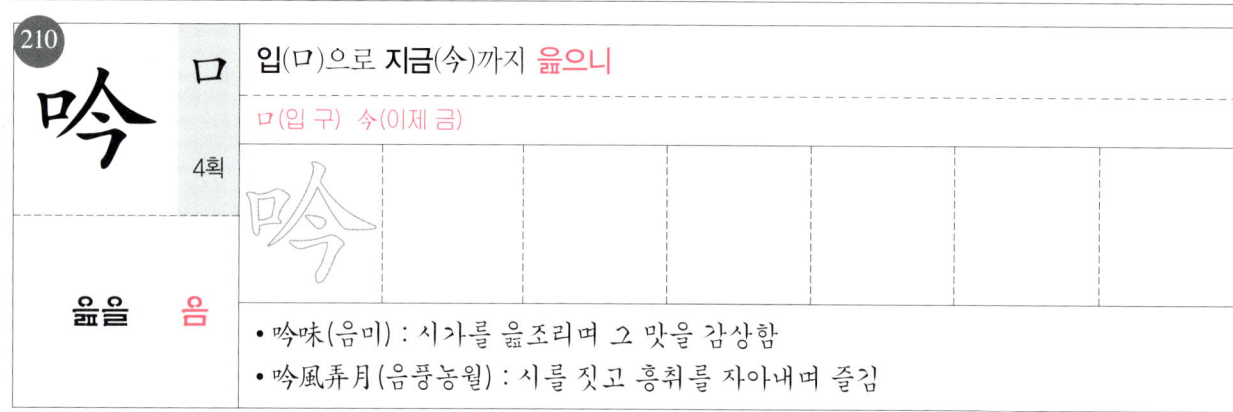

자원으로 한자 알기

* 바깥출입을 하지 않고 문( ) 안에만 왕(王)이 있었던 윤달의 풍습
* 입( )으로 지금(今)까지 읊으니

一思多得

言	+		=	誰(누구 수)	말(言)을 새(隹)와 누가 할 수 있으랴?
口 虫	+	隹	=	雖(비록 수)	입(口)으로 벌레(虫)처럼 우는 새(隹)가 비록 시끄러워도 보호하니
口	+		=	唯(오직 유)	입(口)으로 새(隹)처럼 오직 울뿐이니
忄	+		=	惟(생각할 유)	마음(忄)에 새(隹)처럼 상상의 날개를 펼치고 생각하니

二	+	儿	=	元(으뜸 원)	하늘땅(二)의 많은 생물 중에서 걷는 사람(儿)이 으뜸이니
	+	厶	=	云(이를 운)	둘(二)이 사사로이(厶) 말하니

門	+	兌	=	閱(볼 열)	문(門) 안에서 바꾸어(兌) 가며 보니
	+	王	=	閏(윤달 윤)	바깥출입을 하지 않고 문(門) 안에만 왕(王)이 있었던 윤달의 풍습

다음 한자를 나누고 **자원**을 쓰면서 익히세요.

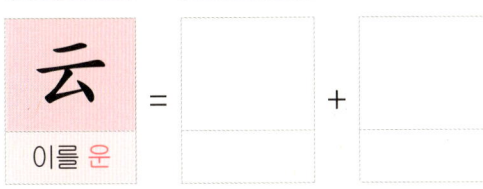

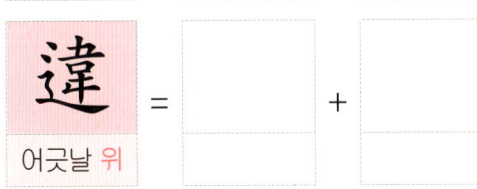

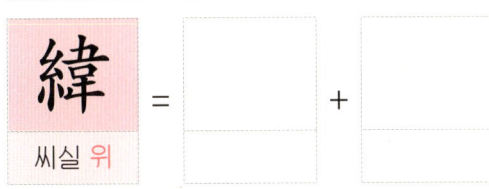

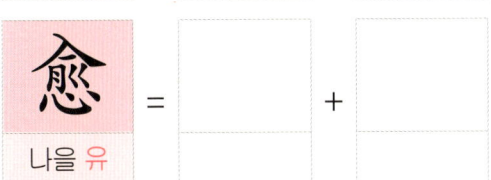

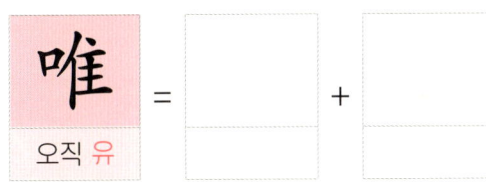

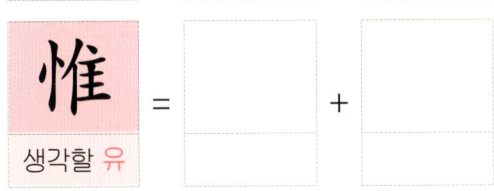

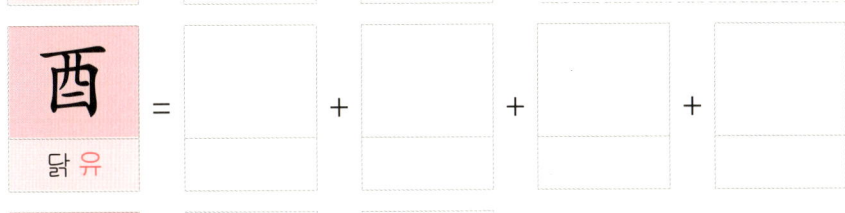

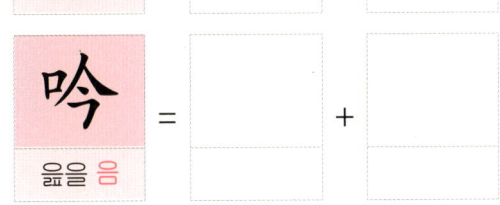

다음 한자어의 **독음**을 쓰세요.

尤甚	云云	違約	違反
緯度	經緯	快愈	唯一
思惟	惟獨	癸酉	酉時
閏月	閏年	吟味	

 다음 한자어를 **한자**로 쓰세요.

더욱 우 심할 심	이를 운 이를 운	어길 위 약속할 약	가로 위 법도 도
시원할 쾌 나을 유	오직 유 한 일	생각 사 생각할 유	천간 계 지지 유
윤달 윤 달 월	읊을 음 맛 미	어길 위 반대할 반	날실 경 씨실 위
오직 유 홀로 독	지지 유 때 시	윤달 윤 해 년	

예문으로 **한자어** 익히기(한자로 쓰인 단어의 뜻을 써보세요.)

1. 석 달 동안의 가뭄 끝에 찾아든 한파 때문에 주민들의 생활고는 **尤甚**하였다.

2. 과거의 일을 더 이상 **云云**하지 맙시다.

3. 그는 한 달 안으로 빌린 돈을 갚겠다는 약속을 **違約**하였다.

4. 선관위는 선거법 **違反** 행위를 철저히 단속하기로 하였다.

5. 지구 위의 위치를 나타내는 좌표축 중에서 가로로 된 것을 **緯度**라 한다.

6. 그 **經緯**는 알 수 없지만 결과만 놓고 본다면 우리에게 아주 유리하다.

7. 속히 **快愈**하시길 빕니다.

8. 그런 유적은 전 세계에 **唯一**하다.

9. 무엇이든 홀로 배우고 **思惟**하고 깨우쳐 가야한다.

10. 모두 좋아하는데 왜 **惟獨** 너만 싫다고 하니?

11. 단종 원년 **癸酉**년에 수양 대군이 정권 탈취를 목적으로 반대파를 숙청하였다.

12. 겨울에는 **酉時**면 날이 어두워진다.

13. 올해에는 **閏月**이 들어 있다.

14. 태음력에서는 5년에 두 번의 비율로 1년을 13개월로 하여 **閏年**으로 만든다.

15. 나는 한동안 멍청히 허공에 시선을 던진 채 눈을 감고 그 가락을 **吟味**하고 있었다.

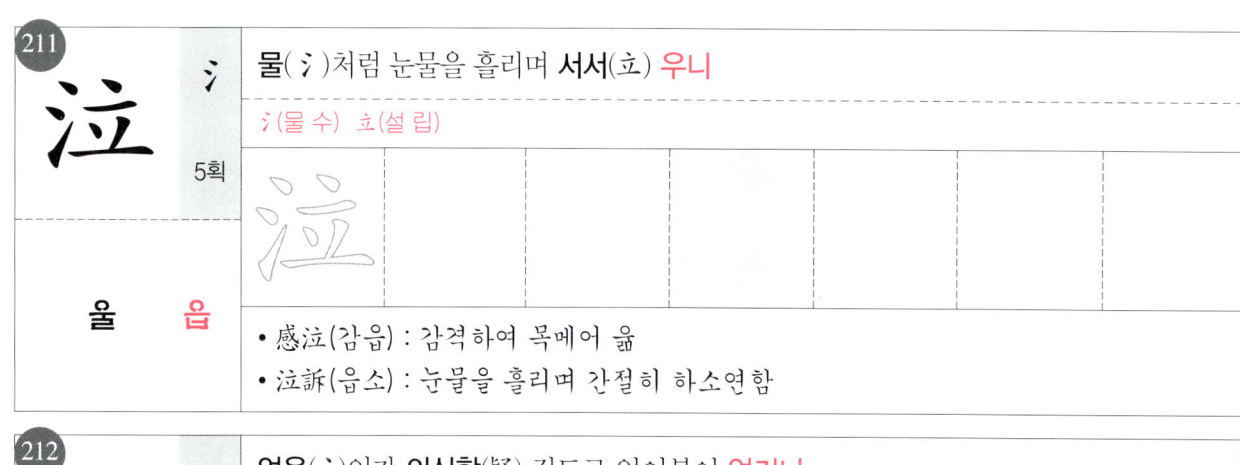

211 泣 (5획) 울 읍

물(氵)처럼 눈물을 흘리며 **서서**(立) **우니**

氵(물 수) 立(설 립)

- 感泣(감읍) : 감격하여 목메어 욺
- 泣訴(읍소) : 눈물을 흘리며 간절히 하소연함

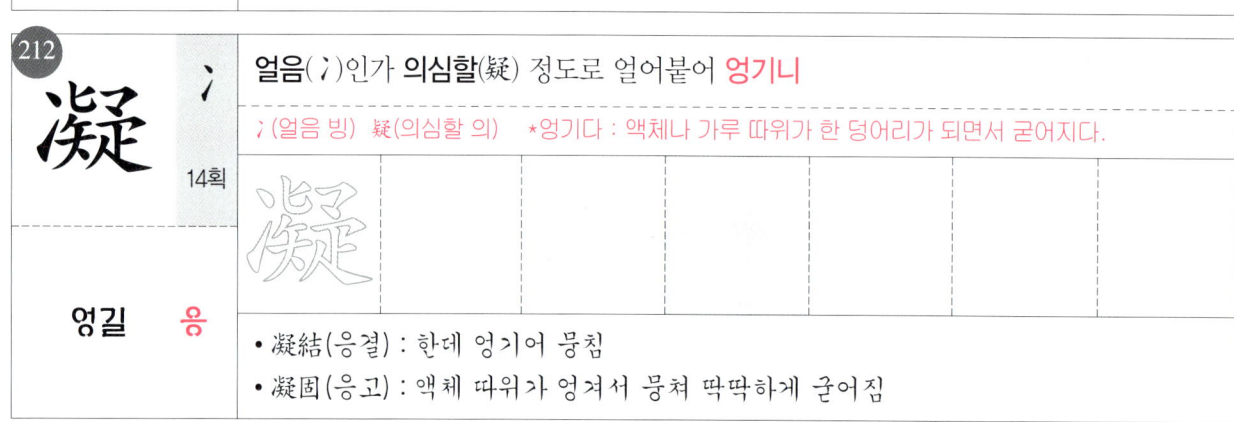

212 凝 (14획) 엉길 응

얼음(冫)인가 **의심할**(疑) 정도로 얼어붙어 **엉기니**

冫(얼음 빙) 疑(의심할 의) *엉기다 : 액체나 가루 따위가 한 덩어리가 되면서 굳어지다.

- 凝結(응결) : 한데 엉기어 뭉침
- 凝固(응고) : 액체 따위가 엉겨서 뭉쳐 딱딱하게 굳어짐

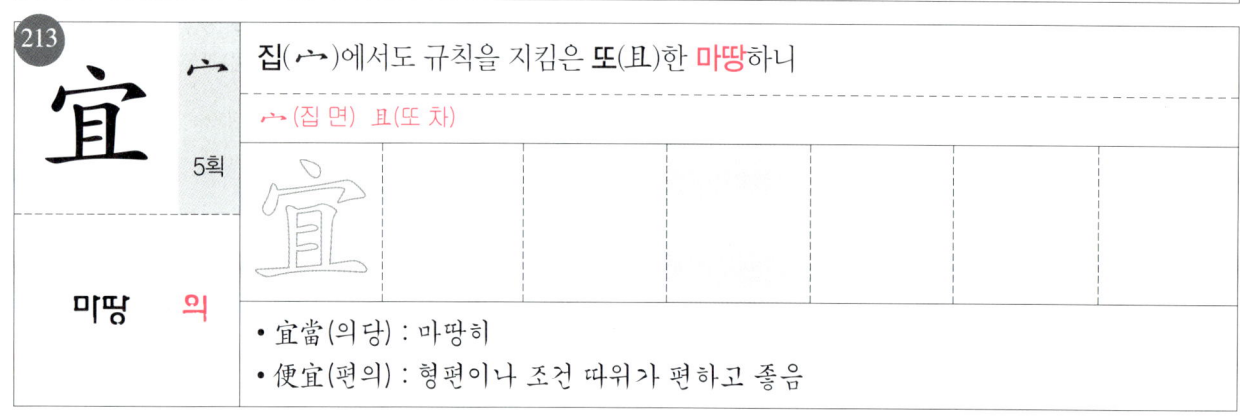

213 宜 (5획) 마땅 의

집(宀)에서도 규칙을 지킴은 **또**(且)한 **마땅**하니

宀(집 면) 且(또 차)

- 宜當(의당) : 마땅히
- 便宜(편의) : 형편이나 조건 따위가 편하고 좋음

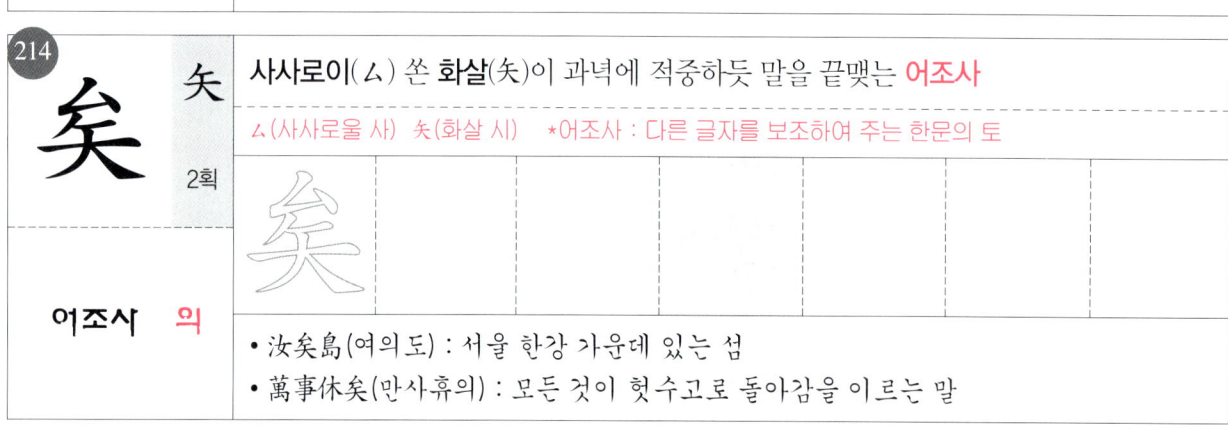

214 矣 (2획) 어조사 의

사사로이(厶) 쏜 **화살**(矢)이 과녁에 적중하듯 말을 끝맺는 **어조사**

厶(사사로울 사) 矢(화살 시) *어조사 : 다른 글자를 보조하여 주는 한문의 토

- 汝矣島(여의도) : 서울 한강 가운데 있는 섬
- 萬事休矣(만사휴의) : 모든 것이 헛수고로 돌아감을 이르는 말

자원으로 한자 알기

* 물(   )처럼 눈물을 흘리며 **서서**(立) **우니**
* 얼음(   )인가 **의심할**(疑) 정도로 얼어붙어 **엉기니**
* 집(   )에서도 규칙을 지킴은 **또**(且)한 **마땅**하니
* **사사로이**(厶) 쏜 **화살**(   )이 과녁에 적중하듯 말을 끝맺는 **어조사**

215 夷 오랑캐 이	大 3획	하나(一)같이 활(弓)을 들고 사람(人)다운 짓을 못하는 오랑캐
		一(한 일) 弓(활 궁) 人(사람 인) *오랑캐 : 만주 지방에 살던 여진족을 멸시하여 이르던 말
		• 洋夷(양이) : 서양 오랑캐 • 東夷(동이) : 동쪽의 오랑캐

216 而 수염 말 이을 이	而 0획	이마(一) 코(丿) 수염(冂)을 본뜬 모양
		一(이마) 丿(코) 冂(수염) *마법 술술한자 부수 124번 참고
		• 而立(이립) : 나이 서른 살을 달리 이르는 말 • 似而非(사이비) : 겉으로는 비슷하나 속은 완전히 다름

217 姻 혼인 인	女 6획	여자(女)가 의지할(因) 사람을 찾아 혼인하니
		女(계집 녀) 因(의지할 인)
		• 姻戚(인척) : 혼인에 의하여 맺어진 친척 • 婚姻(혼인) : 남자와 여자가 부부가 되는 일

218 寅 범 인	宀 8획	집(宀) 하나(一) 없이 자유(由)로이 팔(八)방으로 다니는 범
		宀(집 면) 一(한 일) 由(말미암을 유) 八(여덟 팔) *범 : 호랑이
		• 甲寅(갑인) : 육십갑자의 쉰한째 • 寅時(인시) : 오전 세시에서 다섯 시까지

자원으로 한자 알기

* 하나(一)같이 활(弓)을 들고 사람(人)다운 짓을 못하는 오랑캐
* 이마(一) 코(丿) 수염(冂)을 본뜬 모양
* 여자(   )가 의지할(因) 사람을 찾아 혼인하니
* 집(   ) 하나(一) 없이 자유(由)로이 팔(八)방으로 다니는 범

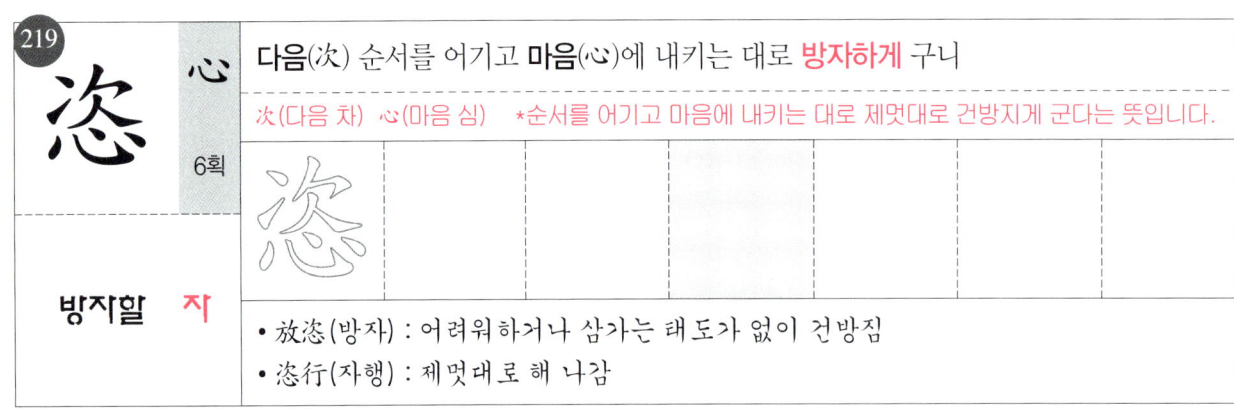

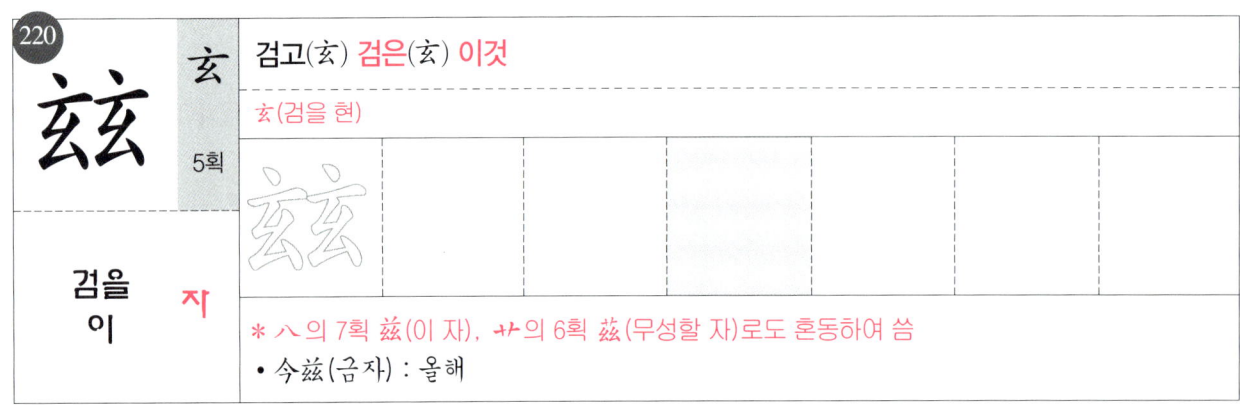

자원으로 한자 알기

* 다음(次) 순서를 어기고 마음(　)에 내키는 대로 **방자하게** 구니　　恣
* 검고(　) **검은**(玄) 이것　　茲

一思多得

	+ 女	= 姿(맵시 자)	마음 다음(次)으로 여자(女)에게 요구되는 **맵시나 모양**
次	+ 貝	= 資(재물 자)	건강 다음(次)으로 요구되는 돈(貝)이나 **재물**
	+ 心	= 恣(방자할 자)	다음(次) 순서를 어기고 마음(心)에 내키는 대로 **방자하게** 구니

다음 한자를 나누고 **자원**을 쓰면서 익히세요.

泣 울 읍 = ☐ + ☐

凝 엉길 응 = ☐ + ☐

宜 마땅 의 = ☐ + ☐

矣 어조사 의 = ☐ + ☐

夷 오랑캐 이 = ☐ + ☐ + ☐

而 수염 이 = ☐ + ☐ + ☐

姻 혼인 인 = ☐ + ☐

寅 범 인 = ☐ + ☐ + ☐ + ☐

恣 방자할 자 = ☐ + ☐

玆 이 자 = ☐ + ☐

195

다음 한자어의 **독음**을 쓰세요.

感泣	泣訴	凝結	凝固
宜當	便宜	洋夷	東夷
而立	姻戚	婚姻	甲寅
寅時	放恣	恣行	今玆

 다음 한자어를 **한자**로 쓰세요.

감동할 감 울 읍	엉길 응 맺을 결	마땅 의 마땅 당	서양 양 오랑캐 이
수염 이 설 립	혼인 인 친척 척	천간 갑 지지 인	놓을 방 방자할 자
이제 금 이 자	울 읍 호소할 소	엉길 응 굳을 고	편할 편 마땅 의
동녘 동 오랑캐 이	혼인할 혼 혼인 인	지지 인 때 시	방자할 자 행할 행

예문으로 **한자어** 익히기(한자로 쓰인 단어의 뜻을 써보세요.)

1. 주상께선 매양 문병하게 하시고 또 친히 증세를 살피시니 **感泣**함을 이기지 못합니다.

2. 죽이든지 살리든지 상전의 처분만 바란다고 애절하게 **泣訴**를 하는 것이었다.

3. 지구 표면은 대부분 화산의 분출 때 방출된 수증기가 **凝結**되어 생긴 물로 덮여 있다.

4. 촛농은 바닥에 떨어지자마자 하얗게 **凝固**되었다.

5. 친구로서의 의리를 지키는 것은 **宜當**한 일이다.

6. 인선 기준을 **便宜**적으로 적용하다.

7. **洋夷**가 쳐들어오던 병인년 난리 때 강화도 성을 지키러 나갔다가 돌아오지 않았다.

8. **東夷**는 중국인들이 그들의 동쪽에 사는 한국·일본·만주 등의 민족을 낮잡아 이르던 말이다.

9. **而立**은 공자가 서른 살에 자립한 데서 유래한다.

10. 두 집안이 이번 혼사로 **姻戚**이 되었다.

11. 너도 어느덧 **婚姻**할 나이가 되었구나.

12. **甲寅**년 흉년에도 먹다 남은 것이 물이다.

13. 회장님은 하루도 거르지 않고 매일 **寅時**에 일어나 그날 일과를 준비한다.

14. 모두 빨리 취하고 싶어서 웃고 떠들며 **放恣**하게 마셔 대고 있었다.

15. 정당 활동이라는 미명 아래 공공연한 선거법 위반 행위가 **恣行**되고 있다.

16. **今玆**에는 비가 자주 내린다.

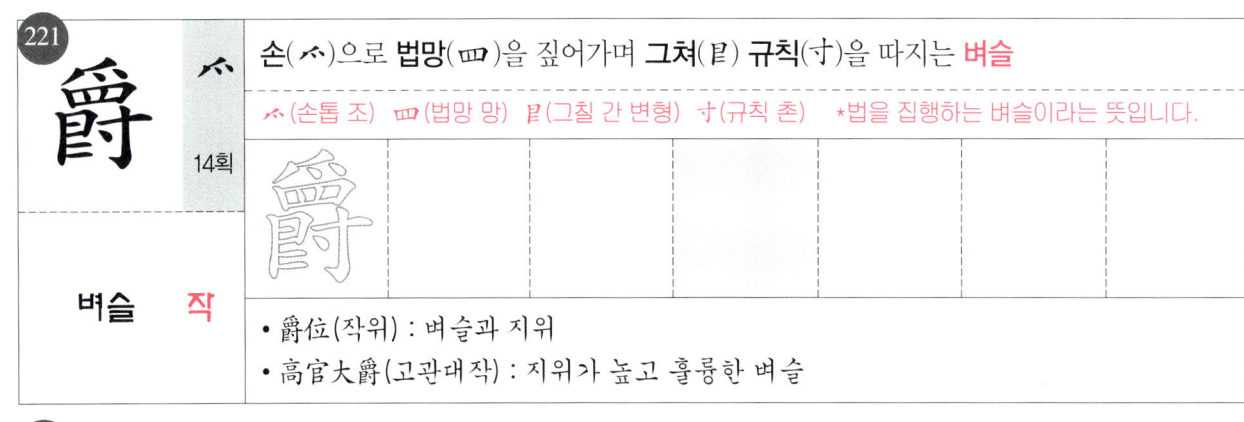

221 爵 14획 벼슬 작	손(爫)으로 법망(罒)을 짚어가며 그쳐(艮) 규칙(寸)을 따지는 벼슬
	爫(손톱 조) 罒(법망 망) 艮(그칠 간 변형) 寸(규칙 촌) *법을 집행하는 벼슬이라는 뜻입니다.
	• 爵位(작위) : 벼슬과 지위 • 高官大爵(고관대작) : 지위가 높고 훌륭한 벼슬

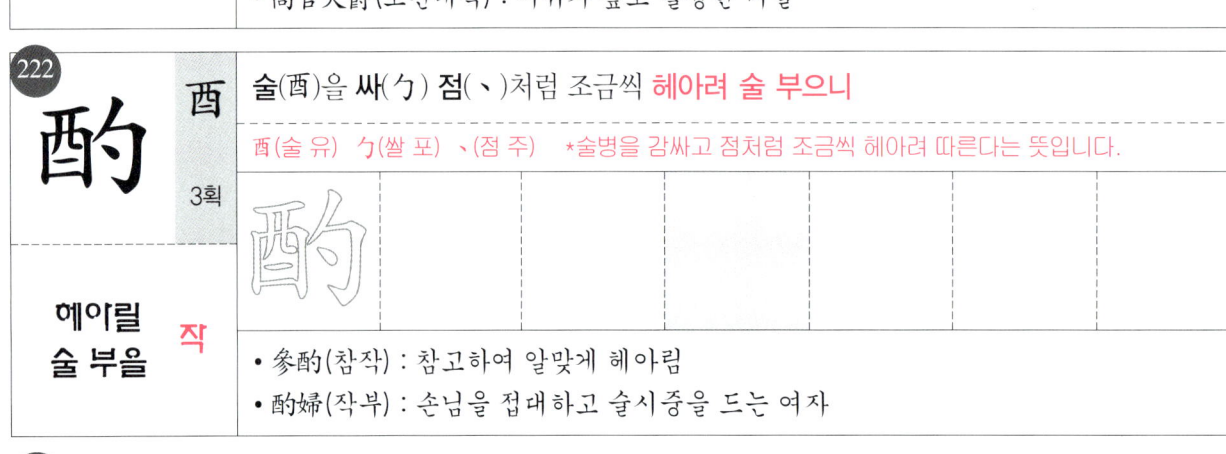

222 酌 3획 헤아릴 술 부을 작	술(酉)을 싸(勹) 점(丶)처럼 조금씩 헤아려 술 부으니
	酉(술 유) 勹(쌀 포) 丶(점 주) *술병을 감싸고 점처럼 조금씩 헤아려 따른다는 뜻입니다.
	• 參酌(참작) : 참고하여 알맞게 헤아림 • 酌婦(작부) : 손님을 접대하고 술시중을 드는 여자

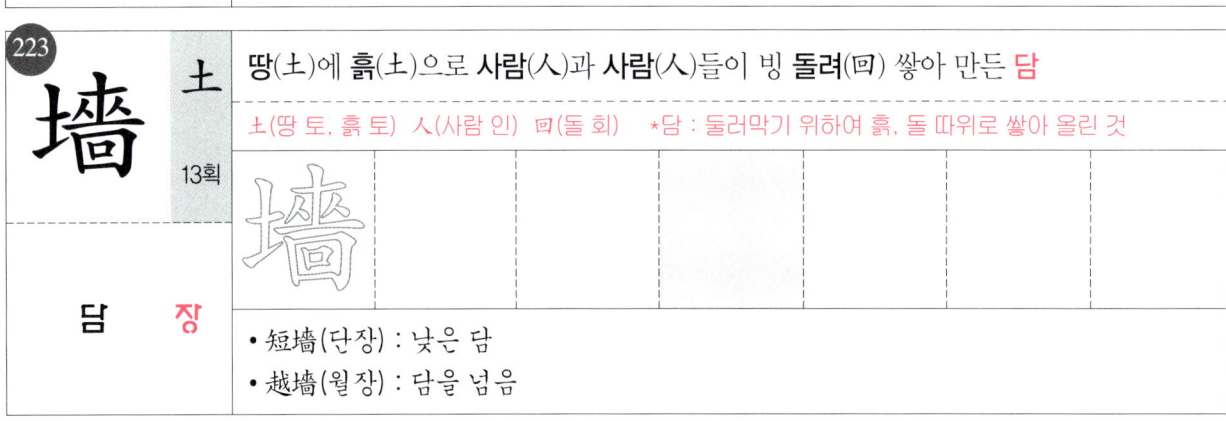

223 墻 13획 담 장	땅(土)에 흙(土)으로 사람(人)과 사람(人)들이 빙 돌려(回) 쌓아 만든 담
	土(땅 토, 흙 토) 人(사람 인) 回(돌 회) *담 : 둘러막기 위하여 흙, 돌 따위로 쌓아 올린 것
	• 短墻(단장) : 낮은 담 • 越墻(월장) : 담을 넘음

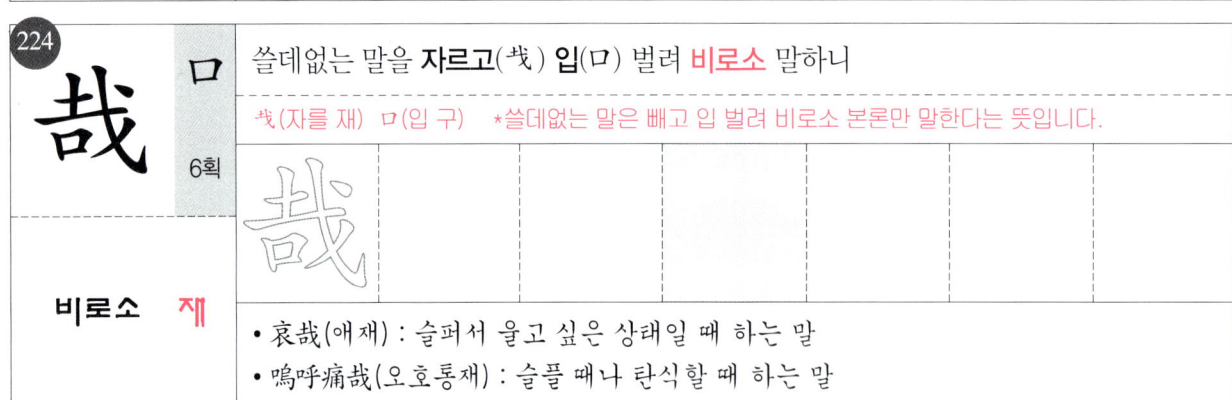

224 哉 6획 비로소 재	쓸데없는 말을 자르고(𢦏) 입(口) 벌려 비로소 말하니
	𢦏(자를 재) 口(입 구) *쓸데없는 말은 빼고 입 벌려 비로소 본론만 말한다는 뜻입니다.
	• 哀哉(애재) : 슬퍼서 울고 싶은 상태일 때 하는 말 • 嗚呼痛哉(오호통재) : 슬플 때나 탄식할 때 하는 말

자원으로 한자 알기

* 손(   )으로 법망(罒)을 짚어가며 그쳐(艮) 규칙(寸)을 따지는 벼슬
* 술(   )을 싸(勹) 점(丶)처럼 조금씩 헤아려 술 부으니
* 땅(   )에 흙(土)으로 사람(人)과 사람(人)들이 빙 돌려(回) 쌓아 만든 담
* 쓸데없는 말을 자르고(𢦏) 입(   ) 벌려 비로소 말하니

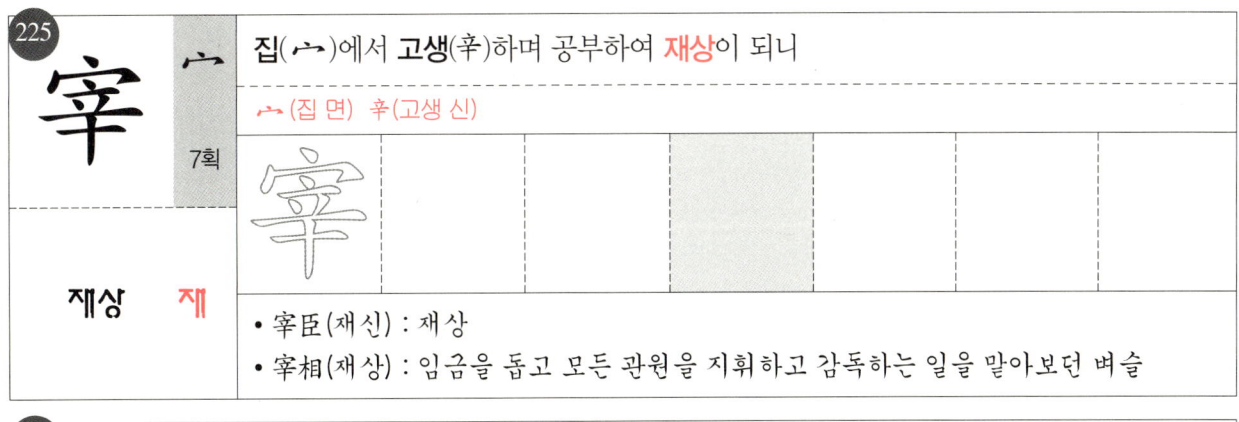

225 宰 (7획) — 재상 재

집(宀)에서 고생(辛)하며 공부하여 재상이 되니

宀(집 면) 辛(고생 신)

- 宰臣(재신) : 재상
- 宰相(재상) : 임금을 돕고 모든 관원을 지휘하고 감독하는 일을 맡아보던 벼슬

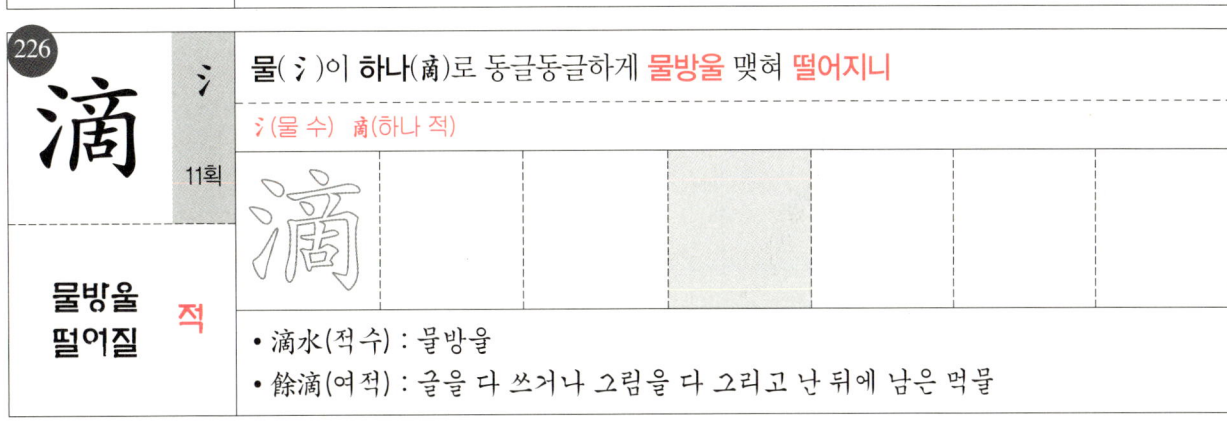

226 滴 (11획) — 물방울 떨어질 적

물(氵)이 하나(啇)로 동글동글하게 물방울 맺혀 떨어지니

氵(물 수) 啇(하나 적)

- 滴水(적수) : 물방울
- 餘滴(여적) : 글을 다 쓰거나 그림을 다 그리고 난 뒤에 남은 먹물

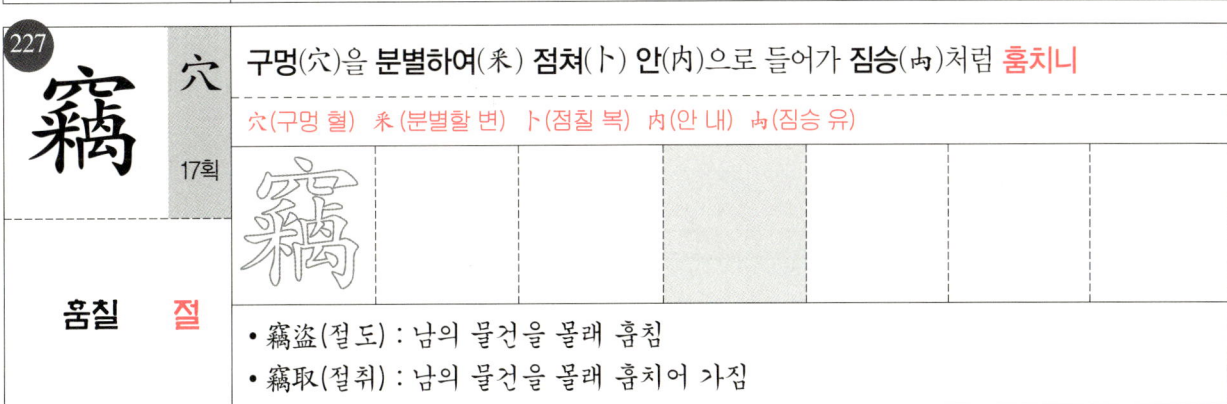

227 竊 (17획) — 훔칠 절

구멍(穴)을 분별하여(釆) 점쳐(卜) 안(內)으로 들어가 짐승(禼)처럼 훔치니

穴(구멍 혈) 釆(분별할 변) 卜(점칠 복) 內(안 내) 禼(짐승 유)

- 竊盜(절도) : 남의 물건을 몰래 훔침
- 竊取(절취) : 남의 물건을 몰래 훔치어 가짐

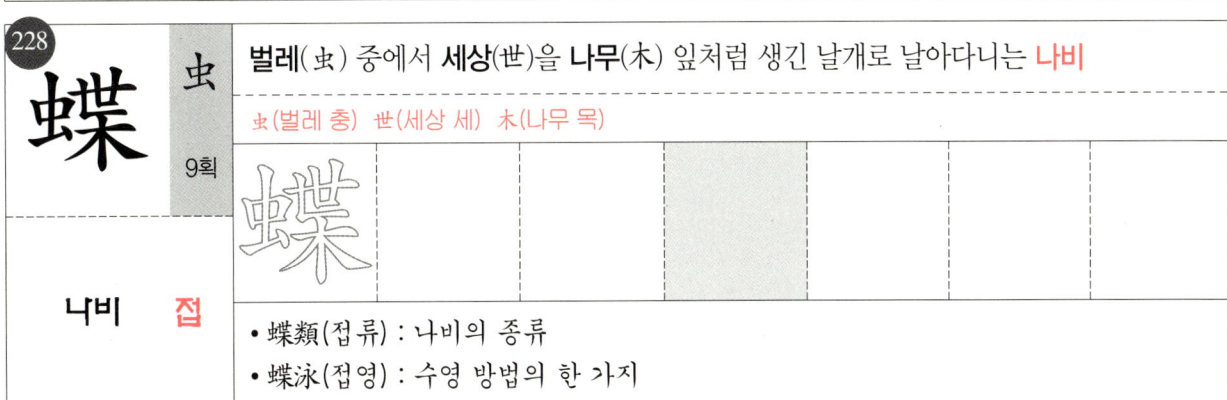

228 蝶 (9획) — 나비 접

벌레(虫) 중에서 세상(世)을 나무(木) 잎처럼 생긴 날개로 날아다니는 나비

虫(벌레 충) 世(세상 세) 木(나무 목)

- 蝶類(접류) : 나비의 종류
- 蝶泳(접영) : 수영 방법의 한 가지

자원으로 한자 알기

* 집(   )에서 고생(辛)하며 공부하여 재상이 되니
* 물(   )이 하나(啇)로 동글동글하게 물방울 맺혀 떨어지니
* 구멍(   )을 분별하여(釆) 점쳐(卜) 안(內)으로 들어가 짐승(禼)처럼 훔치니
* 벌레(   ) 중에서 세상(世)을 나무(木) 잎처럼 생긴 날개로 날아다니는 나비

229  言 2획 바로잡을 정	말(言)을 장정(丁)처럼 굳세게 하여 **바로잡으니**
	言(말씀 언) 丁(장정 정) *말을 굳세고 위엄 있게 하여 바로잡는다는 뜻입니다.

	• 訂正(정정) : 잘못을 고쳐서 바로잡음 • 校訂(교정) : 출판물의 잘못된 글자나 글귀 따위를 바르게 고침

230  土 9획 둑 제	땅(土)에 물이 옳게(是) 흐르도록 만든 **둑**
	土(땅 토) 是(옳을 시) *둑 : 하천이나 바닷물의 범람을 막기 위하여 설치하는 구축물

	• 堤防(제방) : 물가에 흙이나 돌, 콘크리트 따위로 쌓은 둑 • 防波堤(방파제) : 파도를 막기 위하여 항만에 쌓은 둑

자원으로 한자 알기

* 말(   )을 **장정(丁)**처럼 굳세게 하여 **바로잡으니**
* 땅(   )에 물이 **옳게(是)** 흐르도록 만든 **둑**

一思多得

糸 +	勺	= 約(맺을 약)	실(糸)로 싸(勹) 점(、)처럼 묶어 **맺으니**
酉 +		= 酌(술 부을 작)	술(酉)을 싸(勹) 점(、)처럼 조금씩 헤아려 **술 부으니**

辶 +	商	= 適(마땅할 적)	하나(商)의 목표를 향해 뛰어(辶) 감이 **마땅하니**
扌 +		= 摘(가리킬 적)	손(扌)으로 하나(商)씩 **가리키며 들추어내니**
氵 +		= 滴(물방울 적)	물(氵)이 하나(商)로 동글동글하게 **물방울** 맺혀 **떨어지니**

扌 +	是	= 提(드러낼 제)	손(扌)으로 옳은(是) 증거를 **드러내니**
土 +		= 堤(둑 제)	땅(土)에 물이 옳게(是) 흐르도록 만든 **둑**

다음 한자를 나누고 **자원**을 쓰면서 익히세요.

爵 = ☐ + ☐ + ☐ + ☐
벼슬 작

酌 = ☐ + ☐ + ☐
술 부을 작

墻 = ☐ + ☐ + ☐ + ☐
담 장

哉 = ☐ + ☐
비로소 재

宰 = ☐ + ☐
재상 재

滴 = ☐ + ☐
물방울 적

竊 = ☐ + ☐ + ☐ + ☐ + ☐
훔칠 절

蝶 = ☐ + ☐ + ☐
나비 접

訂 = ☐ + ☐
바로잡을 정

堤 = ☐ + ☐
둑 제

다음 한자어의 **독음**을 쓰세요.

爵位　　參酌　　酌婦　　短墙

越墙　　哀哉　　宰臣　　宰相

滴水　　餘滴　　竊盜　　竊取

蝶類　　蝶泳　　訂正　　校訂

堤防

 다음 한자어를 **한자**로 쓰세요.

벼슬작　지위위　　살필참　헤아릴작　　짧을단　담장　　슬플애　어조사재

재상재　신하신　　물방울적　물수　　훔칠절　도둑도　　나비접　무리류

바로잡을정　바를정　　둑제　둑방　　술부을작　계집부　　넘을월　담장

재상재　재상상　　남을여　물방울적　　훔칠절　가질취　　나비접　헤엄칠영

바로잡을교　바로잡을정

예문으로 한자어 익히기(한자로 쓰인 단어의 뜻을 써보세요.)

1. **爵位**를 한 계급 올려 주다.

2. 여러 가지 사정을 **參酌**하여서 행사 일정을 조정하였다.

3. 술집 **酌婦**가 따라 주는 술을 마시다.

4. **短墻**을 타고 넘어가다.

5. 그런 식으로 밤에 **越墻**하면 도둑이라고 생각하지 않을 사람이 어디 있어요?

6. 오호, **哀哉**라!

7. **宰臣**은 임금을 돕고 모든 관원을 지휘하고 감독하는 일을 맡아보던 벼슬이다.

8. 당파 싸움은 일국의 **宰相** 영의정이라도 처리하기는 극히 어려운 노릇이었다.

9. 마음이 뭉치면 **滴水**로 강철판도 구멍을 뚫을 수 있다.

10. 그림을 다 그리고 **餘滴**을 버렸다.

11. **竊盜** 혐의로 구속 영장을 신청하다.

12. 대낮에 가정집에 도둑이 침입하여 **竊取** 사건을 일으켰다.

13. **蝶類**는 전 세계에 2만여 종, 우리나라에는 250여 종이 있다.

14. **蝶泳**은 버터플라이 수영법이라고도 한다.

15. 나는 관청의 담당자에게 자초지종 사정을 이야기하고 서류를 다시 찾아와서 **訂正**했다.

16. 어제 원고 **校訂**을 마치고 출판사로 보냈다.

17. 홍수로 **堤防**이 무너졌다.

231 弔	弓 1획	활(弓)을 송곳(丨) 같은 화살에 걸어 두고 조상하니
		弓(활 궁) 丨(송곳 곤) *조상 : 남의 죽음에 대하여 슬퍼하는 뜻을 드러내어 위문함
조상할 조		• 弔客(조객) : 조상하러 온 사람 • 弔喪(조상) : 상가에 대하여 슬픔을 나타내는 인사를 함

232 燥	火 13획	불(火)에 물건(品)과 나무(木)가 탈 정도로 마르니
		火(불 화) 品(물건 품) 木(나무 목)
마를 조		• 燥渴(조갈) : 목이 마름 • 乾燥(건조) : 말라서 습기가 없음

233 拙	扌 5획	손(扌)재주가 서툴러 만들어 낸(出) 작품이 졸하니
		扌(손 수) 出(날 출) *졸하다 : 재주가 없어 솜씨가 서투름
서툴 졸할 졸		• 拙作(졸작) : 솜씨가 서투르고 보잘것없는 작품 • 拙劣(졸렬) : 옹졸하고 천하여 서투름

234 佐	亻 5획	사람(亻)이 왼쪽(左)에서 부축하여 도우니
		亻(사람 인) 左(왼쪽 좌)
도울 좌		• 補佐(보좌) : 상관을 도와 일을 처리함 • 佐理(좌리) : 군주를 도와 나라를 다스림

자원으로 한자 알기

* 활(   )을 송곳(丨) 같은 화살에 걸어 두고 조상하니
* 불(   )에 물건(品)과 나무(木)가 탈 정도로 마르니
* 손(   )재주가 서툴러 만들어 낸(出) 작품이 졸하니
* 사람(   )이 왼쪽(左)에서 부축하여 도우니

235 舟 배 주	舟 0획	배의 모양
		마법 술술한자 부수 135번 참고
		• 片舟(편주) : 작은 배 • 方舟(방주) : 네모진 모양의 배

236 俊 준걸 준	亻 7획	사람(亻)들이 사사로이(厶) 걸어(儿) 뒤져 와(夂) 준걸을 따르니
		亻(사람 인) 厶(사사로울 사) 儿(걷는 사람 인) 夂(뒤져 올 치)
		• 俊秀(준수) : 재주, 지혜, 풍채가 뛰어남 • 俊傑(준걸) : 재주와 슬기가 매우 뛰어남

237 遵 좇을 준	辶 12획	높은(尊) 사람을 뛰어(辶) 좇으니
		尊(높을 존) 辶(뛸 착)
		• 遵守(준수) : 그대로 좇아 지킴 • 遵法(준법) : 법률이나 규칙을 좇아 지킴

238 贈 줄 증	貝 12획	돈(貝)을 거듭(曾) 주니
		貝(돈 패) 曾(거듭 증)
		• 寄贈(기증) : 드림 • 贈與(증여) : 물품 따위를 선물로 줌

자원으로 한자 알기

* 배의 모양 ☞
* 사람(   )들이 사사로이(厶) 걸어(儿) 뒤져 와(夂) 준걸을 따르니 ☞
* 높은(尊) 사람을 뛰어(   ) 좇으니 ☞
* 돈(   )을 거듭(曾) 주니 ☞

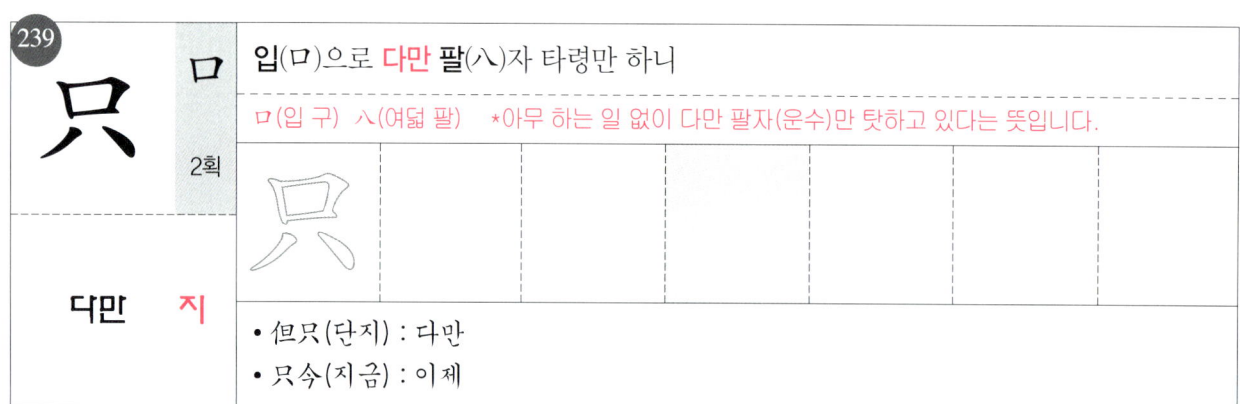

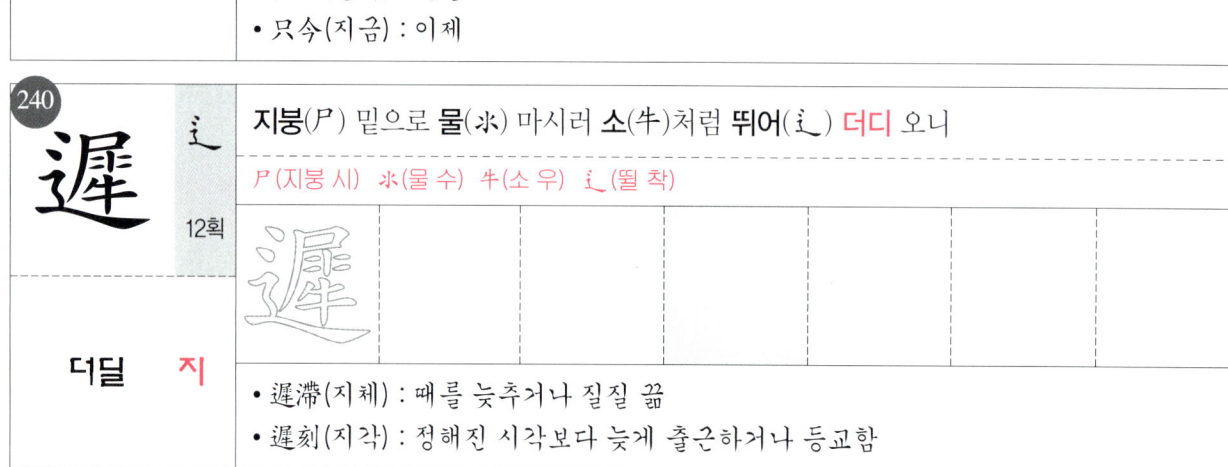

자원으로 한자 알기

* 입(　　)으로 다만 팔(八)자 타령만 하니
* 지붕(尸) 밑으로 물(氺) 마시러 소(牛)처럼 뛰어(　　) 더디 오니

一思多得

扌	+	品 木	=	操(잡을 조)	손(扌)으로 물건(品)을 만들기 위해 나무(木)를 잡아 다루니
火	+		=	燥(마를 조)	불(火)에 물건(品)과 나무(木)가 탈 정도로 마르니

土	+	曾	=	增(더할 증)	흙(土)을 거듭(曾) 쌓아 더하니
亻	+		=	僧(중 승)	사람(亻)이 거듭(曾) 도를 닦아 중이 되니
忄	+		=	憎(미울 증)	섭섭한 마음(忄)이 거듭(曾)되어 생기는 미움
貝	+		=	贈(줄 증)	돈(貝)을 거듭(曾) 주니

口	+	儿	=	兄(형 형)	입(口)으로 말하며 걷는 사람(儿)은 형이니
	+	八	=	只(다만 지)	입(口)으로 다만 팔(八)자 타령만 하니

다음 한자를 나누고 **자원**을 쓰면서 익히세요.

弔 (조상할 조) = ☐ + ☐

燥 (마를 조) = ☐ + ☐ + ☐

拙 (졸할 졸) = ☐ + ☐

佐 (도울 좌) = ☐ + ☐

舟 (배 주) =

俊 (준걸 준) = ☐ + ☐ + ☐ + ☐

遵 (좇을 준) = ☐ + ☐

贈 (줄 증) = ☐ + ☐

只 (다만 지) = ☐ + ☐

遲 (더딜 지) = ☐ + ☐ + ☐ + ☐

다음 한자어의 **독음**을 쓰세요.

弔客	弔喪	燥渴	乾燥
拙作	拙劣	補佐	佐理
片舟	方舟	俊秀	俊傑
遵守	遵法	寄贈	贈與
但只	只今	遲滯	遲刻

다음 한자어를 **한자**로 쓰세요.

조상할 조	손 객	마를 조	목마를 갈	졸할 졸	작품 작	도울 보	도울 좌
조각 편	배 주	준걸 준	빼어날 수	좇을 준	지킬 수	보낼 기	줄 증
다만 단	다만 지	더딜 지	막힐 체	조상할 조	죽을 상	마를 건	마를 조
졸할 졸	못할 렬	도울 좌	다스릴 리	모 방	배 주	준걸 준	뛰어날 걸
좇을 준	법 법	줄 증	줄 여	다만 지	이제 금	더딜 지	시각 각

예문으로 한자어 익히기 (한자로 쓰인 단어의 뜻을 써보세요.)

1. 정승 죽은 장례도 아닌데 이렇게 弔客과 만장이 많기는 전례 없는 일이었다.

2. 조객들이 弔喪을 하러 오다.

3. 푹푹 찌는 삼복중에 인가도 없는 길을 몇 십리 걷자니 목이 타는 듯이 燥渴이 났다.

4. 햇볕에 세탁물을 乾燥하다.

5. 출품된 작품 중 몇몇 작품을 제외하면 모두 볼품없는 拙作이었다.

6. 야합이란 인상을 주는 방법은 가장 拙劣한 방법이다.

7. 그는 사장을 補佐하는 비서실로 발령이 났다.

8. 그는 평생을 충직하게 佐理하였다.

9. 그는 망망대해에 片舟를 타고 표류하였다.

10. 노아는 하나님의 계시로 方舟를 만들었다.

11. 나이는 어린 편이나 인물도 俊秀하거니와 체통이 점잖았다.

12. 키가 장승같고, 목소리는 도가니 울려 나오는 것 같고, 참말로 俊傑이네.

13. 국민은 헌법을 遵守해야 할 의무를 지닌다.

14. 아버지는 遵法정신이 투철하다.

15. 할머니는 자신이 평생 동안 힘들게 모은 재산을 장학 재단에 寄贈했다.

16. 한 사업가가 그 고아원에 피아노 한 대를 贈與하였다.

17. 우리는 但只 집이 가깝다는 이유 하나만으로 친구가 되었다.

18. 그런 중요한 일을 왜 只今에서야 말을 하느냐?

19. 예금을 찾으러 온 사람들이 많은 것으로 보아 시간은 조금 遲滯될 것 같았다.

20. 출근 시간에 전동차의 고장으로 직장인들의 遲刻 사태가 벌어졌다.

241 姪 (女, 6획) — 조카 질

딸(女)처럼 관심이 **이르는**(至) **조카**

女(계집 녀, 딸 녀) 至(이를 지)   *조카 : 형제자매의 자식을 이르는 말

- 姪女(질녀) : 조카딸
- 姪婦(질부) : 조카며느리

242 懲 (心, 15획) — 징계할 징

죄인을 **불러**(徵) 진실 된 **마음**(心)으로 살도록 **징계하니**

徵(부를 징) 心(마음 심)   *징계 : 허물이나 잘못을 뉘우치도록 나무라며 경계함

- 懲罰(징벌) : 죄를 지은 데 대하여 벌을 줌
- 勸善懲惡(권선징악) : 착한 일을 권장하고 악한 일을 징계함

243 且 (一, 4획) — 또/구차할 차

성(冂)에서 **또 삼**(三) 일을 **구차하게** 지내니

冂(성 경) 三(석 삼)

- 重且大(중차대) : 매우 중요하고 또 큰 일
- 苟且(구차) : 살림이 몹시 가난함

244 捉 (扌, 7획) — 잡을 착

손(扌)으로 **발**(足)을 **잡으니**

扌(손 수) 足(발 족)

- 捕捉(포착) : 꼭 붙잡음
- 捉送(착송) : 잡아서 보냄

자원으로 한자 알기

* 딸(   )처럼 관심이 **이르는**(至) **조카**
* 죄인을 **불러**(徵) 진실 된 **마음**(   )으로 살도록 **징계하니**
* **성**(冂)에서 **또 삼**(三) 일을 **구차하게** 지내니
* **손**(   )으로 **발**(足)을 **잡으니**

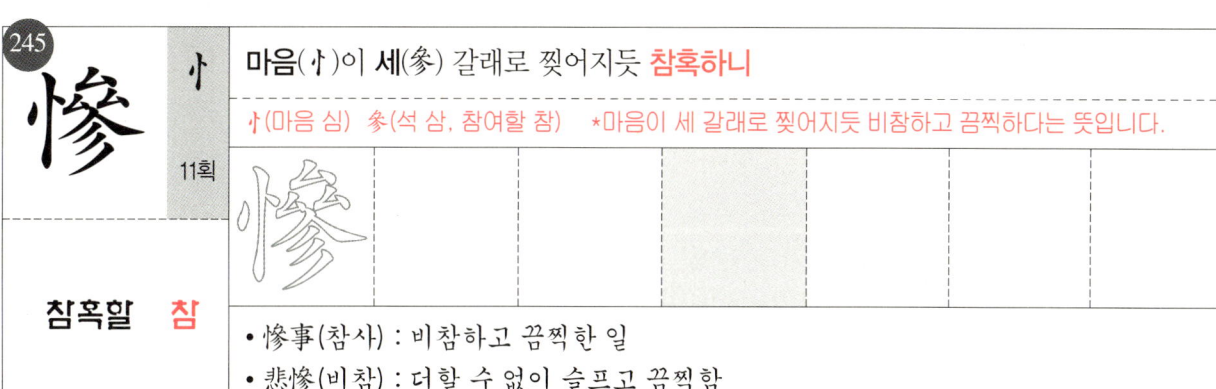

245 慘 忄 11획 — 참혹할 참

마음(忄)이 세(參) 갈래로 찢어지듯 **참혹하니**

忄(마음 심) 參(석 삼, 참여할 참) *마음이 세 갈래로 찢어지듯 비참하고 끔찍하다는 뜻입니다.

- 慘事(참사) : 비참하고 끔찍한 일
- 悲慘(비참) : 더할 수 없이 슬프고 끔찍함

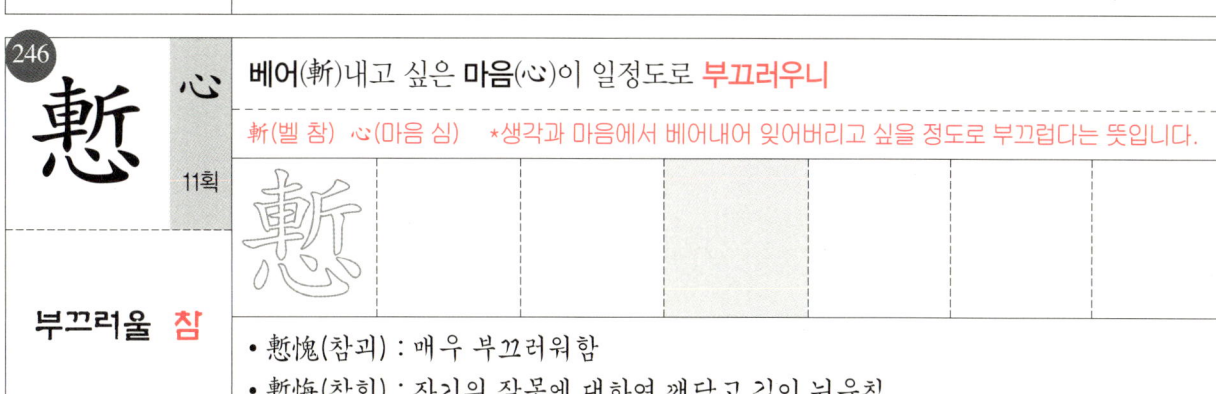

246 慙 心 11획 — 부끄러울 참

베어(斬)내고 싶은 마음(心)이 일정도로 **부끄러우니**

斬(벨 참) 心(마음 심) *생각과 마음에서 베어내어 잊어버리고 싶을 정도로 부끄럽다는 뜻입니다.

- 慙愧(참괴) : 매우 부끄러워함
- 慙悔(참회) : 자기의 잘못에 대하여 깨닫고 깊이 뉘우침

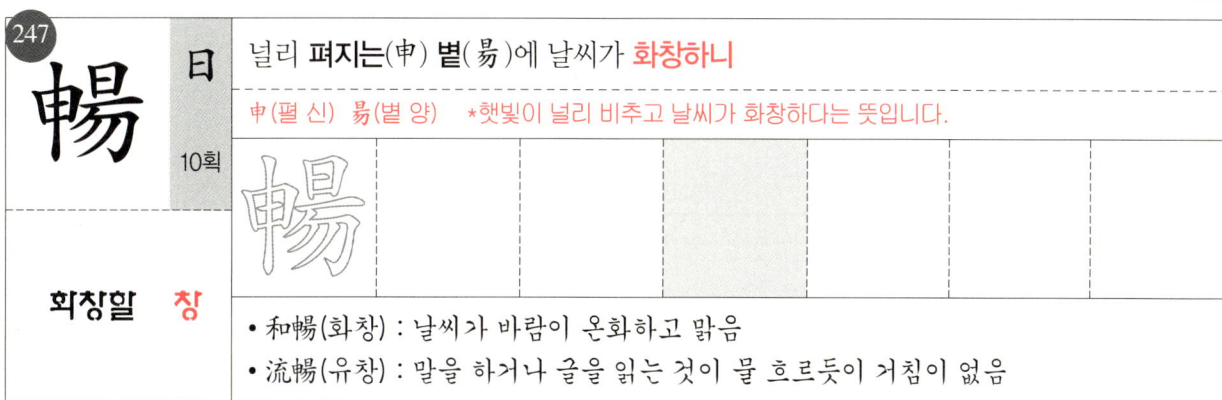

247 暢 日 10획 — 화창할 창

널리 펴지는(申) 볕(昜)에 날씨가 **화창하니**

申(펼 신) 昜(볕 양) *햇빛이 널리 비추고 날씨가 화창하다는 뜻입니다.

- 和暢(화창) : 날씨가 바람이 온화하고 맑음
- 流暢(유창) : 말을 하거나 글을 읽는 것이 물 흐르듯이 거침이 없음

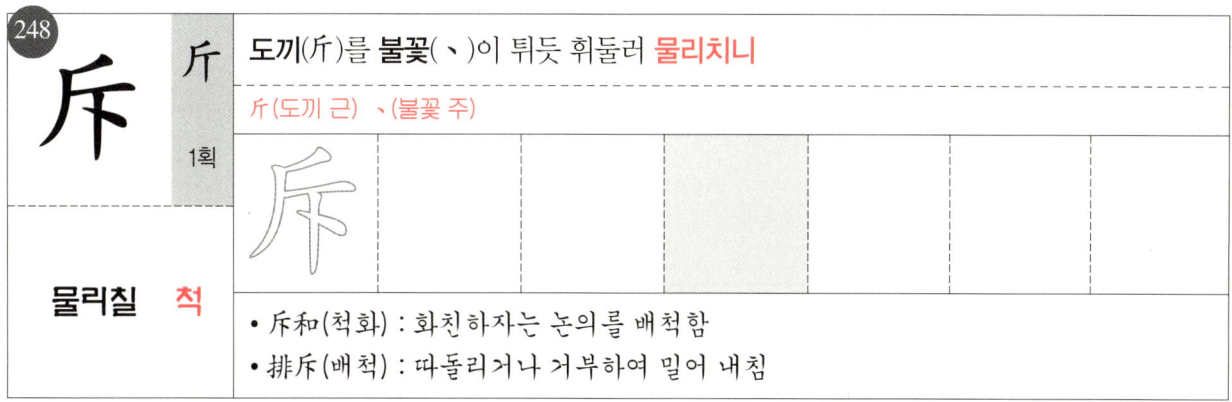

248 斥 斤 1획 — 물리칠 척

도끼(斤)를 불꽃(丶)이 튀듯 휘둘러 **물리치니**

斤(도끼 근) 丶(불꽃 주)

- 斥和(척화) : 화친하자는 논의를 배척함
- 排斥(배척) : 따돌리거나 거부하여 밀어 내침

자원으로 한자 알기

* 마음(   )이 세(參) 갈래로 찢어지듯 **참혹하니**
* 베어(斬)내고 싶은 마음(   )이 일정도로 **부끄러우니**
* 널리 펴지는(申) 볕(昜)에 날씨가 **화창하니**
* 도끼(   )를 불꽃(丶)이 튀듯 휘둘러 **물리치니**

249 薦 13획 천거할 천	艹	풀(艹)과 **사슴**(鹿)을 넣고 **다섯**(勹) 번이나 **불**(灬)에 다려 바치며 **천거하니**
		艹(풀 초) 鹿(사슴 록) 勹(숫자 5) 灬(불 화)
		• 公薦(공천) : 여러 사람이 합의하여 추천함 • 薦擧(천거) : 인재를 어떤 자리에 추천하는 일

250 尖 3획 뾰족할 첨	小	모양이 위는 **작고**(小) 밑은 **커**(大) **뾰족하니**
		小(작을 소) 大(큰 대)
		• 尖端(첨단) : 물체의 뾰족한 끝 • 尖兵(첨병) : 행군의 맨 앞에서 경계, 수색하는 임무를 맡은 병사

자원으로 한자 알기

＊ **풀**(　)과 **사슴**(鹿)을 넣고 **다섯**(勹) 번이나 **불**(灬)에 다려 바치며 **천거하니**

＊ 모양이 위는 **작고**(　) 밑은 **커**(大) **뾰족하니**

一思多得

亻	+	足	= 促(재촉할 촉)	사람(亻)이 발(足)을 구르며 **재촉하니**
扌	+		= 捉(잡을 착)	손(扌)으로 발(足)을 **잡으니**

土	+		= 場(마당 장)	땅(土)에 볕(昜)이 잘 드는 곳은 **마당**이니
阝	+		= 陽(볕 양)	언덕(阝)을 비추는 볕(昜)
月	+		= 腸(창자 장)	몸(月)에 볕(昜)처럼 구석구석 퍼져 있는 **창자**
扌	+	昜	= 揚(날릴 양)	손(扌)재주가 뛰어나 볕(昜)처럼 이름을 **날리니**
氵	+		= 湯(끓일 탕)	물(氵)을 볕(昜)처럼 뜨거운 불로 **끓이니**
木	+		= 楊(버들 양)	나무(木)가지가 볕(昜)처럼 사방으로 날리는 **버드나무**
申	+		= 暢(화창할 창)	널리 퍼지는(申) 볕(昜)에 날씨가 **화창하니**

다음 한자를 나누고 **자원**을 쓰면서 익히세요.

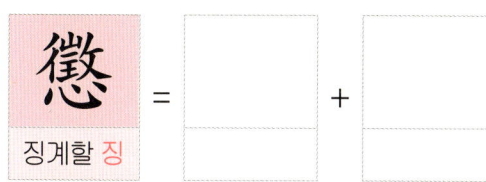
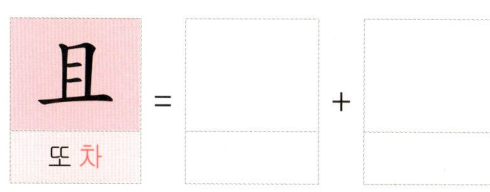
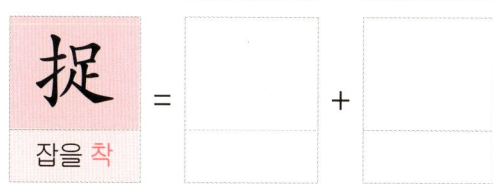
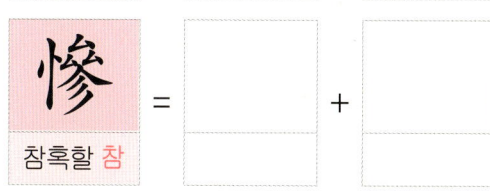
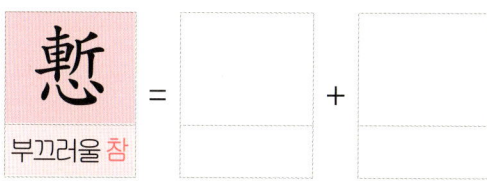
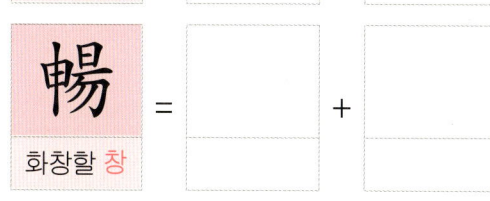
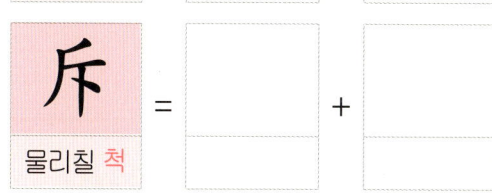
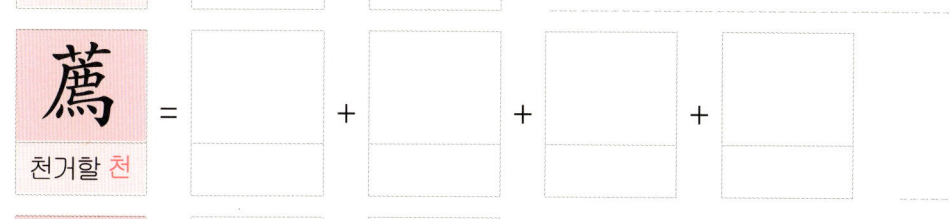
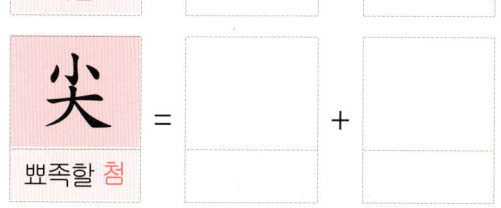

다음 한자어의 **독음**을 쓰세요.

姪女	姪婦	懲罰	苟且
捕捉	捉送	慘事	悲慘
慙愧	慙悔	和暢	流暢
斥和	排斥	公薦	薦擧
尖端	尖兵		

다음 한자어를 **한자**로 쓰세요.

조카 질	딸 녀	징계할 징	벌할 벌	구차할 구	구차할 차	잡을 포	잡을 착
참혹할 참	일 사	부끄러울 참	부끄러울 괴	화할 화	화창할 창	물리칠 척	화할 화
공평할 공	천거할 천	뾰족할 첨	끝 단	조카 질	며느리 부	잡을 착	보낼 송
슬플 비	참혹할 참	부끄러울 참	뉘우칠 회	흐를 류	화창할 창	물리칠 배	물리칠 척
천거할 천	들 거	뾰족할 첨	병사 병				

예문으로 한자어 익히기 (한자로 쓰인 단어의 뜻을 써보세요.)

1. 큰아버지께서는 아버지가 돌아가신 후 **姪女**인 나를 딸같이 대해 주셨다.

2. 얼마 전에 결혼한 조카와 **姪婦**가 인사를 왔다.

3. 이미 자기가 저지른 일에 대해 어떠한 **懲罰**도 고스란히 받기로 체념한 것 같아 보였다.

4. 십 원 이십 원도 아끼며 **苟且**히 살다 보니 고기 한번 제대로 먹어 본 적이 없다.

5. 적군의 움직임이 아군의 감시망에 낱낱이 **捕捉**되었다.

6. 고백령 등 다섯 명을 민당 앞으로 **捉送**하면 당장 해산할 것이다.

7. 건물이 무너져 수많은 사람이 죽고 다친 **慘事**가 일어났다.

8. 폭발 사고 현장의 **悲慘**한 모습은 말로는 다할 수 없을 지경이었다.

9. 스스로 깊이 **慙愧**하는 모습이 보기에 애처로웠다.

10. 어머님의 무덤에 도착한 그는 불효를 **慙悔**하며 무릎을 꿇었다.

11. **和暢**했던 봄날은 저녁 무렵 땅거미가 지기 시작하면서 잔뜩 흐려지기 시작했다.

12. 말하는 것이 조리가 서 있을 뿐만 아니라 놀라울 정도로 **流暢**하였다.

13. **斥和**를 부르짖으며 용감히 싸우다.

14. 전통을 무시한 퇴폐적인 외래문화를 **排斥**하여야 마땅하다.

15. 여당은 이번 국회의원 선거에 새로운 인물을 **公薦**하였다.

16. 그는 나라를 이끌 인재로 여러 번 **薦擧**되었으나 벼슬길에 나서지 않았다.

17. 그는 자신이야말로 시대의 **尖端**을 걷고 있다고 생각했다.

18. 잡목 숲 사이에 **尖兵**이 보이더니 잇따라 단풍잎으로 위장한 행군 대열이 나타났다.

자원으로 한자 알기.

201. 절름발이(　)에 점(丶)을 찍어 강조를 하여 도움이 더욱 필요하다는 뜻

202. 둘(　)이 사사로이(厶) 말하니

203. 위대한(韋) 뜻을 어기고 뛰어(　) 달아나 기대에 어긋나니

204. 실(　)을 가죽(韋)처럼 질기게 만들어 씨실로 사용하니

205. 뜻이 통하여(兪) 마음(　)이 나으니

206. 입(　)으로 새(隹)처럼 오직 울뿐이니

207. 마음(　)에 새(隹)처럼 상상의 날개를 펼치고 생각하니

208. 하나(一)의 울타리(冂)로 걸어(儿)와 막대기(一)에 앉아 있는 닭

209. 바깥출입을 하지 않고 문(　) 안에만 왕(王)이 있었던 윤달의 풍습

210. 입(　)으로 지금(今)까지 읊으니

211. 물(　)처럼 눈물을 흘리며 서서(立) 우니

212. 얼음(　)인가 의심할(疑) 정도로 얼어붙어 엉기니

213. 집(　)에서도 규칙을 지킴은 또(且)한 마땅하니

214. 사사로이(厶) 쏜 화살(　)이 과녁에 적중하듯 말을 끝맺는 어조사

215. 하나(一)같이 활(弓)을 들고 사람(人)다운 짓을 못하는 오랑캐

216. 이마(一) 코(丿) 수염(巛)을 본뜬 모양

217. 여자(　)가 의지할(因) 사람을 찾아 혼인하니

218. 집(　) 하나(一) 없이 자유(由)로이 팔(八)방으로 다니는 범

219. 다음(次) 순서를 어기고 마음(　)에 내키는 대로 방자하게 구니

220. 검고(　) 검은(玄) 이것

221. 손(　)으로 법망(罒)을 짚어가며 그쳐(艮) 규칙(寸)을 따지는 벼슬

222. 술(　)을 싸(勹) 점(丶)처럼 조금씩 헤아려 술 부으니

223. 땅(　)에 흙(土)으로 사람(人)과 사람(人)들이 빙 돌려(回) 쌓아 만든 담

224. 쓸데없는 말을 자르고(戈) 입(　) 벌려 비로소 말하니

225. 집(　)에서 고생(辛)하며 공부하여 재상이 되니

자원으로 한자 알기.

226. 물(   )이 하나(啇)로 동글동글하게 물방울 맺혀 떨어지니

227. 구멍(   )을 분별하여(釆) 점쳐(卜) 안(內)으로 들어가 짐승(禸)처럼 훔치니

228. 벌레(   ) 중에서 세상(世)을 나무(木) 잎처럼 생긴 날개로 날아다니는 나비

229. 말(   )을 장정(丁)처럼 굳세게 하여 바로잡으니

230. 땅(   )에 물이 옳게(是) 흐르도록 만든 둑

231. 활(   )을 송곳(丨) 같은 화살에 걸어 두고 조상하니

232. 불(   )에 물건(品)과 나무(木)가 탈 정도로 마르니

233. 손(   )재주가 서툴러 만들어 낸(出) 작품이 졸하니

234. 사람(   )이 왼쪽(左)에서 부축하여 도우니

235. 배의 모양

236. 사람(   )들이 사사로이(厶) 걸어(儿) 뒤져 와(夂) 준걸을 따르니

237. 높은(尊) 사람을 뛰어(   ) 좇으니

238. 돈(   )을 거듭(曾) 주니

239. 입(   )으로 다만 팔(八)자 타령만 하니

240. 지붕(尸) 밑으로 물(氺) 마시러 소(牛)처럼 뛰어(   ) 더디 오니

241. 딸(   )처럼 관심이 이르는(至) 조카

242. 죄인을 불러(徵) 진실 된 마음(   )으로 살도록 징계하니

243. 성(冂)에서 또 삼(三) 일을 구차하게 지내니

244. 손(   )으로 발(足)을 잡으니

245. 마음(   )이 세(參) 갈래로 찢어지듯 참혹하니

246. 베어(斬)내고 싶은 마음(   )이 일정도로 부끄러우니

247. 널리 펴지는(申) 볕(昜)에 날씨가 화창하니

248. 도끼(   )를 불꽃(丶)이 튀듯 휘둘러 물리치니

249. 풀(   )과 사슴(鹿)을 넣고 다섯(ㄅ) 번이나 불(灬)에 다려 바치며 천거하니

250. 모양이 위는 작고(   ) 밑은 커(大) 뾰족하니

다음 한자의 뜻과 음을 쓰세요.

尤	云	違	緯	愈	唯	惟
酉	聞	吟	泣	凝	宜	矣
夷	而	姻		寅	恣	玆
爵	酌				墻	哉
宰						滴
竊	蝶				訂	堤
弔	燥	拙		佐	舟	俊
遵	贈	只	遲	姪	懲	且
捉	慘	憨	暢	斥	薦	尖

3급 201-250면
형성평가

다음 뜻과 음을 지닌 **한자**를 쓰세요.

더욱 우	이를 운	어긋날 위	씨실 위	나을 유	오직 유	생각할 유
닭 유	윤달 윤	읊을 음	울 읍	엉길 응	마땅 의	어조사 의
오랑캐 이	수염 이	혼인 인		범 인	방자할 자	이 자
벼슬 작	술 부을 작				담 장	비로소 재
재상 재						물방울 적
훔칠 절	나비 접			바로잡을 정	둑 제
조상할 조	마을 조	졸할 졸		도울 좌	배 주	준걸 준
좇을 준	줄 증	다만 지	더딜 지	조카 질	징계할 징	또 차
잡을 착	참혹할 참	부끄러울 참	화창할 창	물리칠 척	천거할 천	뾰족할 첨

3급 201-250번
형성평가

251 添 (氵, 8획) 더할 첨	물(氵)을 마시고 **젊은이**(夭)처럼 **마음**(小)에 여유를 **더하니**
	氵(물 수) 夭(젊을 요) 小(마음 심) *물을 마시며 숨을 돌리고 마음에 여유를 더한다는 뜻입니다.
	• 添加(첨가) : 덧붙이거나 보탬 • 添附(첨부) : 안건이나 문서 따위를 덧붙임

252 妾 (女, 5획) 첩 첩	**서서**(立) 시중드는 **여자**(女)는 **첩**이니
	立(설 립) 女(계집 녀) *서서 남편을 시중드는 여자는 첩이라는 뜻입니다.
	• 妻妾(처첩) : 아내와 첩 • 愛妾(애첩) : 사랑하는 첩

253 晴 (日, 8획) 갤 청	다시 **해**(日)가 나고 하늘이 **푸르게**(靑) **개니**
	日(해 일) 靑(푸를 청) *비가 내리던 하늘이 해가 다시 나오고 푸르게 날이 개었다는 뜻입니다.
	• 晴天(청천) : 맑게 갠 하늘 • 快晴(쾌청) : 하늘이 상쾌하도록 맑게 갬

254 替 (日, 8획) 바꿀 체	두 **사내**(夫)가 서로 **말**(日)을 **바꾸어** 가며 하니
	夫(사내 부) 日(말할 왈)
	• 移替(이체) : 서로 옮기어 바꿈 • 交替(교체) : 사람이나 사물을 다른 사람이나 사물로 대신하여 바꿈

자원으로 한자 알기

* 물(   )을 마시고 **젊은이**(夭)처럼 **마음**(小)에 여유를 **더하니**
* **서서**(立) 시중드는 **여자**(   )는 **첩**이니
* 다시 **해**(   )가 나고 하늘이 **푸르게**(靑) **개니**
* 두 **사내**(夫)가 서로 **말**(   )을 **바꾸어** 가며 하니

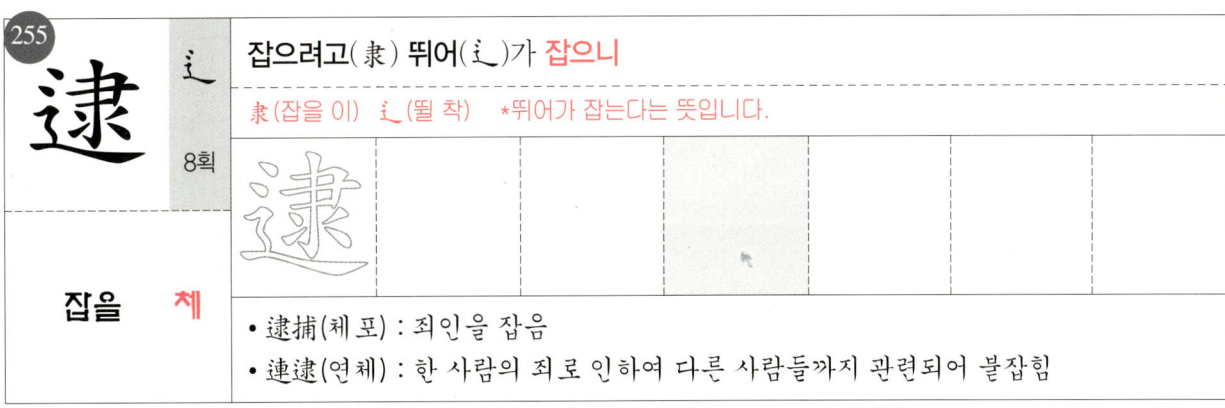

255 逮 8획	辶	잡으려고(隶) 뛰어(辶)가 잡으니
잡을	체	隶(잡을 이) 辶(뛸 착) *뛰어가 잡는다는 뜻입니다.

- 逮捕(체포) : 죄인을 잡음
- 連逮(연체) : 한 사람의 죄로 인하여 다른 사람들까지 관련되어 붙잡힘

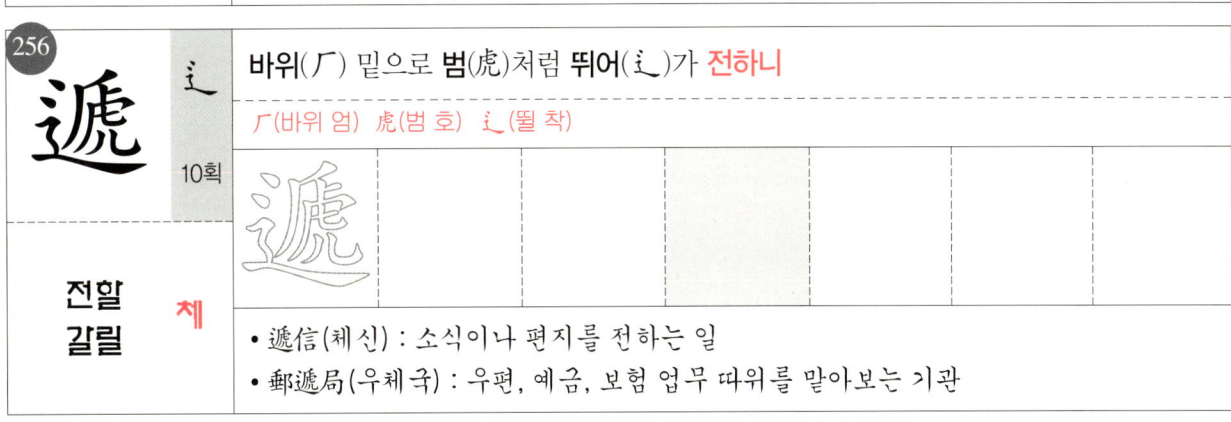

256 遞 10획	辶	바위(厂) 밑으로 범(虎)처럼 뛰어(辶)가 전하니
전할 갈릴	체	厂(바위 엄) 虎(범 호) 辶(뛸 착)

- 遞信(체신) : 소식이나 편지를 전하는 일
- 郵遞局(우체국) : 우편, 예금, 보험 업무 따위를 맡아보는 기관

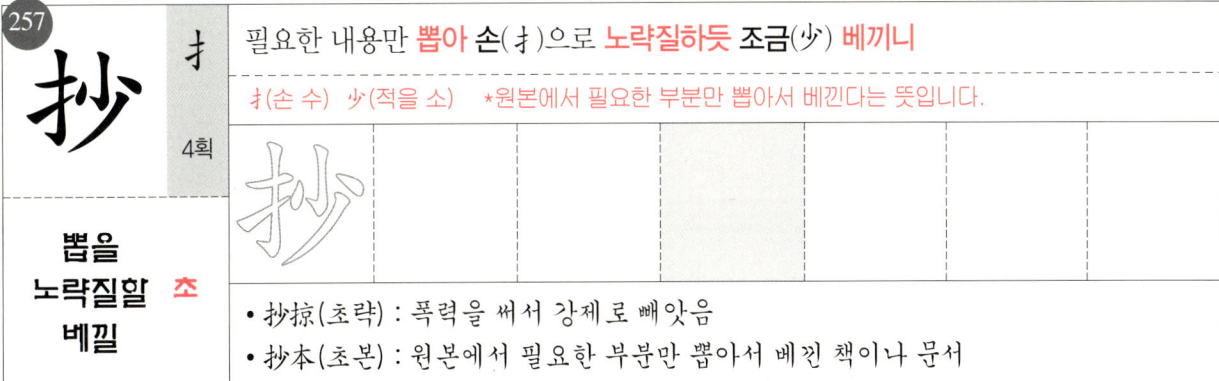

257 抄 4획	扌	필요한 내용만 뽑아 손(扌)으로 노략질하듯 조금(少) 베끼니
뽑을 노략질할 베낄	초	扌(손 수) 少(적을 소) *원본에서 필요한 부분만 뽑아서 베낀다는 뜻입니다.

- 抄掠(초략) : 폭력을 써서 강제로 빼앗음
- 抄本(초본) : 원본에서 필요한 부분만 뽑아서 베낀 책이나 문서

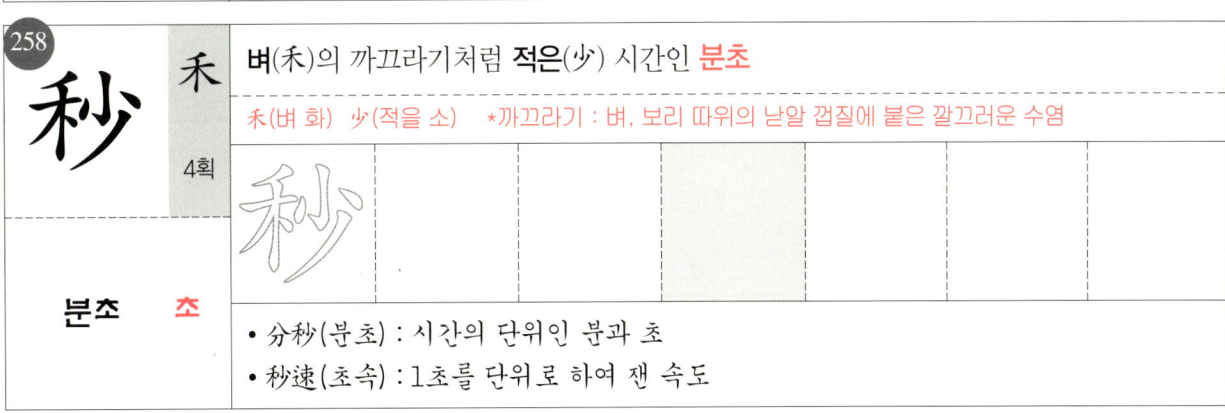

258 秒 4획	禾	벼(禾)의 까끄라기처럼 적은(少) 시간인 분초
분초	초	禾(벼 화) 少(적을 소) *까끄라기 : 벼, 보리 따위의 낟알 껍질에 붙은 깔끄러운 수염

- 分秒(분초) : 시간의 단위인 분과 초
- 秒速(초속) : 1초를 단위로 하여 잰 속도

자원으로 한자 알기

* 잡으려고(隶) 뛰어(　)가 잡으니
* 바위(厂) 밑으로 범(虎)처럼 뛰어(　)가 전하니
* 필요한 내용만 뽑아 손(　)으로 노략질하듯 조금(少) 베끼니
* 벼(　)의 까끄라기처럼 적은(少) 시간인 분초

259 燭 13획 빛날 촛불 촉	火	불(火)꽃이 그물(罒)에 싸인(勹) 벌레(虫)처럼 홀로 **빛나는 촛불**
		火(불 화) 罒(그물 망) 勹(쌀 포) 虫(벌레 충)
		• 燭光(촉광) : 촛불의 빛 • 華燭(화촉) : 빛깔을 들인 밀초

260 聰 11획 귀 밝을 총명할 총	耳	귀(耳)로 슬기롭게(悤) 알아들어 **귀 밝고 총명하니**
		耳(귀 이) ノ(끈 별) 口(에울 위) 夂(천천히 걸을 쇠) 心(마음 심)
		*悤(슬기로울 총) : 끈(ノ)으로 에워싸듯(口) 서서히(夂) 마음(心)을 슬기롭게 모으니 • 聰明(총명) : 슬기롭고 도리에 밝음

자원으로 한자 알기

* 불(　)꽃이 그물(罒)에 싸인(勹) 벌레(虫)처럼 홀로 **빛나는 촛불**
* 귀(　)로 슬기롭게(悤) 알아들어 **귀 밝고 총명하니**

一思多得

氵	+		=	淸(맑을 청)	물(氵)이 푸른(靑)빛이 날 정도로 **맑고 깨끗하니**
忄	+		=	情(뜻 정)	마음(忄)에 젊은이(靑)가 품은 **뜻**
米	+	靑	=	精(깨끗할 정)	쌀(米)을 푸른(靑)빛이 날 정도로 씻어 **깨끗하니**
日	+		=	晴(갤 청)	다시 해(日)가 나고 하늘이 **푸르게(靑) 개니**

女	+		=	妙(묘할 묘)	여자(女)는 젊을(少)수록 **묘하고 예쁘니**
扌	+	少	=	抄(뽑을 초)	필요한 내용만 **뽑아** 손(扌)으로 노략질하듯 조금(少) **베끼니**
禾	+		=	秒(분초 초)	벼(禾)의 까끄라기처럼 적은(少) 시간인 **분초**

다음 한자를 나누고 **자원**을 쓰면서 익히세요.

| 添 더할 첨 | = | | + | | + | |

| 妾 첩 첩 | = | | + | |

| 晴 갤 청 | = | | + | |

| 替 바꿀 체 | = | | + | | + | |

| 逮 잡을 체 | = | | + | |

| 遞 전할 체 | = | | + | | + | |

| 抄 뽑을 초 | = | | + | |

| 秒 분초 초 | = | | + | |

| 燭 촛불 촉 | = | | + | | + | | + | |

| 聰 귀 밝을 총 | = | | + | |

223

다음 한자어의 **독음**을 쓰세요.

添加　　添附　　妻妾　　愛妾

晴天　　快晴　　移替　　交替

逮捕　　連逮　　遞信　　抄掠

抄本　　分秒　　秒速　　燭光

華燭　　聰明

 다음 한자어를 **한자**로 쓰세요.

| 더할 첨 | 더할 가 | 아내 처 | 첩 첩 | 갤 청 | 하늘 천 | 옮길 이 | 바꿀 체 |

| 잡을 체 | 잡을 포 | 전할 체 | 소식 신 | 노략질할 초 | 노략질할 략 | 분 분 | 초 초 |

| 촛불 촉 | 빛 광 | 총명할 총 | 똑똑할 명 | 더할 첨 | 붙을 부 | 사랑 애 | 첩 첩 |

| 상쾌할 쾌 | 갤 청 | 바꿀 교 | 바꿀 체 | 이을 련 | 잡을 체 | 베낄 초 | 근본 본 |

| 초 초 | 빠를 속 | 빛날 화 | 촛불 촉 |

예문으로 한자어 익히기 (한자로 쓰인 단어의 뜻을 써보세요.)

1. 식품에 **添加**된 방부제는 건강에 해롭다.

2. 이 단체에서는 가입할 때 자격증 사본의 **添附**를 요구한다.

3. **妻妾**의 시기와 질투는 늘 집안을 시끄럽게 했다.

4. **愛妾**을 거느리다.

5. **晴天** 아래로 산이 푸르러 보였다.

6. 날씨가 **快晴**한 날은 멀리 아주 작은 섬까지도 까물까물 보였다.

7. 친구의 통장으로 회비를 **移替**하였다.

8. 관중은 거칠게 경기하는 그를 다른 선수와 **交替**할 것을 요구하였다.

9. 범인을 **逮捕**하다.

10. 점원 한명이 도적질하다가 잡혀가는 바람에 다른 점원들까지 **連逮**를 입다.

11. 사무 자동화로 **遞信** 업무를 신속하고 효율적으로 수행할 수 있게 되었다.

12. 육지로 올라온 왜구들은 많은 재물을 **抄掠**하였다.

13. 그때 계목을 올린 **抄本**이 여러 장 소인에게 있사옵니다.

14. 그는 **分秒**를 아끼며 공부를 해서 수석으로 합격하였다.

15. **秒速** 8m의 북서풍이 불었다.

16. **燭光** 속에 상대의 얼굴이 어렴풋이 보였다.

17. 양가 부모가 **華燭**에 불을 붙였다.

18. 그 소년의 몸 밖으로 **聰明**과 예지와 날카로운 섬광 같은 것이 뻗어 나오기 시작했다.

261 抽 (5획) — 뽑을 추

손(扌) 감각으로 **말미암아**(由) **뽑으니**

扌(손 수)　由(말미암을 유)　*눈을 가리고 손 감각으로 뽑는다는 뜻입니다.

- 抽出(추출) : 뽑아 냄
- 抽身(추신) : 바쁘거나 어려운 처지에서 몸을 뺌

262 醜 (10획) — 추할 추

술(酉)에 취하여 **귀신**(鬼)처럼 하는 짓이 **추하니**

酉(술 유)　鬼(귀신 귀)　*추하다 : 옷차림이나 언행 따위가 지저분하고 더럽다.

- 醜男(추남) : 못생긴 남자
- 醜態(추태) : 더럽고 지저분한 태도나 짓

263 丑 (3획) — 소 축

손(彐)으로 **소**의 코청을 **뚫어**(丨) 코뚜레를 끼우니

彐(손 우)　丨(뚫을 곤)　*코뚜레 : 소의 코청을 꿰뚫어 끼는 나무 고리

- 癸丑(계축) : 육십갑자의 쉰째
- 丑時(축시) : 오전 한 시부터 세 시까지

264 逐 (7획) — 쫓을 / 다툴 축

돼지(豕)를 뛰어(辶) **쫓아가 다투니**

豕(돼지 시)　辶(뛸 착)

- 逐出(축출) : 쫓아냄
- 角逐(각축) : 서로 이기려고 다투며 덤벼듦

자원으로 한자 알기

* 손(　) 감각으로 **말미암아**(由) **뽑으니**
* 술(　)에 취하여 **귀신**(鬼)처럼 하는 짓이 **추하니**
* 손(彐)으로 **소**의 코청을 **뚫어**(丨) 코뚜레를 끼우니
* 돼지(豕)를 뛰어(　) **쫓아가 다투니**

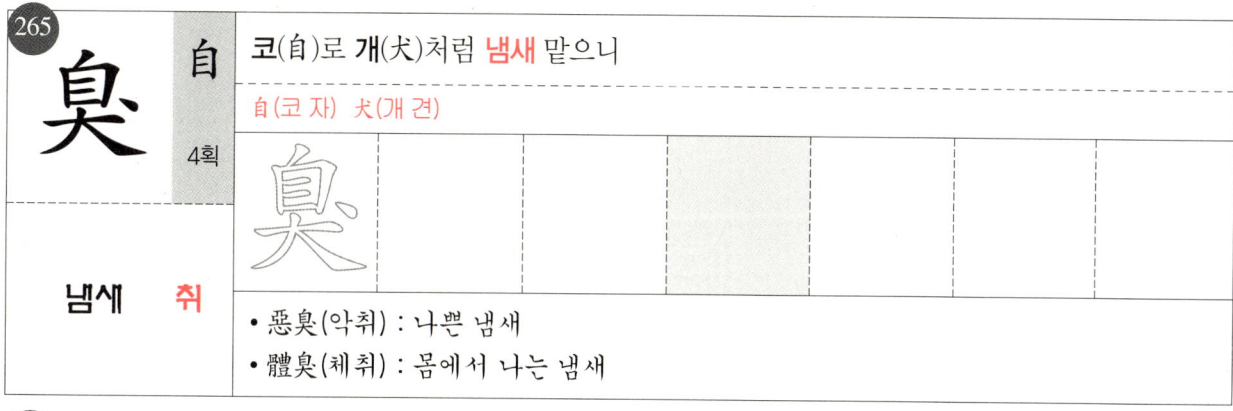

265 臭	自 4획	코(自)로 개(犬)처럼 냄새 맡으니
		自(코 자) 犬(개 견)
냄새	취	• 惡臭(악취) : 나쁜 냄새 • 體臭(체취) : 몸에서 나는 냄새

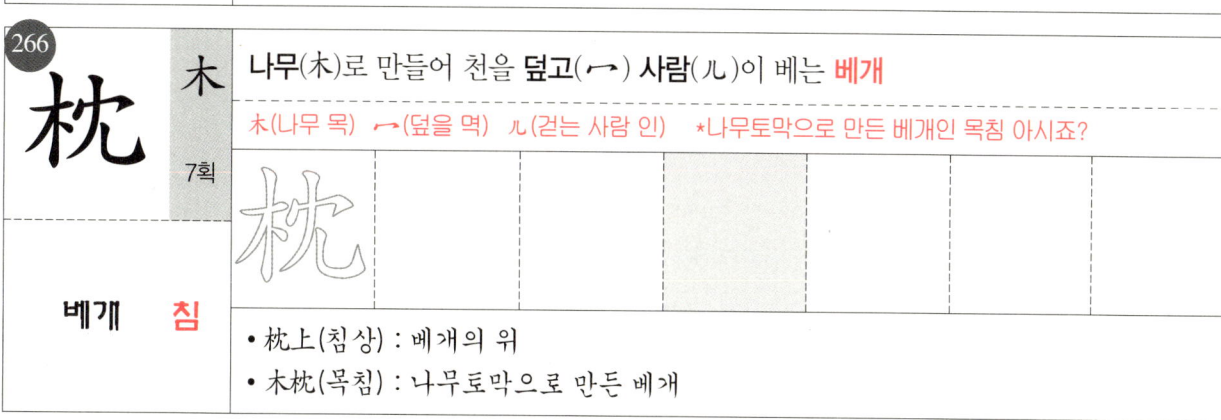

266 枕	木 7획	나무(木)로 만들어 천을 덮고(冖) 사람(儿)이 베는 베개
		木(나무 목)　冖(덮을 멱)　儿(걷는 사람 인)　*나무토막으로 만든 베개인 목침 아시죠?
베개	침	• 枕上(침상) : 베개의 위 • 木枕(목침) : 나무토막으로 만든 베개

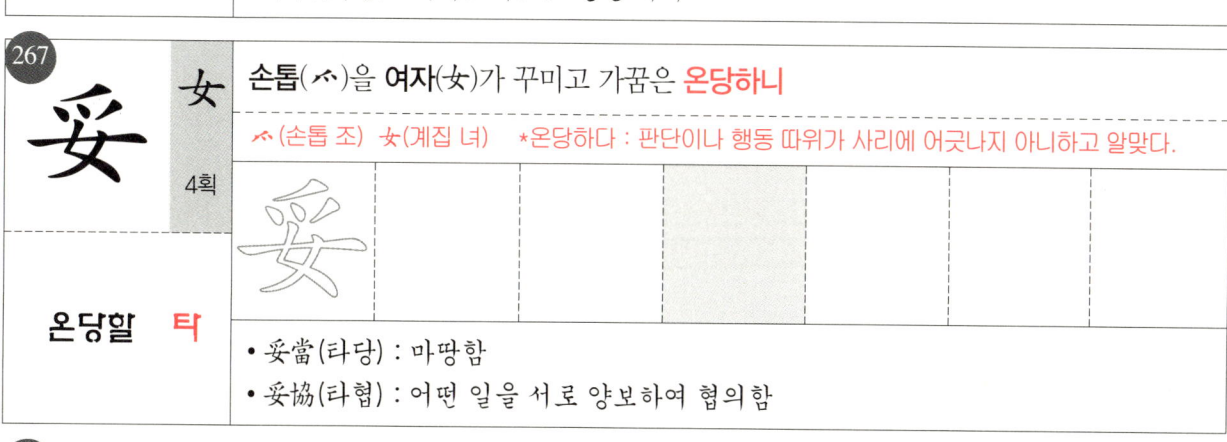

267 妥	女 4획	손톱(爫)을 여자(女)가 꾸미고 가끔은 온당하니
		爫(손톱 조)　女(계집 녀)　*온당하다 : 판단이나 행동 따위가 사리에 어긋나지 아니하고 알맞다.
온당할	타	• 妥當(타당) : 마땅함 • 妥協(타협) : 어떤 일을 서로 양보하여 협의함

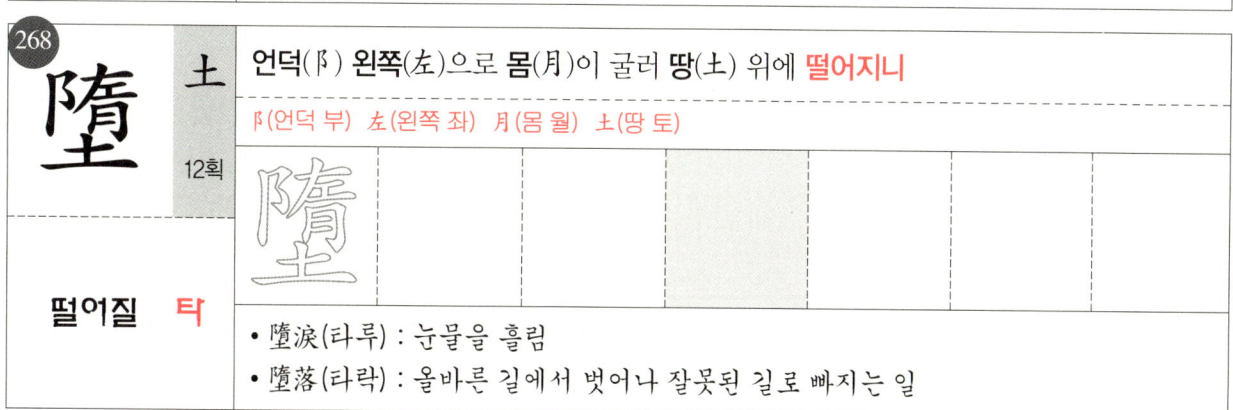

268 墮	土 12획	언덕(阝) 왼쪽(左)으로 몸(月)이 굴러 땅(土) 위에 떨어지니
		阝(언덕 부)　左(왼쪽 좌)　月(몸 월)　土(땅 토)
떨어질	타	• 墮淚(타루) : 눈물을 흘림 • 墮落(타락) : 올바른 길에서 벗어나 잘못된 길로 빠지는 일

자원으로 한자 알기

* 코(　)로 개(犬)처럼 **냄새** 맡으니
* 나무(　)로 만들어 천을 **덮고**(冖) 사람(儿)이 베는 **베개**
* 손톱(爫)을 여자(　)가 꾸미고 가끔은 **온당하니**
* 언덕(阝) 왼쪽(左)으로 몸(月)이 굴러 땅(　) 위에 **떨어지니**

269 托 3획 맡길 탁	扌	손(扌)을 삐쳐(丿) 잡고 **일곱**(七) 번이나 부탁하고 **맡기니**
		扌(손 수) 丿(삐침 별) 七(일곱 칠) *손을 비스듬히 잡고 일을 부탁하고 맡긴다는 뜻입니다.
		• 托生(탁생) : 남에게 의지하며 살아감 • 依托(의탁) : 몸이나 마음을 의지하여 맡김

270 濯 14획 씻을 탁	氵	물(氵)에서 깃(羽)으로 새(隹)가 **씻으니**
		氵(물 수) 羽(깃 우) 隹(새 추)
		• 洗濯(세탁) : 빨래 • 濯足(탁족) : 발을 씻음

자원으로 한자 알기

* 손(   )을 **삐쳐**(丿) 잡고 **일곱**(七) 번이나 부탁하고 **맡기니**
* 물(   )에서 **깃**(羽)으로 **새**(隹)가 **씻으니**

一思多得

云	+	鬼	= 魂(넋 혼)	구름(云)처럼 떠다니는 귀신(鬼) 같은 **넋**
土	+		= 塊(흙덩이 괴)	흙(土)으로 귀신(鬼)처럼 만든 **흙덩이**
忄	+		= 愧(부끄러울 괴)	마음(忄)을 귀신(鬼)처럼 알아 **부끄러우니**
酉	+		= 醜(추할 추)	술(酉)에 취하여 귀신(鬼)처럼 하는 짓이 **추하니**

月	+	豕	= 豚(돼지 돈)	살(月)이 찐 **돼지**(豕)
辶	+		= 逐(쫓을 축)	돼지(豕)를 뛰어(辶) **쫓아가 다투니**

自	+	心	= 息(쉴 식)	코(自)와 심장(心)으로 **숨 쉬며 쉬니**
	+	犬	= 臭(냄새 취)	코(自)로 개(犬)처럼 **냄새 맡으니**

다음 한자를 나누고 **자원**을 쓰면서 익히세요.

抽 뽑을 추 = ☐ + ☐

醜 추할 추 = ☐ + ☐

丑 소 축 = ☐ + ☐

逐 쫓을 축 = ☐ + ☐

臭 냄새 취 = ☐ + ☐

枕 베개 침 = ☐ + ☐ + ☐

妥 온당할 타 = ☐ + ☐

墮 떨어질 타 = ☐ + ☐ + ☐ + ☐

托 맡길 탁 = ☐ + ☐ + ☐

濯 씻을 탁 = ☐ + ☐ + ☐

다음 한자어의 **독음**을 쓰세요.

抽出	抽身	醜男	醜態
癸丑	丑時	逐出	角逐
惡臭	體臭	枕上	木枕
妥當	妥協	墮淚	墮落
托生	依托	洗濯	濯足

 다음 한자어를 **한자**로 쓰세요.

뽑을 추	날 출	추할 추	사내 남	천간 계	지지 축	쫓을 축	날 출
악할 악	냄새 취	베개 침	윗 상	온당할 타	마땅 당	떨어질 타	눈물 루
맡길 탁	살 생	씻을 세	씻을 탁	뽑을 추	몸 신	추할 추	모습 태
지지 축	때 시	다툴 각	다툴 축	몸 체	냄새 취	나무 목	베개 침
온당할 타	화할 협	떨어질 타	떨어질 락	의지할 의	맡길 탁	씻을 탁	발 족

예문으로 한자어 익히기(한자로 쓰인 단어의 뜻을 써보세요.)

1. 이 보고서는 사원들이 제출한 자료에서 핵심만 **抽出**된 것입니다.

2. 골치 아픈 일들이 많아서 **抽身**이 어렵다.

3. 그는 **醜男**이지만 마음이 넓다.

4. 그날 밤 난생 처음 모주망태가 되어 나는 별의별 **醜態**를 다 벌였다.

5. **癸丑**일기는 조선 광해군 때에 궁녀가 쓴 한글 수필이다.

6. 형은 **丑時**에 태어났다.

7. 당 지도부는 뇌물죄로 사법 처리를 당한 의원들의 **逐出**을 결의하였다.

8. 중국 시장을 둘러싼 각국의 **角逐**은 더욱 치열해질 것 같다.

9. 개천에서 풍기는 **惡臭** 때문에 창문을 열 수가 없다.

10. 오랫동안 목욕을 못한 그의 몸에서는 짐승의 **體臭** 같은 짙은 악취가 풍겨 왔다.

11. 그는 **枕上**에 침을 흘리며 자고 있었다.

12. **木枕**을 베고 자다.

13. 너의 주장은 이 상황에서는 **妥當**하지 않다.

14. 남북 간의 문제는 대화와 **妥協**으로 풀어야 한다.

15. 어머니는 명절만 되면 돌아가신 외할아버지를 그리며 **墮淚**하곤 하셨다.

16. 일주일에 몇 번씩 있는 채플 시간을 통해 교목이 인간 양심의 **墮落**을 개탄했다.

17. 그는 몸이 불편하여 **托生**하는 처지이다.

18. 무엇에 마음을 **依託**하고 살아간단 말인가?

19. 흰옷은 단독으로 **洗濯**하는 것이 좋다.

20. 개울에 앉아 풍월도 짓고 퉁소도 불고 **濯足**하니 좋구나.

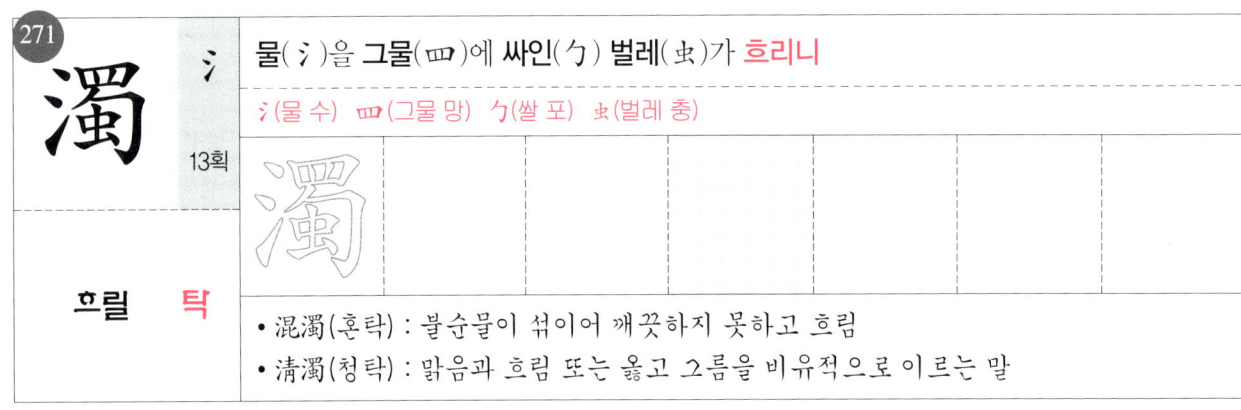

271 濁 (13획) 흐릴 탁

물(氵)을 그물(罒)에 싸인(勹) 벌레(虫)가 흐리니

氵(물 수) 罒(그물 망) 勹(쌀 포) 虫(벌레 충)

- 混濁(혼탁) : 불순물이 섞이어 깨끗하지 못하고 흐림
- 淸濁(청탁) : 맑음과 흐림 또는 옳고 그름을 비유적으로 이르는 말

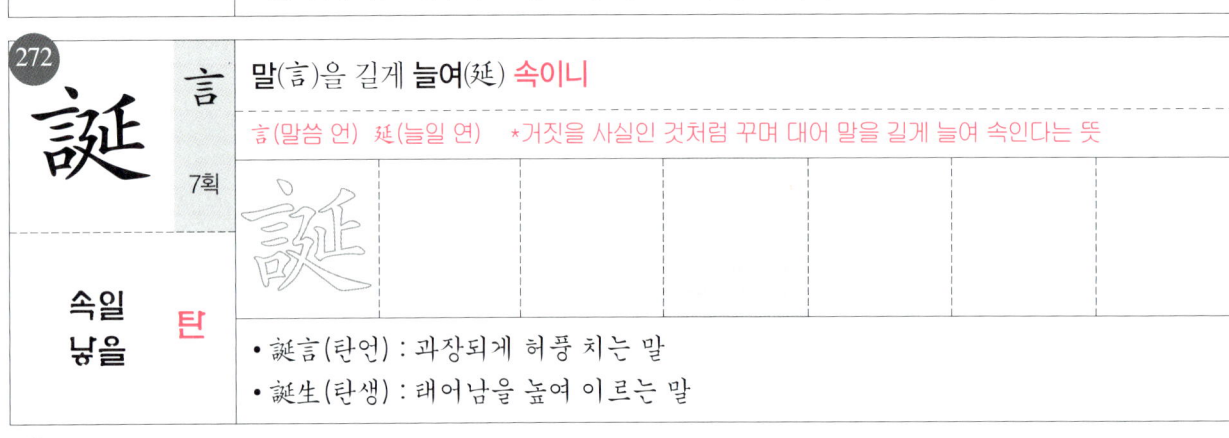

272 誕 (7획) 속일 낳을 탄

말(言)을 길게 늘여(延) 속이니

言(말씀 언) 延(늘일 연) *거짓을 사실인 것처럼 꾸며 대어 말을 길게 늘여 속인다는 뜻

- 誕言(탄언) : 과장되게 허풍 치는 말
- 誕生(탄생) : 태어남을 높여 이르는 말

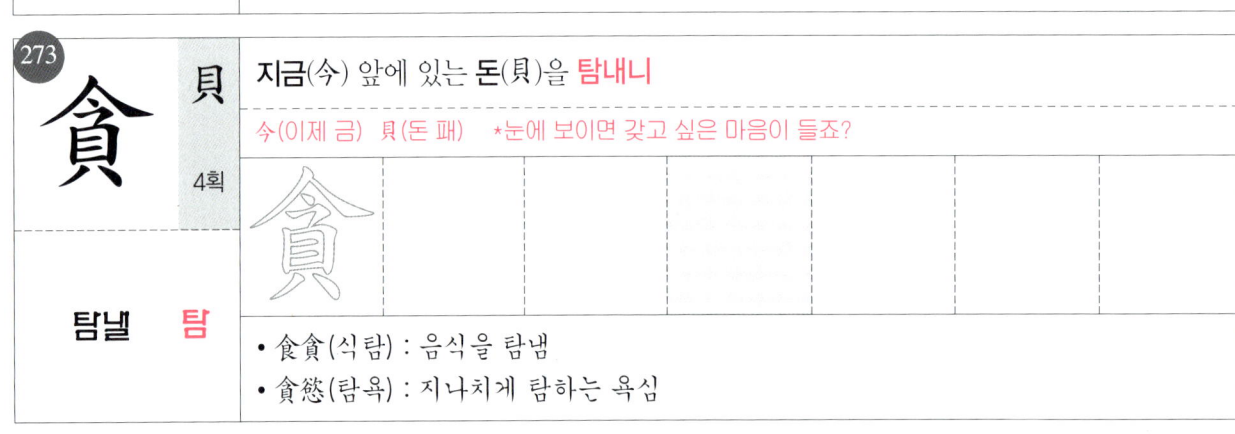

273 貪 (4획) 탐낼 탐

지금(今) 앞에 있는 돈(貝)을 탐내니

今(이제 금) 貝(돈 패) *눈에 보이면 갖고 싶은 마음이 들죠?

- 食貪(식탐) : 음식을 탐냄
- 貪慾(탐욕) : 지나치게 탐하는 욕심

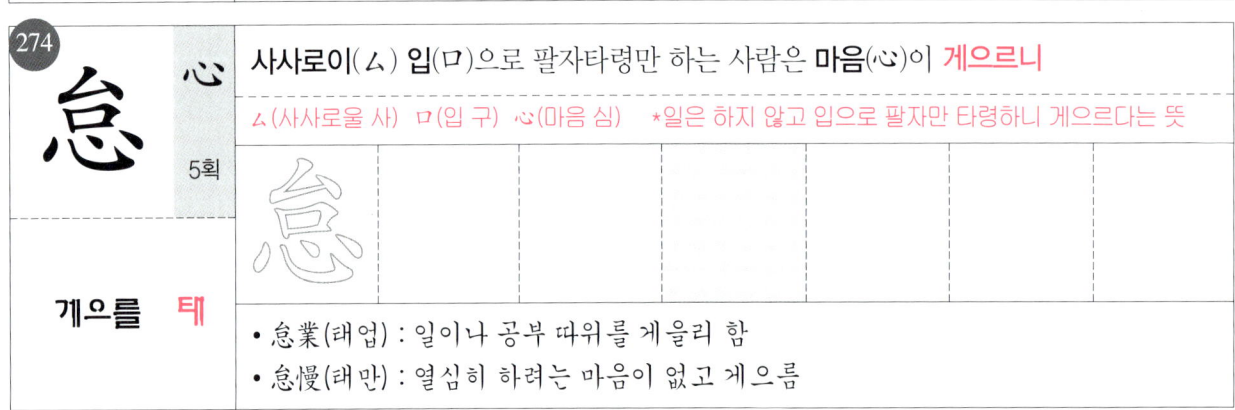

274 怠 (5획) 게으를 태

사사로이(厶) 입(口)으로 팔자타령만 하는 사람은 마음(心)이 게으르니

厶(사사로울 사) 口(입 구) 心(마음 심) *일은 하지 않고 입으로 팔자만 타령하니 게으르다는 뜻

- 怠業(태업) : 일이나 공부 따위를 게을리 함
- 怠慢(태만) : 열심히 하려는 마음이 없고 게으름

자원으로 한자 알기

* 물(　)을 그물(罒)에 싸인(勹) 벌레(虫)가 흐리니
* 말(　)을 길게 늘여(延) 속이니
* 지금(今) 앞에 있는 돈(　)을 탐내니
* 사사로이(厶) 입(口)으로 팔자타령만 하는 사람은 마음(　)이 게으르니

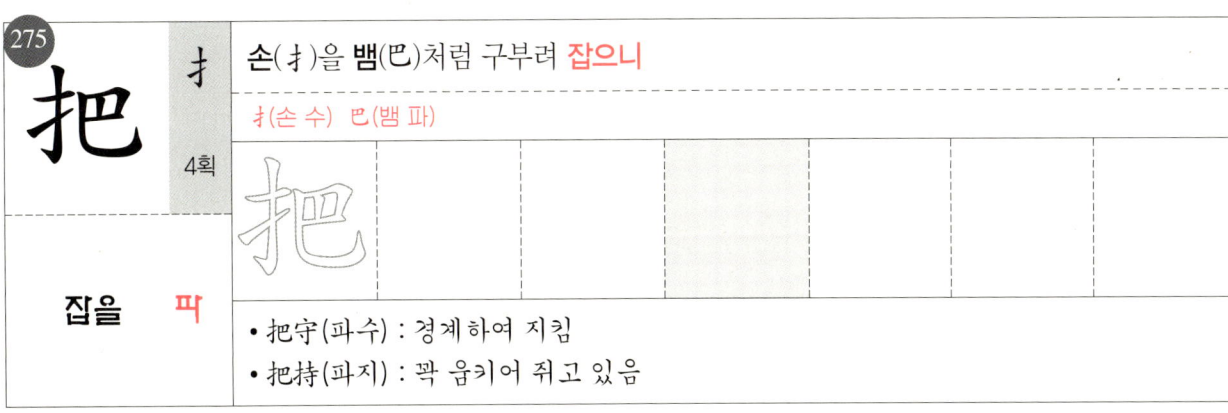

275 把

扌 4획

손(扌)을 뱀(巴)처럼 구부려 **잡으니**

扌(손 수) 巴(뱀 파)

잡을 파

- 把守(파수) : 경계하여 지킴
- 把持(파지) : 꽉 움키어 쥐고 있음

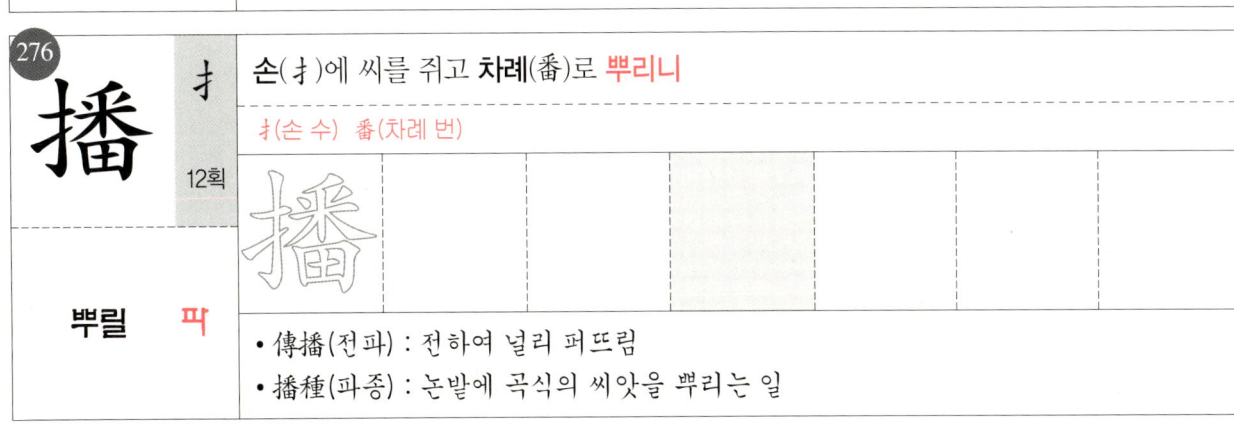

276 播

扌 12획

손(扌)에 씨를 쥐고 **차례**(番)로 **뿌리니**

扌(손 수) 番(차례 번)

뿌릴 파

- 傳播(전파) : 전하여 널리 퍼뜨림
- 播種(파종) : 논밭에 곡식의 씨앗을 뿌리는 일

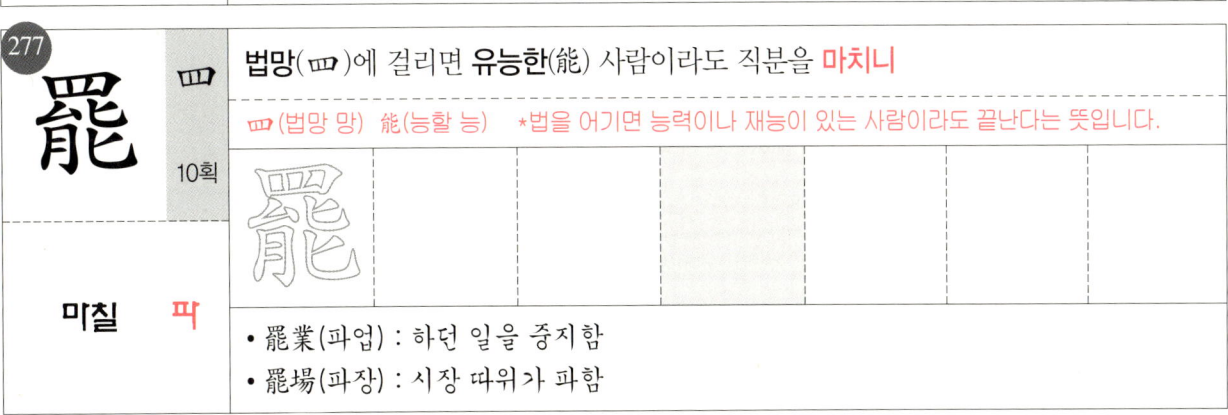

277 罷

罒 10획

법망(罒)에 걸리면 **유능한**(能) 사람이라도 직분을 **마치니**

罒(법망 망) 能(능할 능)   *법을 어기면 능력이나 재능이 있는 사람이라도 끝난다는 뜻입니다.

마칠 파

- 罷業(파업) : 하던 일을 중지함
- 罷場(파장) : 시장 따위가 파함

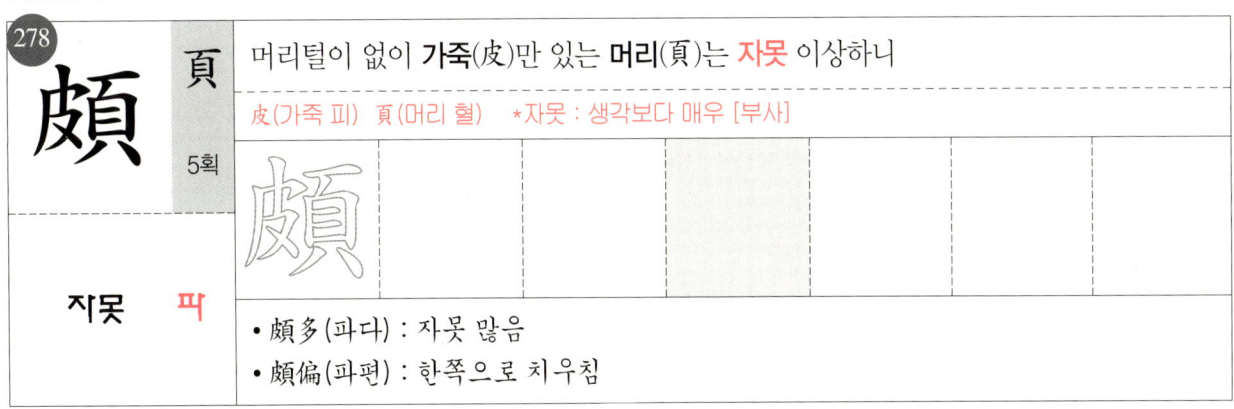

278 頗

頁 5획

머리털이 없이 **가죽**(皮)만 있는 **머리**(頁)는 **자못** 이상하니

皮(가죽 피) 頁(머리 혈)   *자못 : 생각보다 매우 [부사]

자못 파

- 頗多(파다) : 자못 많음
- 頗偏(파편) : 한쪽으로 치우침

자원으로 한자 알기

* 손(　　)을 뱀(巴)처럼 구부려 **잡으니**　　☞

* 손(　　)에 씨를 쥐고 **차례**(番)로 **뿌리니**　　☞

* 법망(　　)에 걸리면 **유능한**(能) 사람이라도 직분을 **마치니**　　☞

* 머리털이 없이 **가죽**(皮)만 있는 **머리**(　　)는 **자못** 이상하니　　☞

279 販 (팔 판) — 貝 4획

돈(貝)을 받고 돌이켜(反) 물건을 주어 **파니**

貝(돈 패) 反(돌이킬 반)

- 販賣(판매) : 상품 따위를 팖
- 販路(판로) : 상품이 팔리는 방면이나 길

280 貝 (조개 패) — 貝 0획

조개의 모양

마법 술술한자 부수 152번 참고

- 貝甲(패갑) : 조개껍데기
- 貝物(패물) : 산호, 호박, 수정, 대모 따위로 만든 값진 물건

자원으로 한자 알기

* 돈(　　)을 받고 **돌이켜**(反) 물건을 주어 **파니**
* **조개**의 모양

一思多得

火	+	蜀	=	燭(촛불 촉) — 불(火)꽃이 그물(罒)에 싸인(勹) 벌레(虫)처럼 홀로 **빛나는 촛불**
氵	+		=	濁(흐릴 탁) — 물(氵)을 그물(罒)에 싸인(勹) 벌레(虫)가 **흐리니**

分	+	貝	=	貧(가난할 빈) — 나누어(分) 돈(貝)을 가져 **가난하니**
今	+		=	貪(탐낼 탐) — 지금(今) 앞에 있는 돈(貝)을 **탐내니**

火	+	頁	=	煩(번거로울 번) — 불(火)처럼 뜨겁게 머리(頁)가 아플 정도로 **번거로우니**
皮	+		=	頗(자못 파) — 머리털이 없이 가죽(皮)만 있는 머리(頁)는 **자못** 이상하니

半	+	反	=	叛(배반할 반) — 반(半)씩 나뉘어 서로 반대하고(反) **배반하니**
貝	+		=	販(팔 판) — 돈(貝)을 받고 돌이켜(反) 물건을 주어 **파니**

다음 한자를 나누고 **자원**을 쓰면서 익히세요.

濁 흐릴 탁	=		+		+		+	
誕 속일 탄	=		+						
貪 탐낼 탐	=		+						
怠 게으를 태	=		+		+				
把 잡을 파	=		+						
播 뿌릴 파	=		+						
罷 마칠 파	=		+						
頗 자못 파	=		+						
販 팔 판	=		+						
貝 조개 패	=								

다음 한자어의 독음을 쓰세요.

混濁	淸濁	誕言	誕生
食貪	貪慾	怠業	怠慢
把守	把持	傳播	播種
罷業	罷場	頗多	頗偏
販賣	販路	貝甲	貝物

다음 한자어를 한자로 쓰세요.

섞일 혼 흐릴 탁	속일 탄 말씀 언	음식 식 탐낼 탐	게으를 태 일 업
잡을 파 지킬 수	전할 전 퍼뜨릴 파	마칠 파 일 업	자못 파 많을 다
팔 판 팔 매	조개 패 껍데기 갑	맑을 청 흐릴 탁	낳을 탄 날 생
탐할 탐 욕심 욕	게으를 태 게으를 만	잡을 파 가질 지	뿌릴 파 씨 종
마칠 파 시장 장	치우칠 파 치우칠 편	팔 판 길 로	재화 패 물건 물

예문으로 한자어 익히기 (한자로 쓰인 단어의 뜻을 써보세요.)

1. 강물의 **混濁**을 막기 위하여 하수 처리 시설을 정비하였다.

2. **淸濁**을 분별하여 일을 처리하다.

3. 그는 **誕言**이 심하다.

4. 후궁으로 있던 윤 씨의 몸에서 왕자가 **誕生**하였으므로 성종은 윤 씨를 왕비로 책봉하였다.

5. 젊은이 못지않게 할아버지는 **食貪**이 강하다.

6. **貪慾**을 버려야 진실이 제대로 보인다.

7. 우리는 그동안의 **怠業**을 반성하고 일에 박차를 가했다.

8. 그는 천성이 **怠慢**하여 무슨 일이든 자발적으로 하는 법이 없다.

9. 경호원들은 대통령의 신변을 **把守**하여 경계를 늦추지 않았다.

10. 권력을 **把持**한 세도가들의 횡포에 일반 백성들은 더욱 피폐해져 갔다.

11. 이탈리아에서 시작된 르네상스 운동은 유럽의 여러 나라로 **傳播**되었다.

12. 벼를 수확하고 보리를 **播種**하다.

13. 노조 측과 회사 측의 극적인 타협으로 **罷業**만은 피할 수 있었다.

14. 마침 장이 섰었는지 **罷場**된 뒤인데도 읍내 중앙은 흥청대고 있었다.

15. 소문이 **頗多**하다.

16. 어깨가 왼쪽으로 **頗偏**되었다.

17. 업체 간의 과당 경쟁으로 물건을 생산비 이하의 가격으로 **販賣**하는 경우가 있다.

18. 이 집 술은 읍내는 물론이요, 멀리 서울까지 **販路**가 확장되었다.

19. 그녀의 목에는 **貝甲**으로 만든 예쁜 목걸이가 걸려 있었다.

20. 아들의 대학 등록금을 마련하기 위해 엄마는 아껴둔 **貝物**을 팔기로 결심했다.

281 遍 (두루 편) — 9획

이 집(戶) 저 집 책(冊)을 **두루** 뛰어(辶) 다니며 빌리니

戶(집 호) 冊(책 책) 辶(뛸 착) *옛날에는 책이 귀하여 이 집 저 집 다니며 빌려서 보거나 했습니다.

- 遍歷(편력) : 이곳저곳을 널리 돌아다님 또는 여러 가지 경험을 함
- 普遍他當(보편타당) : 특별하지 않고 사리에 맞아 타당함

282 蔽 (덮을 폐) — 12획

풀(艹)로 해진(敝) 곳을 **덮으니**

艹(풀 초) 敝(해질 폐) *풀로 닳아서 떨어진 곳을 덮어 가린다는 뜻입니다.

- 隱蔽(은폐) : 덮어 감춤
- 蔽一言(폐일언) : 이러니저러니 할 것 없이 한 마디로 휩싸서 말하다.

283 幣 (돈 폐) — 12획

해진(敝) 헝겊(巾)처럼 낡은 **돈**

敝(해질 폐) 巾(헝겊 건) *닳아서 떨어진 헝겊처럼 돈이 낡고 닳았다는 뜻입니다.

- 紙幣(지폐) : 종이돈
- 貨幣(화폐) : 상품 교환 가치의 척도가 되며 교환을 매개하는 일반화된 수단

284 抱 (안을 포) — 5획

손(扌)으로 싸(包) **안으니**

扌(손 수) 包(쌀 포)

- 抱擁(포옹) : 품에 껴안음
- 抱負(포부) : 마음속에 지니고 있는 미래에 대한 계획이나 희망

자원으로 한자 알기

* 이 집(戶) 저 집 책(冊)을 **두루** 뛰어(　) 다니며 빌리니　　☞
* 풀(　)로 해진(敝) 곳을 **덮으니**　　☞
* 해진(敝) 헝겊(　)처럼 낡은 **돈**　　☞
* 손(　)으로 싸(包) **안으니**　　☞

285 飽 배부를 포	食 5획	밥(食)을 가득 싸(包) 먹어 배부르니 食(밥 식) 包(쌀 포) • 飽食(포식) : 배부르게 먹음 • 飽滿(포만) : 넘치도록 가득함
286 幅 폭 폭	巾 8획	헝겊(巾)으로 하나(一)의 울타리(口)를 감싸려고 밭(田)처럼 폭을 넓히니 巾(헝겊 건) 一(한 일) 口(에울 위) 田(밭 전) • 路幅(노폭) : 길 너비 • 江幅(강폭) : 강의 너비
287 漂 떠다닐 빨래할 표	氵 11획	물(氵)에 표(票)가 떠다니니 氵(물 수) 票(표 표) • 漂流(표류) : 물에 떠서 흘러감 • 浮漂(부표) : 물 위에 띄워 어떤 표적으로 삼는 물건
288 匹 짝 필	匚 2획	허물을 숨겨(匚)주는 사람(儿)이 진실 된 짝이니 匚(숨을 혜) 儿(걷는 사람 인) *잘못 저지른 실수를 감싸주고 이해해주는 사람이 짝이라는 뜻 • 配匹(배필) : 부부로서의 짝 • 匹夫(필부) : 한 사람의 남자

자원으로 한자 알기

* 밥(   )을 가득 싸(包) 먹어 배부르니
* 헝겊(   )으로 하나(一)의 울타리(口)를 감싸려고 밭(田)처럼 폭을 넓히니
* 물(   )에 표(票)가 떠다니니
* 허물을 숨겨(   )주는 사람(儿)이 진실 된 짝이니

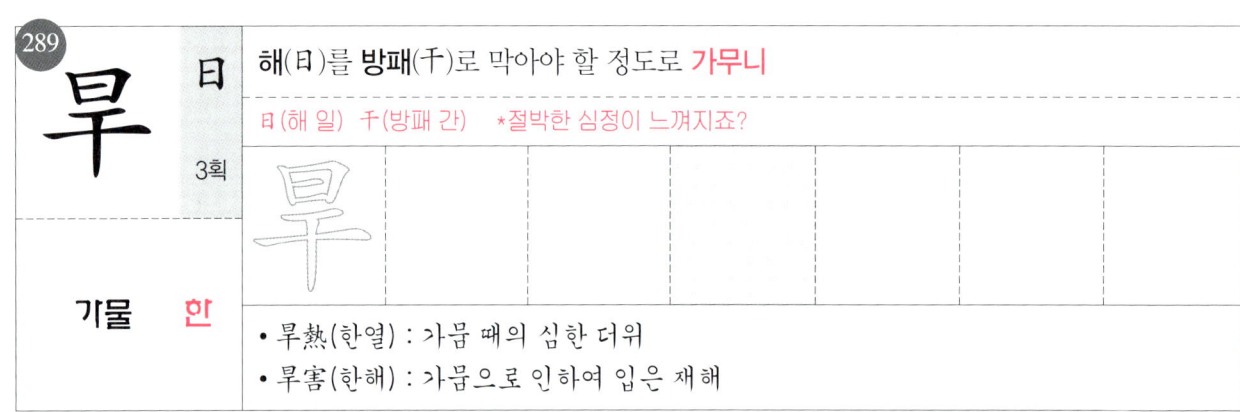

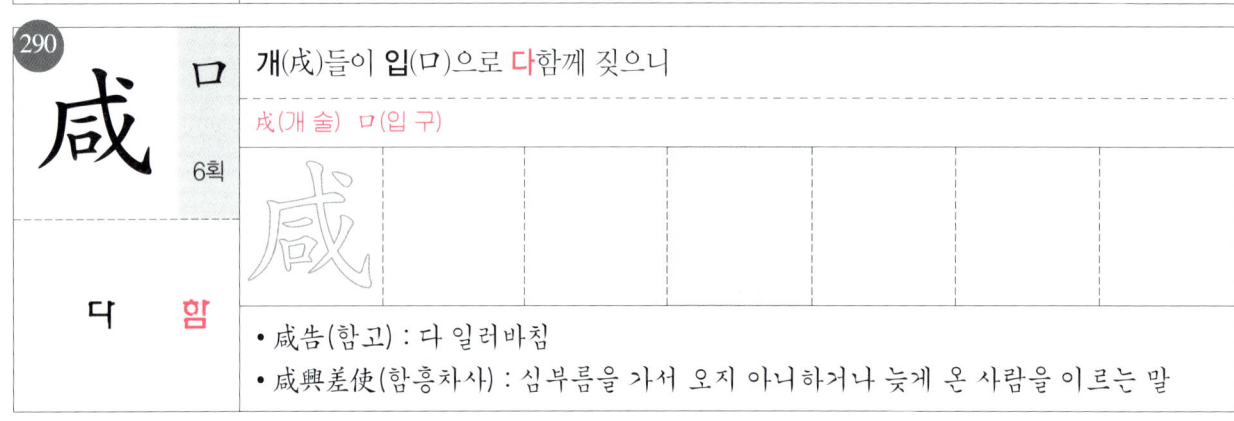

자원으로 한자 알기

✽ 해( )를 방패(干)로 막아야 할 정도로 가무니 『旱』

✽ 개(戌)들이 입( )으로 다함께 짖으니 『咸』

一思多得

281 遍(두루 편)　偏(치우칠 편)　編(엮을 편) 잘 구별하세요.

　遍(두루 편) : 이 집(戶) 저 집 책(冊)을 두루 뛰어(辶) 다니며 빌리니
　偏(치우칠 편) : 사람(亻)이 집(戶)에서 책(冊)만 읽어 한쪽으로 치우치니
　編(엮을 편) : 실(糸)로 집(戶)에서 책(冊)을 엮으니

石	+		=	砲(대포 포)	돌(石)을 싸(包) 대포처럼 쏘니
月	+	包	=	胞(세포 포)	몸(月)을 싸고(包) 있는 세포
扌	+		=	抱(안을 포)	손(扌)으로 싸(包) 안으니
食	+		=	飽(배부를 포)	밥(食)을 가득 싸(包) 먹어 배부르니

| 木 | + | 票 | = | 標(표할 표) | 나무(木)에 표(票)를 달아 표시하니 |
| 氵 | + | | = | 漂(떠다닐 표) | 물(氵)에 표(票)가 떠다니니 |

다음 한자를 나누고 **자원**을 쓰면서 익히세요.

한자				
遍 두루 편	=		+	
蔽 덮을 폐	=		+	
幣 화폐 폐	=		+	
抱 안을 포	=		+	
飽 배부를 포	=		+	
幅 폭 폭	=		+	+	
漂 떠다닐 표	=		+	
匹 짝 필	=		+	
旱 가물 한	=		+	
咸 다 함	=		+	

다음 한자어의 **독음**을 쓰세요.

遍歷	隱蔽	紙幣	貨幣
抱擁	抱負	飽食	飽滿
路幅	江幅	漂流	浮漂
配匹	匹夫	旱熱	旱害
咸告			

 다음 한자어를 **한자**로 쓰세요.

두루 편 　 다닐 력	숨을 은 　 덮을 폐	종이 지 　 돈 폐	안을 포 　 안을 옹
배부를 포 　 먹을 식	길 로 　 폭 폭	떠다닐 표 　 흐를 류	짝 배 　 짝 필
가물 한 　 더위 열	다 함 　 알릴 고	재물 화 　 돈 폐	안을 포 　 질 부
배부를 포 　 찰 만	강 강 　 폭 폭	뜰 부 　 떠다닐 표	혼자 필 　 사내 부
가물 한 　 해할 해			

예문으로 한자어 익히기 (한자로 쓰인 단어의 뜻을 써보세요.)

1. 그는 벼슬을 버리고 전국 **遍歷**의 길을 떠나 평생을 방랑 속에서 지냈다.

2. 눈을 감고 침묵한다고 해서 선생의 죄상이 **隱蔽**될 수 있다고 생각하십니까?

3. 그는 안주머니에서 빳빳한 **紙幣** 한 묶음을 꺼내서 물건 값을 치렀다.

4. 새로운 **貨幣**를 발행하였다.

5. 나를 무한한 **抱擁**으로 이해해 주는 친구의 존재가 한층 절실한 터이었다.

6. 그는 부모님께 자기가 가진 **抱負**를 자랑스럽게 밝혔다.

7. 돼지 한 마리를 잡아 **飽食**했다.

8. 누구나 현실적으로 **飽滿**한 생활을 하는 사람은 이상을 바라는 마음이 그리 크진 않다.

9. 이 도로는 교통량이 많아서 **路幅**을 넓히는 공사를 해야 한다.

10. 이 강은 **江幅**이 100미터에 이른다.

11. 학문이 그 목표와 방법론을 확립하지 못하면 **漂流**하게 된다.

12. 배의 안전 항해를 위하여 **浮漂**를 설치한다.

13. 나이 든 총각이 참한 여인을 **配匹**로 맞이했다.

14. 차라리 **匹夫**가 되어 한세상 이름 없이 사는 쪽이 훨씬 인간적이고 또 장부답다.

15. **旱熱**로 많은 농작물이 시들었다.

16. 작년에는 수해와 **旱害**가 겹쳐 농작물 수확이 평년의 절반밖에 되지 않았다.

17. 그들은 하나도 빠짐없이 **咸告**하였다.

291 巷 6획 거리 항	함께(共) 다닐 수 있도록 만든 뱀(巳)처럼 구불구불한 **거리**
	共(함께 공) 巳(뱀 사) *여러 사람들이 함께 다닐 수 있도록 만든 거리라는 뜻입니다.
	• 巷說(항설) : 거리의 풍문 • 巷間(항간) : 일반 사람들 사이

292 奚 7획 어찌 해	손(爫)으로 어린(幺) 아이가 큰(大) 사람을 **어찌해**
	爫(손톱 조) 幺(어릴 요) 大(큰 대)
	• 奚暇(해가) : 어느 겨를 • 奚琴(해금) : 향악기에 속하는 찰현 악기의 하나

293 亥 4획 돼지 해	머리(亠)에 사사로움(夕)만 있는 사람(人)은 **돼지** 같으니
	亠(머리 두) 夕(사사로울 사) 人(사람 인) *자기만 아는 사람은 돼지와 같다는 뜻입니다.
	• 乙亥(을해) : 육십갑자의 열두째 • 亥時(해시) : 밤 아홉 시부터 열한 시까지

294 該 6획 갖출 해	말(言)하여 아뢰며 돼지(亥) 머리를 **갖추어** 놓고 고사지내니
	言(말씀 언) 亥(돼지 해) *신에게 돼지 머리를 갖추어 놓고 제사지낸다는 뜻입니다.
	• 該當(해당) : 들어맞음 • 該博(해박) : 모든 것을 널리 앎

자원으로 한자 알기

* 함께(共) 다닐 수 있도록 만든 뱀(   )처럼 구불구불한 **거리**
* 손(爫)으로 어린(幺) 아이가 큰(   ) 사람을 **어찌해**
* 머리(   )에 사사로움(夕)만 있는 사람(人)은 **돼지** 같으니
* 말(   )하여 아뢰며 돼지(亥) 머리를 **갖추어** 놓고 고사지내니

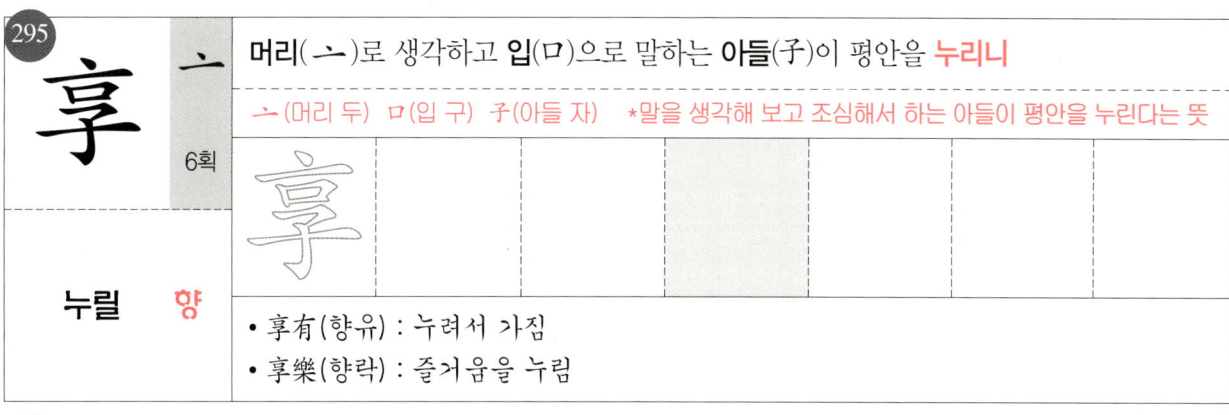

295 享 (누릴 향)

亠 / 6획

머리(亠)로 생각하고 입(口)으로 말하는 아들(子)이 평안을 누리니

亠(머리 두) 口(입 구) 子(아들 자) *말을 생각해 보고 조심해서 하는 아들이 평안을 누린다는 뜻

- 享有(향유) : 누려서 가짐
- 享樂(향락) : 즐거움을 누림

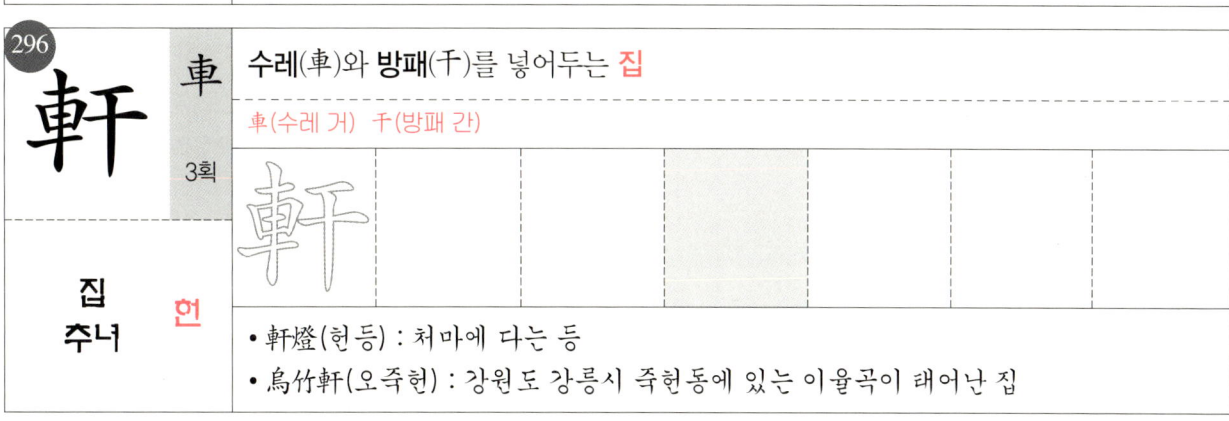

296 軒 (집 추녀 헌)

車 / 3획

수레(車)와 방패(干)를 넣어두는 집

車(수레 거) 干(방패 간)

- 軒燈(헌등) : 처마에 다는 등
- 烏竹軒(오죽헌) : 강원도 강릉시 죽헌동에 있는 이율곡이 태어난 집

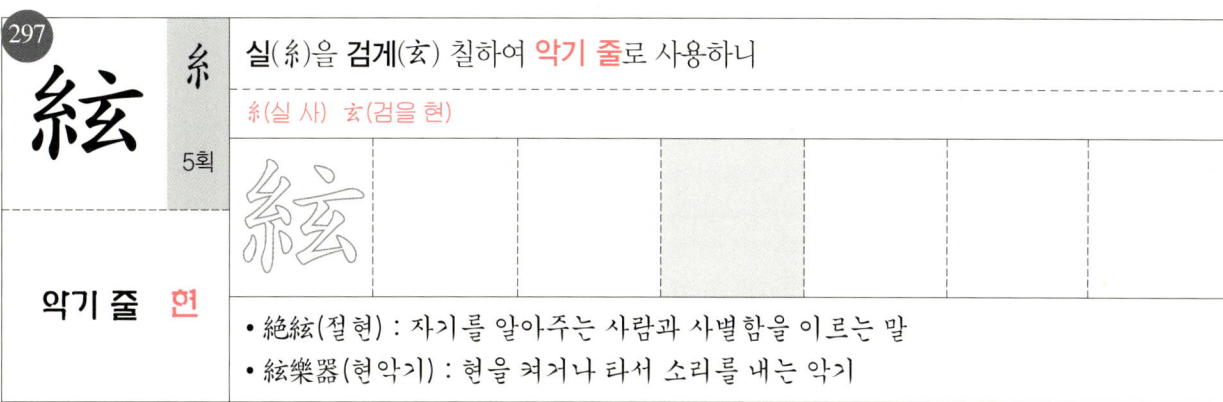

297 絃 (악기 줄 현)

糸 / 5획

실(糸)을 검게(玄) 칠하여 악기 줄로 사용하니

糸(실 사) 玄(검을 현)

- 絶絃(절현) : 자기를 알아주는 사람과 사별함을 이르는 말
- 絃樂器(현악기) : 현을 켜거나 타서 소리를 내는 악기

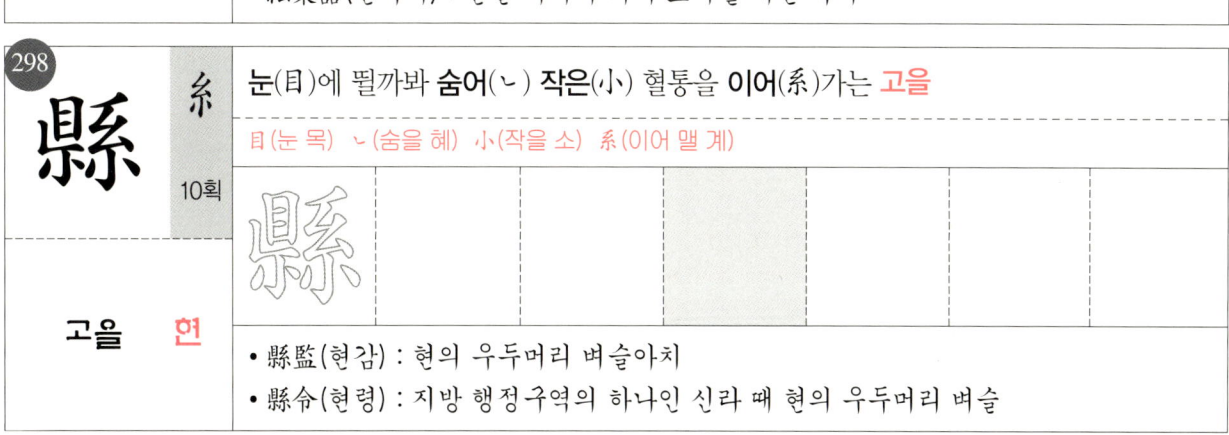

298 縣 (고을 현)

糸 / 10획

눈(目)에 띌까봐 숨어(乚) 작은(小) 혈통을 이어(糸)가는 고을

目(눈 목) 乚(숨을 혜) 小(작을 소) 糸(이어 맬 계)

- 縣監(현감) : 현의 우두머리 벼슬아치
- 縣令(현령) : 지방 행정구역의 하나인 신라 때 현의 우두머리 벼슬

자원으로 한자 알기

* 머리(   )로 생각하고 입(口)으로 말하는 아들(子)이 평안을 누리니
* 수레(   )와 방패(干)를 넣어두는 집
* 실(   )을 검게(玄) 칠하여 악기 줄로 사용하니
* 눈(目)에 띌까봐 숨어(乚) 작은(小) 혈통을 이어(糸)가는 고을

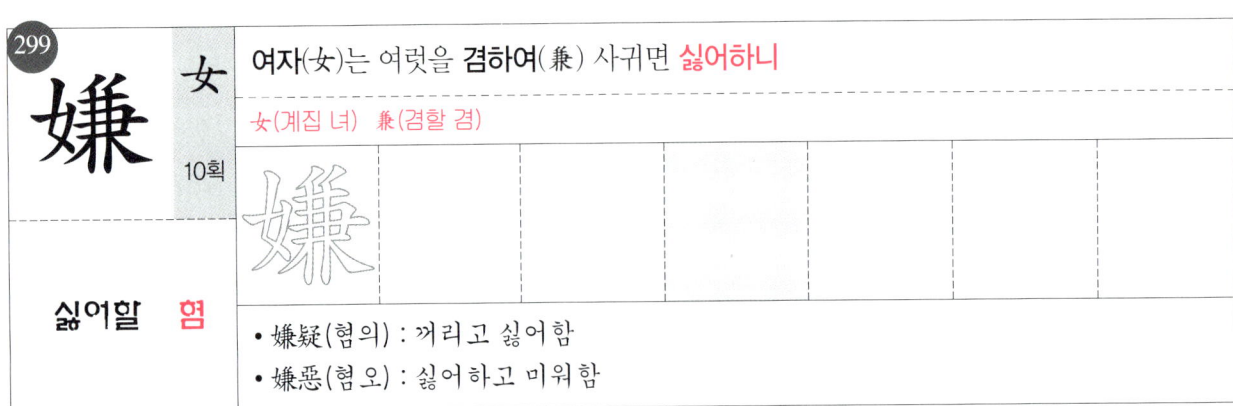

299 嫌 10획	女	여자(女)는 여럿을 **겸하여**(兼) 사귀면 **싫어하니**
		女(계집 녀) 兼(겸할 겸)
싫어할 혐		• 嫌疑(혐의) : 꺼리고 싫어함 • 嫌惡(혐오) : 싫어하고 미워함

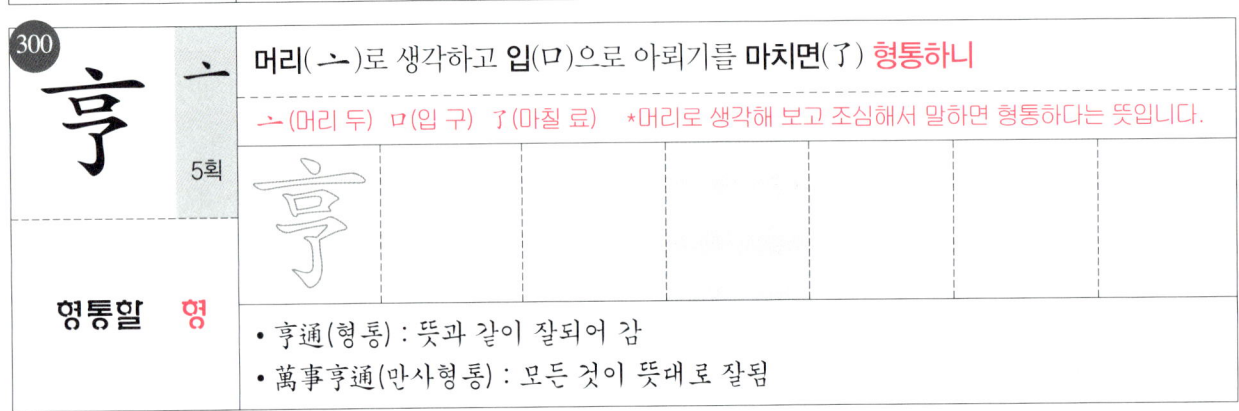

300 亨 5획	亠	머리(亠)로 생각하고 **입**(口)으로 아뢰기를 **마치면**(了) **형통하니**
		亠(머리 두) 口(입 구) 了(마칠 료) *머리로 생각해 보고 조심해서 말하면 형통하다는 뜻입니다.
형통할 형		• 亨通(형통) : 뜻과 같이 잘되어 감 • 萬事亨通(만사형통) : 모든 것이 뜻대로 잘됨

자원으로 한자 알기

* 여자(　)는 여럿을 **겸하여**(兼) 사귀면 **싫어하니**
* 머리(　)로 생각하고 **입**(口)으로 아뢰기를 **마치면**(了) **형통하니**

一思多得

氵	+	干	= 汗(땀 한)	물(氵)처럼 흘리며 더위를 **막는**(干) **땀**
車	+		= 軒(집 헌)	수레(車)와 **방패**(干)를 넣어두는 **집**

言	+	兼	= 謙(겸손할 겸)	말(言)이 학식과 인품을 **겸하여**(兼) **겸손하니**
女	+		= 嫌(싫어할 혐)	여자(女)는 여럿을 **겸하여**(兼) 사귀면 **싫어하니**

300 亨(형통할 형)   享(누릴 향) 잘 구별하세요.

亨(형통할 형) : 머리(亠)로 생각하고 **입**(口)으로 아뢰기를 **마치면**(了) **형통하니**

享(누릴 향) : 머리(亠)로 생각하고 **입**(口)으로 말하는 **아들**(子)이 평안을 **누리니**

다음 한자를 나누고 **자원**을 쓰면서 익히세요.

巷 거리 항 = ☐ + ☐

奚 어찌 해 = ☐ + ☐ + ☐

亥 돼지 해 = ☐ + ☐ + ☐

該 갖출 해 = ☐ + ☐

享 누릴 향 = ☐ + ☐ + ☐

軒 집 헌 = ☐ + ☐

絃 악기 줄 현 = ☐ + ☐

縣 고을 현 = ☐ + ☐ + ☐ + ☐

嫌 싫어할 혐 = ☐ + ☐

亨 형통할 형 = ☐ + ☐ + ☐

247

다음 한자어의 **독음**을 쓰세요.

巷說	巷間	奚暇	奚琴
乙亥	亥時	該當	該博
享有	享樂	軒燈	絶絃
縣監	縣令	嫌疑	嫌惡
亨通			

 다음 한자어를 **한자**로 쓰세요.

거리 항 말씀 설	어찌 해 겨를 가	천간 을 지지 해	갖출 해 마땅 당
누릴 향 있을 유	집 헌 등 등	끊을 절 악기 줄 현	고을 현 살필 감
싫어할 혐 의심할 의	형통할 형 통할 통	거리 항 사이 간	어찌 해 거문고 금
지지 해 때 시	갖출 해 넓을 박	누릴 향 즐거울 락	고을 현 장관 령
싫어할 혐 미워할 오			

예문으로 한자어 익히기(한자로 쓰인 단어의 뜻을 써보세요.)

1. 巷說에 따르면 그가 차기 장관감이라고 한다.

2. 이 노래가 요즘 巷間에서 유행하는 것이다.

3. 奚暇에 그 일을 다 할 수 있으리오?

4. 奚琴은 현악기이다.

5. 乙亥년에 변이 일어났다.

6. 亥時에는 취침해야 건강하다.

7. 길거리에 침을 뱉는 행위는 경범죄에 該當된다.

8. 변호사는 법률에 該博한 사람이다.

9. 대중들이 예술을 享有할 수 있는 기회를 많이 제공해야 한다.

10. 享樂적 풍조가 만연하다.

11. 모든 불이 꺼졌으나 칠성각 앞마당을 비추고 있는 軒燈만은 그냥 남아 있었다.

12. 絶絃은 중국 춘추 시대 거문고의 명수인 백아와 종자기의 고사에서 유래한다.

13. 대감은 편지를 보내온 縣監에게 답배했다.

14. 외조부는 縣令을 지내셨다.

15. 경찰은 그를 사기 嫌疑로 수배했다.

16. 아픔과 사랑이 사라져 가는 세상, 나는 인간에 대하여 嫌惡를 느낄 때가 많다.

17. 만사가 亨通하시기를 바랍니다.

자원으로 한자 알기.

251. 물(   )을 마시고 젊은이(天)처럼 마음(小)에 여유를 더하니

252. 서서(立) 시중드는 여자(   )는 첩이니

253. 다시 해(   )가 나고 하늘이 푸르게(靑) 개니

254. 두 사내(夫)가 서로 말(   )을 바꾸어 가며 하니

255. 잡으려고(隶) 뛰어(   )가 잡으니

256. 바위(厂) 밑으로 범(虍)처럼 뛰어(   )가 전하니

257. 필요한 내용만 뽑아 손(   )으로 노략질하듯 조금(少) 베끼니

258. 벼(   )의 까끄라기처럼 적은(少) 시간인 분초

259. 불(   )꽃이 그물(冂)에 싸인(勹) 벌레(虫)처럼 홀로 빛나는 촛불

260. 귀(   )로 슬기롭게(恖) 알아들어 귀 밝고 총명하니

261. 손(   ) 감각으로 말미암아(由) 뽑으니

262. 술(   )에 취하여 귀신(鬼)처럼 하는 짓이 추하니

263. 손(크)으로 소의 코청을 뚫어(l) 코뚜레를 끼우니

264. 돼지(豕)를 뛰어(   ) 쫓아가 다투니

265. 코(   )로 개(犬)처럼 냄새 맡으니

266. 나무(   )로 만들어 천을 덮고(冖) 사람(儿)이 베는 베개

267. 손톱(爫)을 여자(   )가 꾸미고 가꿈은 온당하니

268. 언덕(阝) 왼쪽(左)으로 몸(月)이 굴러 땅(   ) 위에 떨어지니

269. 손(   )을 삐쳐(丿) 잡고 일곱(七) 번이나 부탁하고 맡기니

270. 물(   )에서 깃(羽)으로 새(隹)가 씻으니

271. 물(   )을 그물(冂)에 싸인(勹) 벌레(虫)가 흐리니

272. 말(   )을 길게 늘여(延) 속이니

273. 지금(今) 앞에 있는 돈(   )을 탐내니

274. 사사로이(厶) 입(口)으로 팔자타령만 하는 사람은 마음(   )이 게으르니

275. 손(   )을 뱀(巴)처럼 구부려 잡으니

자원으로 한자 알기.

276. 손(   )에 씨를 쥐고 차례(番)로 뿌리니

277. 법망(   )에 걸리면 유능한(能) 사람이라도 직분을 마치니

278. 머리털이 없이 가죽(皮)만 있는 머리(   )는 자못 이상하니

279. 돈(   )을 받고 돌이켜(反) 물건을 주어 파니

280. 조개의 모양

281. 이 집(尸) 저 집 책(冊)을 두루 뛰어(   ) 다니며 빌리니

282. 풀(   )로 해진(敝) 곳을 덮으니

283. 해진(敝) 헝겊(   )처럼 낡은 돈

284. 손(   )으로 싸(包) 안으니

285. 밥(   )을 가득 싸(包) 먹어 배부르니

286. 헝겊(   )으로 하나(一)의 울타리(口)를 감싸려고 밭(田)처럼 폭을 넓히니

287. 물(   )에 표(票)가 떠다니니

288. 허물을 숨겨(   )주는 사람(儿)이 진실 된 짝이니

289. 해(   )를 방패(干)로 막아야 할 정도로 가무니

290. 개(戌)들이 입(   )으로 다함께 짖으니

291. 함께(共) 다닐 수 있도록 만든 뱀(   )처럼 구불구불한 거리

292. 손(爫)으로 어린(幺) 아이가 큰(   ) 사람을 어찌해

293. 머리(   )에 사사로움(厶)만 있는 사람(人)은 돼지 같으니

294. 말(   )하여 아뢰며 돼지(亥) 머리를 갖추어 놓고 고사지내니

295. 머리(   )로 생각하고 입(口)으로 말하는 아들(子)이 평안을 누리니

296. 수레(   )와 방패(干)를 넣어두는 집

297. 실(   )을 검게(玄) 칠하여 악기 줄로 사용하니

298. 눈(目)에 띌까봐 숨어(乚) 작은(小) 혈통을 이어(糸)가는 고을

299. 여자(   )는 여럿을 겸하여(兼) 사귀면 싫어하니

300. 머리(   )로 생각하고 입(口)으로 아뢰기를 마치면(了) 형통하니

다음 한자의 **뜻**과 **음**을 쓰세요.

添	妾	晴	替	逮	遞	抄
秒	燭	聰	抽	醜	丑	逐
臭	枕	妥		墮	托	濯
濁	誕				貪	怠
把						播
罷	頗				販	貝
遍	蔽	幣		抱	飽	幅
漂	匹	旱	咸	巷	奚	亥
該	享	軒	絃	縣	嫌	亨

3급 251-300번
형성평가

다음 뜻과 음을 지닌 **한자**를 쓰세요.

더할 첨	첩 첩	갤 청	바꿀 체	잡을 체	전할 체	뽑을 초
분초 초	촛불 촉	귀 밝을 총	뽑을 추	추할 추	소 축	쫓을 축
냄새 취	베개 침	온당할 타		떨어질 타	맡길 탁	씻을 탁
흐릴 탁	속일 탄				탐낼 탐	게으를 태
잡을 파						뿌릴 파
마칠 파	자못 파				팔 판	조개 패
두루 편	덮을 폐	돈 폐		안을 포	배부를 포	폭 폭
떠다닐 표	짝 필	가물 한	다 함	거리 항	어찌 해	돼지 해
갖출 해	누릴 향	집 헌	악기 줄 현	고을 현	싫어할 혐	형통할 형

3급 251-300번 형성평가

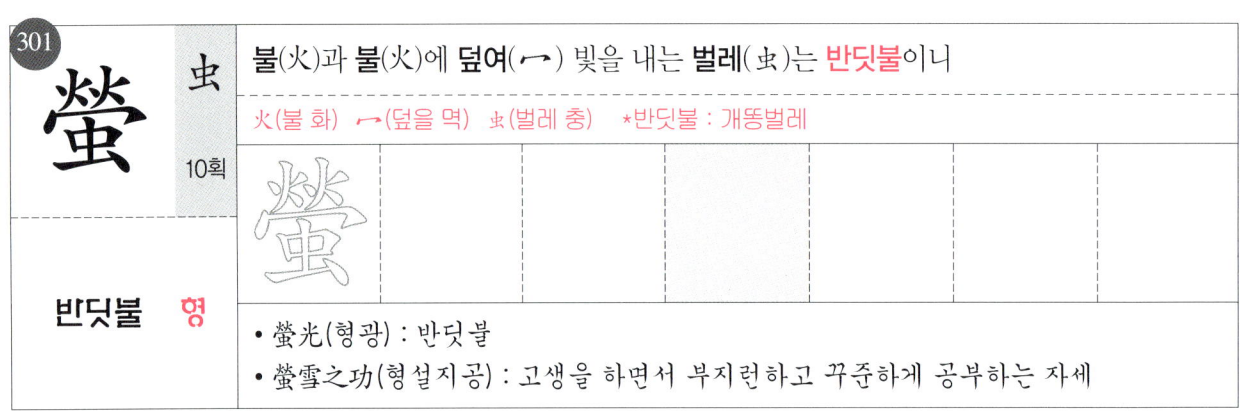

301 螢	虫 10획	불(火)과 불(火)에 덮여(冖) 빛을 내는 벌레(虫)는 반딧불이니
		火(불 화) 冖(덮을 멱) 虫(벌레 충) *반딧불 : 개똥벌레
반딧불 형		• 螢光(형광) : 반딧불 • 螢雪之功(형설지공) : 고생을 하면서 부지런하고 꾸준하게 공부하는 자세

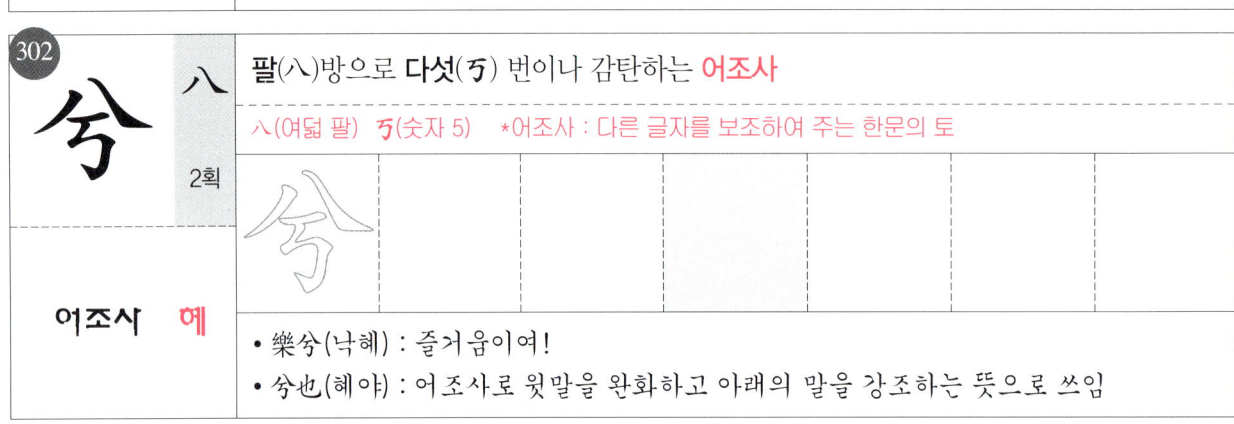

302 兮	八 2획	팔(八)방으로 다섯(丂) 번이나 감탄하는 어조사
		八(여덟 팔) 丂(숫자 5) *어조사 : 다른 글자를 보조하여 주는 한문의 토
어조사 혜		• 樂兮(낙혜) : 즐거움이여! • 兮也(혜야) : 어조사로 윗말을 완화하고 아래의 말을 강조하는 뜻으로 쓰임

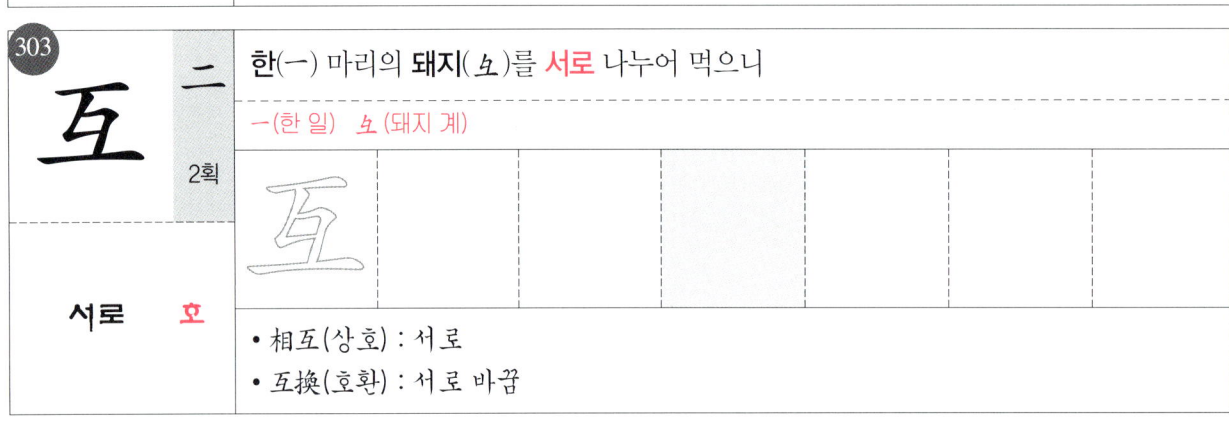

303 互	二 2획	한(一) 마리의 돼지(彑)를 서로 나누어 먹으니
		一(한 일) 彑(돼지 계)
서로 호		• 相互(상호) : 서로 • 互換(호환) : 서로 바꿈

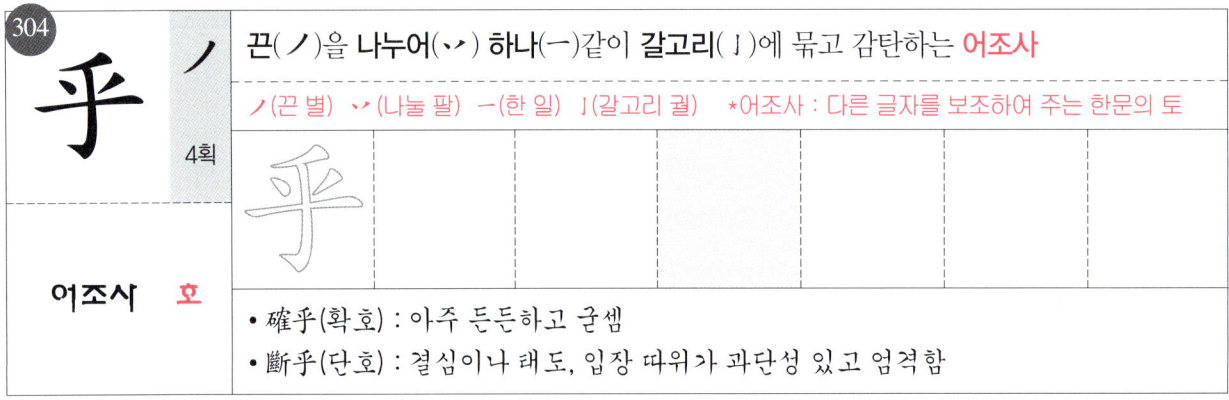

304 乎	丿 4획	끈(丿)을 나누어(丷) 하나(一)같이 갈고리(亅)에 묶고 감탄하는 어조사
		丿(끈 별) 丷(나눌 팔) 一(한 일) 亅(갈고리 궐) *어조사 : 다른 글자를 보조하여 주는 한문의 토
어조사 호		• 確乎(확호) : 아주 든든하고 굳셈 • 斷乎(단호) : 결심이나 태도, 입장 따위가 과단성 있고 엄격함

자원으로 한자 알기

* 불(火)과 불(火)에 덮여(冖) 빛을 내는 벌레(　)는 반딧불이니
* 팔(　)방으로 다섯(丂) 번이나 감탄하는 어조사
* 한(一) 마리의 돼지(彑)를 서로 나누어 먹으니
* 끈(　)을 나누어(丷) 하나(一)같이 갈고리(亅)에 묶고 감탄하는 어조사

305 毫

毛 7획

터럭 호

품질이 **높은**(高) 털(毛)인 **가는 털**

高(높을 고) 毛(털 모)

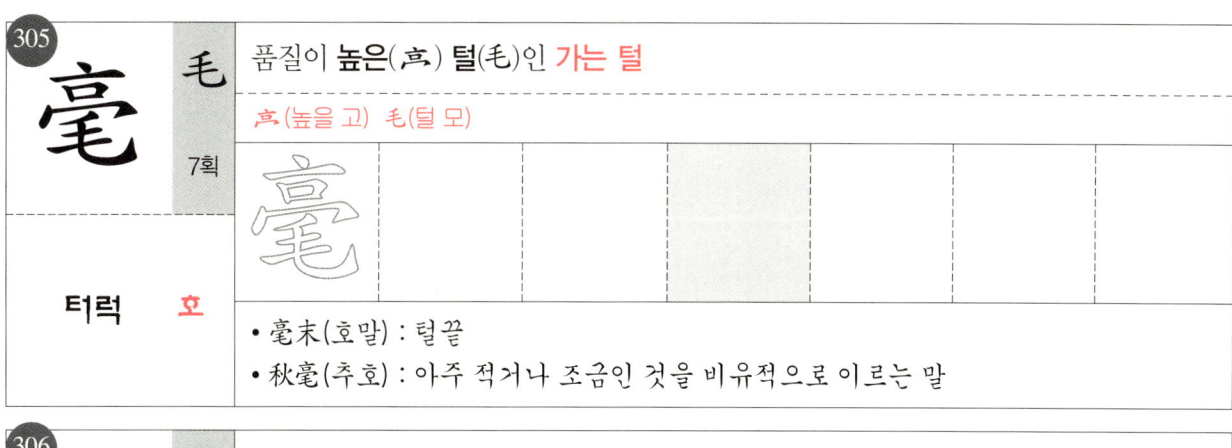

- 毫末(호말) : 털끝
- 秋毫(추호) : 아주 적거나 조금인 것을 비유적으로 이르는 말

306 昏

日 4획

어두울 혼

뿌리(氏) 밑으로 **해**(日)가 져서 **어두우니**

氏(뿌리 씨) 日(해 일)

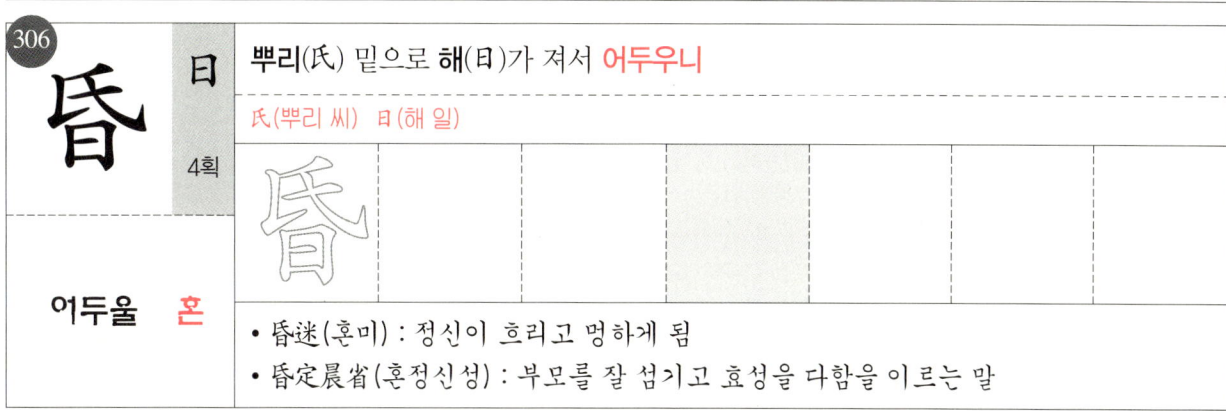

- 昏迷(혼미) : 정신이 흐리고 멍하게 됨
- 昏定晨省(혼정신성) : 부모를 잘 섬기고 효성을 다함을 이르는 말

307 弘

弓 2획

클 넓을 홍

활(弓)을 쏘려고 활시위를 **내**(厶) 쪽으로 당기면 늘어나 **커지니**

弓(활 궁) 厶(나 사)

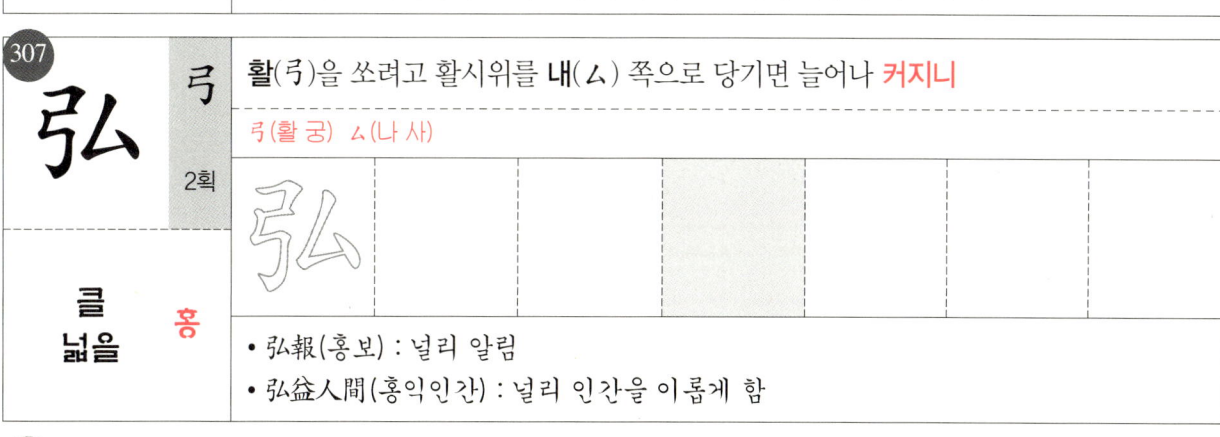

- 弘報(홍보) : 널리 알림
- 弘益人間(홍익인간) : 널리 인간을 이롭게 함

308 鴻

鳥 6획

기러기 홍

강(江)이나 습지에 사는 **새**(鳥)는 **기러기**이니

江(강 강) 鳥(새 조) *기러기 : 오릿과에 딸린 철새를 통틀어 이르는 말

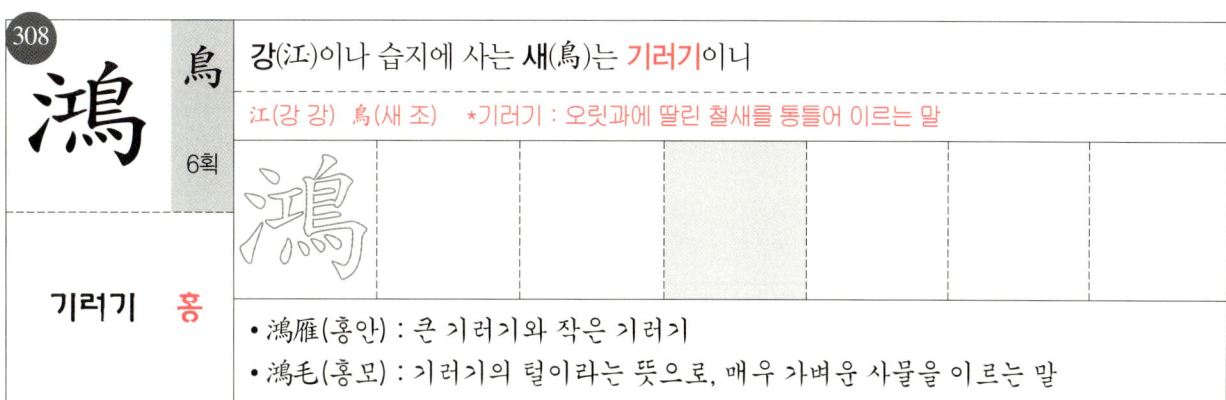

- 鴻雁(홍안) : 큰 기러기와 작은 기러기
- 鴻毛(홍모) : 기러기의 털이라는 뜻으로, 매우 가벼운 사물을 이르는 말

자원으로 한자 알기

* 품질이 **높은**(高) 털(   )인 **가는 털**
* **뿌리**(氏) 밑으로 **해**(   )가 져서 **어두우니**
* **활**(   )을 쏘려고 활시위를 **내**(厶) 쪽으로 당기면 늘어나 **커지니**
* **강**(江)이나 습지에 사는 **새**(   )는 **기러기**이니

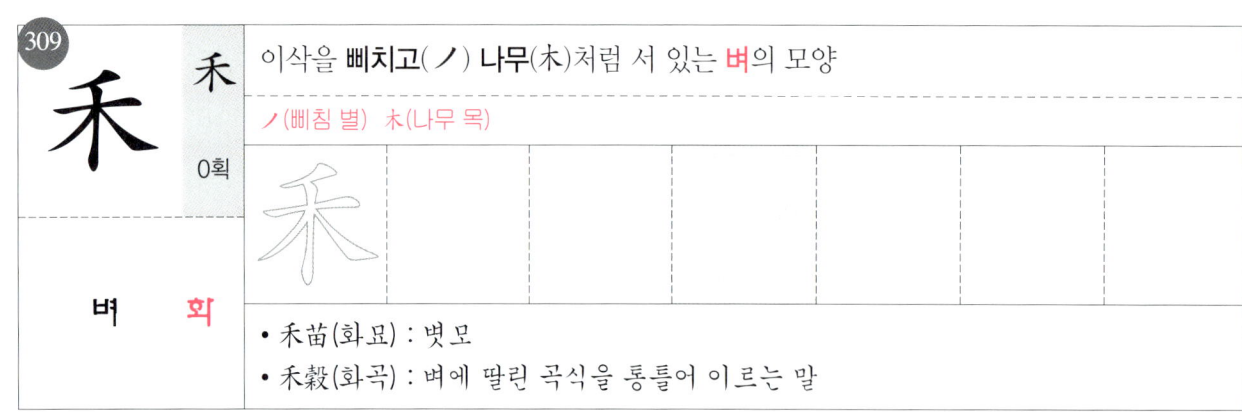

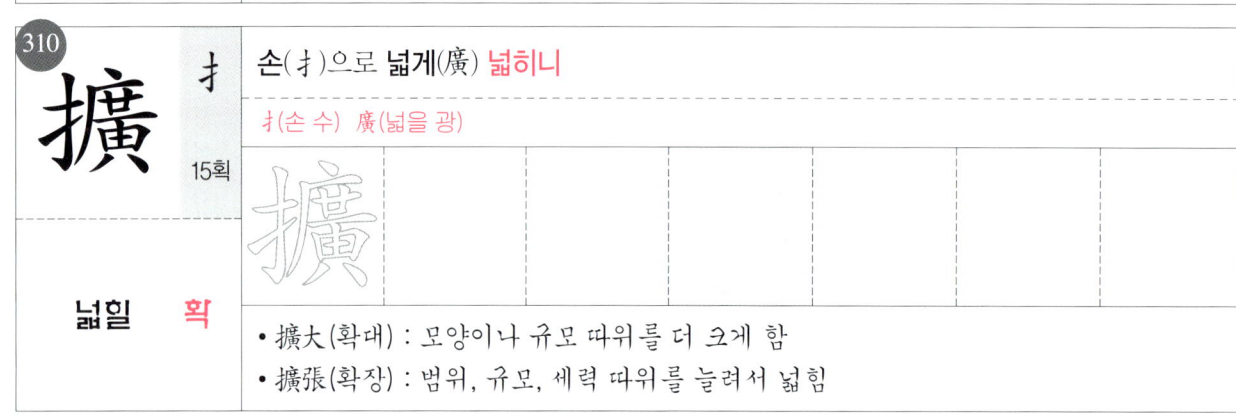

자원으로 한자 알기

* 이삭을 삐치고(丿) 나무(木)처럼 서 있는 **벼**의 모양
* 손( )으로 넓게(廣) **넓히니**

一思多得

301 螢(반딧불 형)   勞(일할 로)   榮(영화 영)   營(경영할 영) 잘 구별하세요.

螢(반딧불 형) : 불(火)과 불(火)에 덮여(冖) 빛을 내는 벌레(虫)는 **반딧불**이니
勞(일할 로) : 불(火)과 불(火)에 덮여(冖) 힘(力)써 **일하니**
榮(영화 영) : 불(火)과 불(火)에 덮여(冖) 타오르는 나무(木)처럼 **영화로우니**
營(경영할 영) : 불(火)과 불(火)에 덮여(冖) 등뼈(呂)처럼 이어진 일을 계획하고 **경영하니**

金	+	廣	=	鑛(쇳돌 광)	쇠(金)의 성분이 널리(廣) 함유된 **쇳돌**
扌	+	廣	=	擴(넓힐 확)	손(扌)으로 넓게(廣) **넓히니**

다음 한자를 나누고 **자원**을 쓰면서 익히세요.

螢 (반딧불 형) = ☐ + ☐ + ☐ + ☐

兮 (어조사 혜) = ☐ + ☐

互 (서로 호) = ☐ + ☐

乎 (어조사 호) = ☐ + ☐ + ☐ + ☐

毫 (터럭 호) = ☐ + ☐

昏 (어두울 혼) = ☐ + ☐

弘 (클 홍) = ☐ + ☐

鴻 (기러기 홍) = ☐ + ☐

禾 (벼 화) = ☐ + ☐

擴 (넓힐 확) = ☐ + ☐

257

다음 한자어의 **독음**을 쓰세요.

螢光	樂兮	兮也	相互
互換	確乎	斷乎	毫末
秋毫	昏迷	弘報	鴻雁
鴻毛	禾苗	禾穀	擴大
擴張			

 다음 한자어를 **한자**로 쓰세요.

반딧불 형	빛 광	즐거울 락	어조사 혜	서로 상	서로 호	확실할 확	어조사 호
터럭 호	끝 말	어두울 혼	흐릿할 미	넓을 홍	알릴 보	기러기 홍	기러기 안
벼 화	모 묘	넓힐 확	큰 대	어조사 혜	어조사 야	서로 호	바꿀 환
결단할 단	어조사 호	가을 추	터럭 호	기러기 홍	털 모	벼 화	곡식 곡
넓힐 확	넓힐 장						

예문으로 한자어 익히기(한자로 쓰인 단어의 뜻을 써보세요.)

1. **螢光** 같은 마을의 불빛만이 점점이 묻어났다.

2. 남북한의 통일을 위해서는 **相互** 빈번한 대화와 교류가 필요하다.

3. 이 기기는 다른 회사 제품과 **互換**될 수 있도록 설계되었다.

4. 그는 **確乎**한 신념을 가진 사람처럼 조금도 움직이지 않았다.

5. 그들은 **斷乎**히 항전할 것을 결의하였다.

6. 내게는 **毫末**만 한 잘못도 없다는 것을 맹세합니다.

7. 내가 결혼할 생각이 **秋毫**라도 있었다면, 10년 전에 했을 거다.

8. 환자가 출혈을 많이 해 **昏迷** 상태에 빠졌다.

9. 외국에 우리나라를 **弘報**할 관광포스터를 제작하였다.

10. **鴻雁**은 백 년의 수를 갖는다.

11. 절구가 **鴻毛**보다도 더 가벼웠다.

12. 못자리에는 **禾苗**가 제법 자랐다.

13. 여러 달 동안 비가 오지 않아서 **禾穀**이 다 마르고, 백성들이 장차 굶어 죽게 되었다.

14. 올해부터 신입 사원을 대폭 **擴大**하여 모집하기로 했다.

15. 그 회사는 사업 규모를 **擴張**하기 위해 해외 시장 개척을 진행 중이다.

311 穫	禾 14획	벼(禾)를 풀(艹) 속의 새(隹)들이 또(又) 먹기 전에 **거두니**
		禾(벼 화) 艹(풀 초) 隹(새 추) 又(또 우)
거둘	확	• 秋穫(추확) : 가을철에 수확함 • 收穫(수확) : 익은 농작물을 거두어들임

312 丸	丶 2획	아홉(九) 번이나 굴려 점(丶)처럼 **둥글게** 만드니
		九(아홉 구) 丶(점 주)
둥글 탄알	환	• 丸藥(환약) : 둥글게 빚은 약 • 彈丸(탄환) : 탄알

313 曉	日 12획	해(日)가 높이(堯) 떠오르는 **새벽**
		日(해 일) 土(흙 토) 兀(우뚝할 올)
새벽	효	*堯(높을 요) : 흙(土)을 우뚝하게(兀) 높이 쌓으니 • 曉星(효성) : 새벽에 보이는 별

314 侯	亻 8획	사람(亻)들이 과녁을 만들고(工) 화살(矢)을 쏘아 잘 맞추는 사람이 **제후**가 되니
		亻(사람 인) 工(만들 공) 矢(화살 시) *옛날에는 활을 잘 쏘는 사람이 제후가 되었다고 합니다.
과녁 제후	후	• 諸侯(제후) : 봉건 시대에 영토를 가지고 그 영내의 백성을 다스리던 사람 • 王侯將相(왕후장상) : 제왕, 제후, 장수, 재상을 아울러 이르는 말

자원으로 한자 알기

* 벼(   )를 풀(艹) 속의 새(隹)들이 또(又) 먹기 전에 **거두니**
* 아홉(九) 번이나 굴려 점(   )처럼 **둥글게** 만드니
* 해(   )가 높이(堯) 떠오르는 **새벽**
* 사람(   )들이 과녁을 만들고(工) 화살(矢)을 쏘아 잘 맞추는 사람이 **제후**가 되니

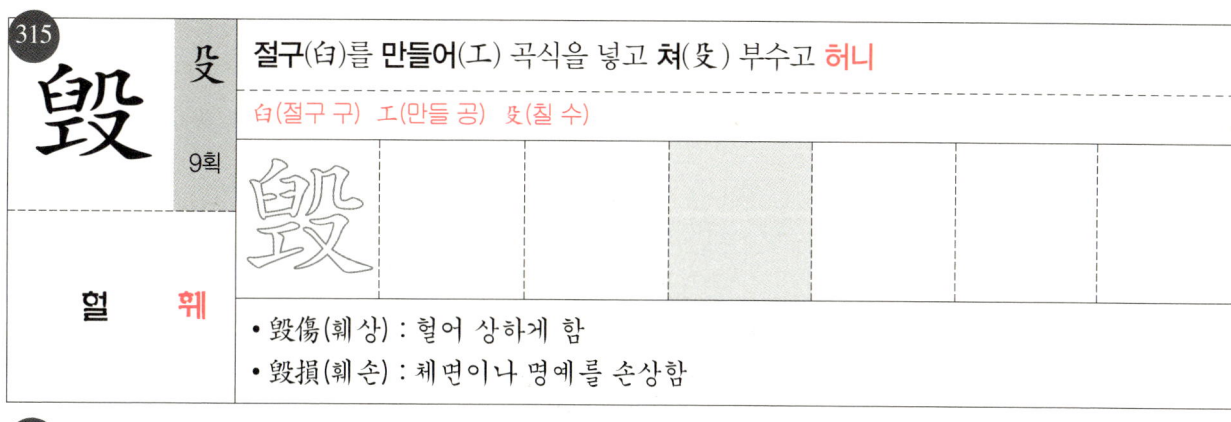

315 毀 (헐 훼) — 9획

殳

절구(臼)를 만들어(工) 곡식을 넣고 쳐(殳) 부수고 **허니**

臼(절구 구) 工(만들 공) 殳(칠 수)

- 毀傷(훼상) : 헐어 상하게 함
- 毀損(훼손) : 체면이나 명예를 손상함

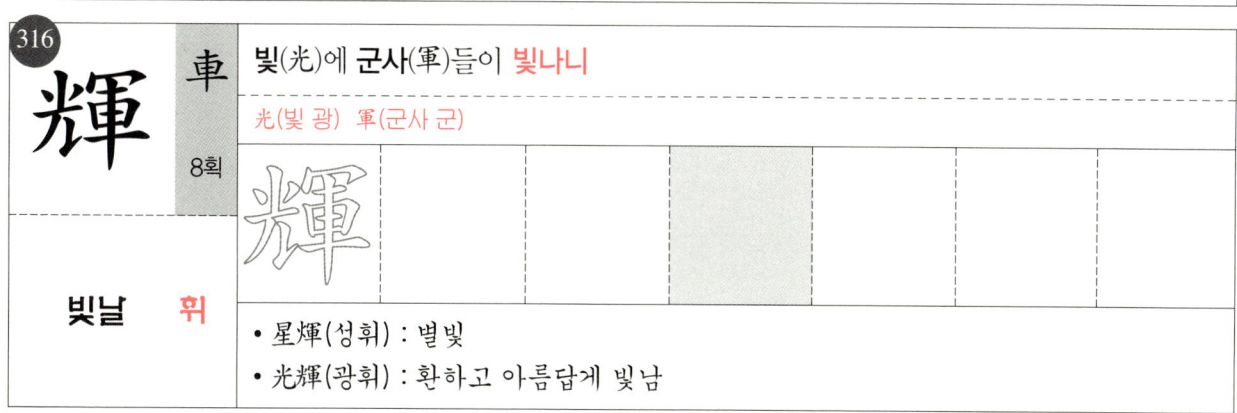

316 輝 (빛날 휘) — 8획

車

빛(光)에 군사(軍)들이 **빛나니**

光(빛 광) 軍(군사 군)

- 星輝(성휘) : 별빛
- 光輝(광휘) : 환하고 아름답게 빛남

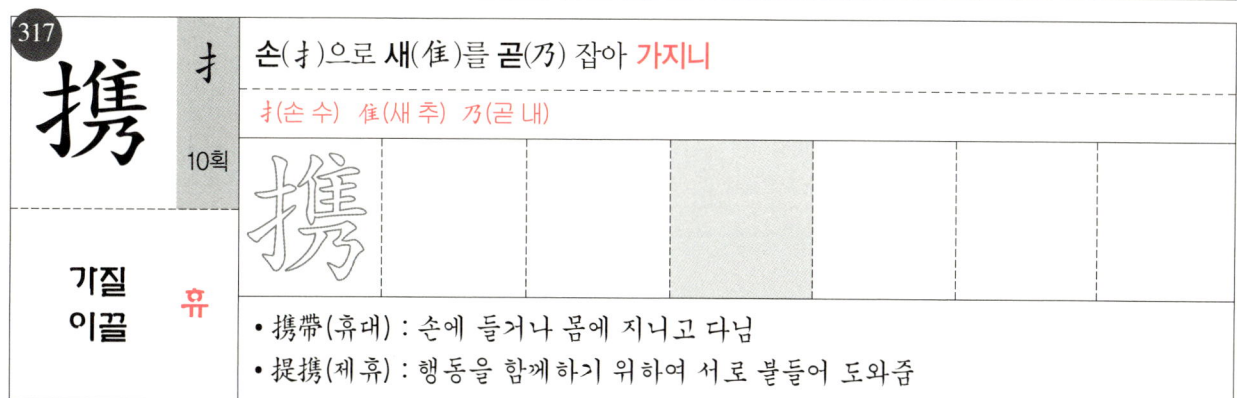

317 攜 (가질·이끌 휴) — 10획

扌

손(扌)으로 새(隹)를 곧(乃) 잡아 **가지니**

扌(손 수) 隹(새 추) 乃(곧 내)

- 攜帶(휴대) : 손에 들거나 몸에 지니고 다님
- 提攜(제휴) : 행동을 함께 하기 위하여 서로 붙들어 도와줌

자원으로 한자 알기

* 절구(臼)를 만들어(工) 곡식을 넣고 쳐(　) 부수고 **허니**　☞
* 빛(光)에 군사(軍)들이 **빛나니**　☞
* 손(　)으로 새(隹)를 곧(乃) 잡아 **가지니**　☞

一思多得

314 侯(제후 후)　候(기후 후) 잘 구별하세요.

侯(제후 후) : 사람(亻)들이 과녁을 만들고(그) 화살(矢)을 쏘아 잘 맞추는 사람이 **제후**가 되니

候(기후 후) : 사람(亻)들이 송곳(丨)처럼 만든(그) 화살(矢)을 쏘려고 **기후**를 살피니

다음 한자를 나누고 **자원**을 쓰면서 익히세요.

穫 (거둘 확) = ☐ + ☐ + ☐ + ☐

丸 (둥글 환) = ☐ + ☐

曉 (새벽 효) = ☐ + ☐

侯 (제후 후) = ☐ + ☐ + ☐

毀 (헐 훼) = ☐ + ☐ + ☐

輝 (빛날 휘) = ☐ + ☐

携 (가질 휴) = ☐ + ☐ + ☐

 다음 한자어의 **독음**을 쓰세요.

秋穫	收穫	丸藥	彈丸
曉星	諸侯	毁傷	毁損
星輝	光輝	携帶	提携

 다음 한자어를 **한자**로 쓰세요.

가을 추 거둘 확	둥글 환 약 약	새벽 효 별 성	모두 제 제후 후
헐 훼 상할 상	별 성 빛날 휘	가질 휴 지닐 대	거둘 수 거둘 확
탄알 탄 탄알 환	헐 훼 상할 손	빛 광 빛날 휘	끌 제 이끌 휴

예문으로 한자어 익히기 (한자로 쓰인 단어의 뜻을 써보세요.)

1. 시골은 **秋穫**이 한창이라 바쁘다.

2. 우리는 학생들이 자신감을 회복하게 된 것을 큰 **收穫**으로 생각한다.

3. 저 한약방에서 지어 주는 **丸藥**이 효과가 있다.

4. 적의 **彈丸**이 팽팽 소리를 내면서 비 퍼붓듯 쏟아졌다.

5. **曉星**은 희미하게 밝아 오는 하늘 뒤편으로 까물까물 꺼져 갔다.

6. 임금의 덕이 높으니 여러 **諸侯**가 조공을 드리고 기꺼이 복종하였다.

7. 어떠한 법률이나 정책이라도 인간의 존엄성을 **毀傷**하여서는 안 된다.

8. 무분별한 개발로 자연이 많이 **毀損**되고 있다.

9. 밤이 깊어 갈수록 **星輝**는 더욱더 빛난다.

10. 여름의 진리는 그 쏘는 듯한 **光輝**와 그 찌는 듯한 작열에 있다.

11. 은박지로 포장한 그 식량은 부피가 작고 가벼워서 간단히 **携帶**할 수 있다.

12. 우리 회사는 외국 회사와 **提携**하여 신제품을 개발하고 있다.

자원으로 한자 알기.

301. 불(火)과 불(火)에 덮여(冖) 빛을 내는 벌레(   )는 반딧불이니

302. 팔(   )방으로 다섯(丂) 번이나 감탄하는 어조사

303. 한(一) 마리의 돼지(亥)를 서로 나누어 먹으니

304. 끈(   )을 나누어(丷) 하나(一)같이 갈고리(亅)에 묶고 감탄하는 어조사

305. 품질이 높은(高) 털(   )인 가는 털

306. 뿌리(氐) 밑으로 해(   )가 져서 어두우니

307. 활(   )을 쏘려고 활시위를 내(厶) 쪽으로 당기면 늘어나 커지니

308. 강(江)이나 습지에 사는 새(   )는 기러기이니

309. 이삭을 삐치고(丿) 나무(木)처럼 서 있는 벼의 모양

310. 손(   )으로 넓게(廣) 넓히니

311. 벼(   )를 풀(艹) 속의 새(隹)들이 또(又) 먹기 전에 거두니

312. 아홉(九) 번이나 굴려 점(   )처럼 둥글게 만드니

313. 해(   )가 높이(堯) 떠오르는 새벽

314. 사람(   )들이 과녁을 만들고(エ) 화살(矢)을 쏘아 잘 맞추는 사람이 제후가 되니

315. 절구(臼)를 만들어(工) 곡식을 넣고 쳐(   ) 부수고 허니

316. 빛(光)에 군사(軍)들이 빛나니

317. 손(   )으로 새(隹)를 곧(乃) 잡아 가지니

다음 한자의 뜻과 음을 쓰세요.

螢	兮	互	乎	毫
昏	弘	鴻	禾	擴	穫	丸
曉	侯	毀	輝	携

3급 301-317번
형성평가

다음 뜻과 음을 지닌 한자를 쓰세요.

반딧불 형	어조사 혜	서로 호	어조사 호	터럭 호
어두울 혼	클 홍	기러기 홍	벼 화	넓힐 확	거둘 확	둥글 환
새벽 효	제후 후	헐 훼	빛날 휘	가질 휴

266

종합평가

다음 한자의 **뜻**과 **음**을 쓰세요.

却	姦	渴	慨	皆	乞	牽
遣	肩	絹	卿	竟	庚	癸
繫	枯	顧		坤	郭	掛
塊	愧				郊	矯
俱						驅
		3급 1-50번 형성평가				
狗	苟				懼	厥
軌	龜	叫		糾	僅	謹
斤	肯	欺	忌	幾	旣	棄
豈	飢	那	奈	乃	惱	畓

268

다음 뜻과 음을 지닌 **한자**를 쓰세요.

물리칠 각	간음할 간	목마를 갈	슬퍼할 개	다 개	빌 걸	이끌 견
보낼 견	어깨 견	비단 견	벼슬 경	마침내 경	별 경	북방 계
맬 계	마를 고	돌아볼 고		땅 곤	외성 곽	걸 괘
흙덩이 괴	부끄러울 괴			들 교	바로잡을 교
함께 구					몰 구
개 구	진실로 구			두려워할 구	그 궐
바퀴자국 궤	거북 귀	부르짖을 규	얽힐 규	겨우 근	삼갈 근
도끼 근	즐길 긍	속일 기	꺼릴 기	몇 기	이미 기	버릴 기
어찌 기	주릴 기	어찌 나	어찌 내	곧 내	번뇌할 뇌	논 답

3급 1-50번 형성평가

다음 한자의 **뜻**과 **음**을 쓰세요.

塗	挑	跳	稻	篤	敦	豚
屯	鈍	騰	濫	掠	諒	憐
劣	廉	獵		零	隸	鹿
了	僚				屢	淚
梨						隣
慢	漫				忙	忘
茫	罔	埋		冥	侮	冒
募	暮	某	卯	廟	苗	霧
戊	迷	眉	憫	敏	蜜	泊

3급 51-100번
형성평가

다음 뜻과 음을 지닌 **한자**를 쓰세요.

칠할 도	돋울 도	뛸 도	벼 도	도타울 독	도타울 돈	돼지 돈
진칠 둔	둔할 둔	오를 등	넘칠 람	노략질할 략	살펴 알 량	불쌍히 여길 련
못할 렬	청렴할 렴	사냥 렵		떨어질 령	종 례	사슴 록
마칠 료	동료 료				여러 루	눈물 루
배 리						이웃 린
거만할 만	흩어질 만				바쁠 망	잊을 망
아득할 망	없을 망	묻을 매		어두울 명	업신여길 모	무릅쓸 모
모을 모	저물 모	아무 모	토끼 묘	사당 묘	모 묘	안개 무
무성할 무	헤맬 미	눈썹 미	민망할 민	민첩할 민	꿀 밀	머무를 박

3급 51-100번 형성평가

다음 한자의 **뜻**과 **음**을 쓰세요.

伴	叛	返	倣	傍	邦	杯
煩	飜	辨	屛	竝	卜	蜂
赴	墳	朋		崩	賓	頻
聘	似				巳	捨
斯						詐
賜	朔				嘗	祥
庶	敍	暑		逝	誓	昔
析	攝	涉	蔬	召	昭	騷
粟	誦	囚	睡	搜	誰	雖

3급 101-150번
형성평가

272

다음 뜻과 음을 지닌 **한자**를 쓰세요.

짝 반	배반할 반	돌이킬 반	본뜰 방	곁 방	나라 방	잔 배
번거로울 번	번역할 번	분별할 변	병풍 병	나란히 병	점 복	벌 봉
다다를 부	무덤 분	벗 붕		무너질 붕	손님 빈	자주 빈
부를 빙	닮을 사			뱀 사	버릴 사
이 사					속일 사
줄 사	초하루 삭			맛볼 상	상서 상
여러 서	펼 서	더울 서		갈 서	맹세할 서	예 석
쪼갤 석	다스릴 섭	건널 섭	나물 소	부를 소	밝을 소	떠들 소
조 속	월 송	가둘 수	졸음 수	찾을 수	누구 수	비록 수

다음 한자의 **뜻**과 **음**을 쓰세요.

遂	須	孰	循	殉	脣	戌
矢	伸	辛	晨	尋	餓	岳
雁	謁	押		殃	涯	厄
也	耶				躍	楊
於						焉
予	汝				余	與
閱	泳	詠		銳	傲	吾
娛	嗚	汚	擁	翁	臥	曰
畏	搖	遙	腰	庸	于	又

3급 151-200번 형성평가

다음 뜻과 음을 지닌 **한자**를 쓰세요.

드디어 수	모름지기 수	누구 숙	돌 순	따라죽을 순	입술 순	개 술
화살 시	펼 신	매울 신	새벽 신	찾을 심	주릴 아	큰 산 악
기러기 안	볼 알	누를 압		재앙 앙	물가 애	액 액
또한 야	그런가 야				뛸 약	버들 양
어조사 어						어찌 언
나 여	너 여			남을 여	수레 여	
볼 열	헤엄칠 영	읊을 영		날카로울 예	거만할 오	나 오
즐길 오	슬플 오	더러울 오	안을 옹	늙은이 옹	누울 와	말할 왈
두려워할 외	흔들 요	멀 요	허리 요	고용할 용	어조사 우	또 우

3급 151-200번 형성평가

275

다음 한자의 **뜻**과 **음**을 쓰세요.

尤	云	違	緯	愈	唯	惟
酉	閏	吟	泣	凝	宜	矣
夷	而	姻		寅	恣	玆
爵	酌				墻	哉
宰						滴
竊	蝶				訂	堤
弔	燥	拙		佐	舟	俊
遵	贈	只	遲	姪	懲	且
捉	慘	憊	暢	斥	薦	尖

3급 201-250번
형성평가

다음 뜻과 음을 지닌 **한자**를 쓰세요.

더욱 우	이를 운	어긋날 위	씨실 위	나을 유	오직 유	생각할 유
닭 유	윤달 윤	읊을 음	울 읍	엉길 응	마땅 의	어조사 의
오랑캐 이	수염 이	혼인 인		범 인	방자할 자	이 자
벼슬 작	술 부을 작				담 장	비로소 재
재상 재		3급 201-250번 형성평가				물방울 적
훔칠 절	나비 접			바로잡을 정		둑 제
조상할 조	마을 조	졸할 졸		도울 좌	배 주	준걸 준
좇을 준	줄 증	다만 지	더딜 지	조카 질	징계할 징	또 차
잡을 착	참혹할 참	부끄러울 참	화창할 창	물리칠 척	천거할 천	뾰족할 첨

다음 한자의 **뜻**과 **음**을 쓰세요.

添	妾	晴	替	逮	遞	抄
秒	燭	聰	抽	醜	丑	逐
臭	枕	妥		墮	托	濯
濁	誕				貪	怠
把						播
罷	頗				販	貝
遍	蔽	幣		抱	飽	幅
漂	匹	旱	咸	巷	奚	亥
該	享	軒	絃	縣	嫌	亨

3급 251-300번
형성평가

다음 뜻과 음을 지닌 **한자**를 쓰세요.

더할 첨	첩 첩	갤 청	바꿀 체	잡을 체	전할 체	뽑을 초
분초 초	촛불 촉	귀 밝을 총	뽑을 추	추할 추	소 축	쫓을 축
냄새 취	베개 침	온당할 타	떨어질 타	맡길 탁		씻을 탁
흐릴 탁	속일 탄			탐낼 탐	게으를 태	
잡을 파					뿌릴 파	
마칠 파	자못 파			팔 판	조개 패	
두루 편	덮을 폐	돈 폐	안을 포	배부를 포	폭 폭	
떠다닐 표	짝 필	가물 한	다 함	거리 항	어찌 해	돼지 해
갖출 해	누릴 향	집 헌	악기 줄 현	고을 현	싫어할 혐	형통할 형

3급 251-300번
형성평가

279

다음 한자의 뜻과 음을 쓰세요.

螢	兮	互	乎	毫

昏	弘	鴻	禾	擴	穫	丸

曉	侯	毁	輝	携

3급 301-317번 형성평가

다음 뜻과 음을 지닌 한자를 쓰세요.

반딧불 형	어조사 혜	서로 호	어조사 호	터럭 호

어두울 혼	클 홍	기러기 홍	벼 화	넓힐 확	거둘 확	둥글 환

새벽 효	제후 후	헐 훼	빛날 휘	가질 휴

논술 – 교과서 주요 한자어 익히기

한자	뜻	독음
可憐 ( )	가엾고 불쌍함	가련
渴求 ( )	간절히 바라며 구함	갈구
慨歎 ( )	분하거나 못마땅하게 여겨 한탄함	개탄
乞人 ( )	거지	걸인
公募 ( )	공개 모집	공모
過敏 ( )	감각이나 감정이 지나치게 예민함	과민
官僚 ( )	직업적인 관리	관료
求乞 ( )	돈이나 곡식, 물건 따위를 거저 달라고 빎	구걸
驅步 ( )	달리기	구보
近郊 ( )	도시의 가까운 변두리에 있는 마을이나 들	근교
近隣 ( )	가까운 이웃	근린
急騰 ( )	물가나 시세 따위가 갑자기 오름	급등
棄權 ( )	투표, 의결, 경기 따위에 참가할 수 있는 권리를 스스로 포기함	기권
濫用 ( )	일정한 기준이나 한도를 넘어서 함부로 씀	남용
來賓 ( )	초대 손님	내빈
東夷 ( )	중국에서 동쪽에 사는 민족을 낮잡아 이르던 말	동이
滿了 ( )	기한이 다 차서 끝남	만료
配匹 ( )	부부로서의 짝	배필
飜覆 ( )	이리저리 뒤집힘	번복
誓約 ( )	맹세하고 약속함	서약
宣誓 ( )	여럿 앞에서 성실할 것을 맹세함	선서
騷亂 ( )	시끄럽고 어수선함	소란
市販 ( )	시장에서 일반에게 판매함	시판
惡臭 ( )	나쁜 냄새	악취
銳敏 ( )	무엇인가를 느끼는 능력이나 분석하고 판단하는 능력이 빠름	예민

한자	뜻	음
隸屬 ( )	남의 지배나 지휘 아래 매임	예속
外郭 ( )	바깥 테두리	외곽
搖動 ( )	흔들리어 움직임	요동
遙遠 ( )	멂	요원
唯一 ( )	오직 하나밖에 없음	유일
造幣 ( )	화폐를 만듦	조폐
懲罰 ( )	옳지 아니한 일을 하거나 죄를 지은 데 대하여 벌을 줌	징벌
薦擧 ( )	어떤 일을 맡아 할 수 있는 사람을 소개하거나 추천함	천거
添削 ( )	시문(詩文)이나 답안 따위의 내용 일부를 보태거나 삭제하여 고침	첨삭
醜惡 ( )	더럽고 흉악함	추악
貪慾 ( )	지나치게 탐하는 욕심	탐욕
販路 ( )	상품이 팔리는 방면이나 길	판로
該當 ( )	들어맞음	해당
嫌惡 ( )	싫어하고 미워함	혐오
擴張 ( )	범위, 규모, 세력 따위를 늘려서 넓힘	확장
回顧 ( )	뒤를 돌아다봄	회고

부록

반대자 -뜻이 반대되는 한자

佳(아름다울 가) / 美(아름다울 미)	↔ 醜(추할 추)
皆(다 개) / 咸(다 함)	↔ 個(낱 개)
慨(슬퍼할 개) / 嗚(슬플 오)	↔ 悅(기쁠 열) / 歡(기쁠 환) / 喜(기쁠 희)
乾(하늘 건)	↔ 坤(땅 곤)
遣(보낼 견)	↔ 迎(맞이할 영)
牽(이끌 견)	↔ 推(밀 추)
慶(경사 경)	↔ 弔(조상할 조)
經(날실 경)	↔ 緯(씨실 위)
枯(마를 고) / 燥(마를 조)	↔ 濕(젖을 습)
俱(함께 구)	↔ 獨(홀로 독)
勤(부지런할 근)	↔ 怠(게으를 태)
棄(버릴 기) / 捨(버릴 사)	↔ 拾(주울 습)
飢(주릴 기) / 餓(주릴 아)	↔ 飽(배부를 포)
淡(맑을 담) / 淑(맑을 숙) / 淸(맑을 청)	↔ 濁(흐릴 탁)
鈍(둔할 둔)	↔ 銳(날카로울 예)
騰(오를 등)	↔ 降(내릴 강)
了(마칠 료) / 罷(마칠 파)	↔ 始(처음 시) / 初(처음 초)
漫(흩어질 만) / 散(흩을 산)	↔ 募(모을 모) / 集(모을 집) / 蓄(모을 축)
忙(바쁠 망)	↔ 閑(한가할 한)
罔(없을 망)	↔ 有(있을 유) / 在(있을 재) / 存(있을 존)
忘(잊을 망)	↔ 憶(생각할 억)
冥(어두울 명) / 暗(어두울 암) / 昏(어두울 혼)	↔ 朗(밝을 랑) / 明(밝을 명) / 昭(밝을 소)
默(잠잠할 묵)	↔ 騷(떠들 소)
賓(손 빈)	↔ 主(주인 주)

284

賜(줄 사) 贈(줄 증)	↔	受(받을 수)
暑(더울 서)	↔	寒(찰 한)
昔(예 석)	↔	新(새 신)
析(쪼갤 석)	↔	合(합할 합)
秀(빼어날 수) 優(뛰어날 우)	↔	劣(못할 렬) 拙(졸할 졸)
伸(펼 신) 擴(넓힐 확)	↔	縮(줄일 축)
我(나 아) 余(나 여)	↔	汝(너 여)
汚(더러울 오)	↔	潔(깨끗할 결) 淨(깨끗할 정)
翁(늙은이 옹)	↔	幼(어릴 유)
泣(울 읍)	↔	笑(웃음 소)
遲(더딜 지)	↔	敏(민첩할 민)
田(밭 전)	↔	畓(논 답)
捉(잡을 착) 逮(잡을 체) 把(잡을 파)	↔	放(놓을 방)
添(더할 첨)	↔	減(덜 감) 削(깎을 삭) 損(덜 손)
晴(갤 청)	↔	雨(비 우)
販(팔 판)	↔	買(살 매)
嫌(싫어할 혐)	↔	好(좋을 호)

반대어 –뜻이 반대되는 한자어

干涉 (간섭)	↔	放任 (방임)	愛好 (애호)	↔	嫌惡 (혐오)
乾燥 (건조)	↔	濕潤 (습윤)	年頭 (연두)	↔	歲暮 (세모)
傑作 (걸작)	↔	拙作 (졸작)	銳角 (예각)	↔	鈍角 (둔각)
公平 (공평)	↔	偏頗 (편파)	緩慢 (완만)	↔	急激 (급격)
巧妙 (교묘)	↔	拙劣 (졸렬)	優等 (우등)	↔	劣等 (열등)
郊外 (교외)	↔	都心 (도심)	緯度 (위도)	↔	經度 (경도)
肯定 (긍정)	↔	否定 (부정)	違法 (위법)	↔	合法 (합법)
飢餓 (기아)	↔	飽食 (포식)	唯物 (유물)	↔	唯心 (유심)
旣婚 (기혼)	↔	未婚 (미혼)	弔客 (조객)	↔	賀客 (하객)
濫用 (남용)	↔	節約 (절약)	直系 (직계)	↔	傍系 (방계)
冷却 (냉각)	↔	加熱 (가열)	慘敗 (참패)	↔	快勝 (쾌승)
獨創 (독창)	↔	模倣 (모방)	添加 (첨가)	↔	削減 (삭감)
鈍感 (둔감)	↔	敏感 (민감)	抽象 (추상)	↔	具體 (구체)
騰貴 (등귀)	↔	下落 (하락)	妥當 (타당)	↔	不當 (부당)
慢性 (만성)	↔	急性 (급성)	統合 (통합)	↔	分析 (분석)
忘却 (망각)	↔	記憶 (기억)	特殊 (특수)	↔	普遍 (보편)
賣却 (매각)	↔	買入 (매입)	暴騰 (폭등)	↔	暴落 (폭락)
美男 (미남)	↔	醜男 (추남)	漂流 (표류)	↔	定着 (정착)
竝列 (병렬)	↔	直列 (직렬)	虛飢 (허기)	↔	飽滿 (포만)
騷亂 (소란)	↔	靜肅 (정숙)	擴大 (확대)	↔	縮小 (축소)

유의자 -뜻이 비슷한 한자

街(거리 가)	=	巷(거리 항)
皆(다 개)	=	咸(다 함)
慨(슬퍼할 개)	=	悲(슬플 비) / 哀(슬플 애) / 嗚(슬플 오)
乾(마를 건)	=	燥(마를 조)
遣(보낼 견)	=	送(보낼 송)
絹(비단 견)	=	錦(비단 금)
牽(이끌 견)	=	引(끌 인)
卿(벼슬 경)	=	官(벼슬 관) / 爵(벼슬 작)
鷄(닭 계)	=	酉(닭 유)
坤(땅 곤)	=	地(땅 지)
郊(들 교)	=	野(들 야)
校(바로잡을 교)	=	訂(바로잡을 정)
狗(개 구)	=	犬(개 견)
郡(고을 군)	=	縣(고을 현)
謹(삼갈 근)	=	愼(삼갈 신)
肯(즐길 긍)	=	樂(즐길 락)
棄(버릴 기)	=	捨(버릴 사)
飢(주릴 기)	=	餓(주릴 아)
但(다만 단)	=	只(다만 지)
跳(뛸 도)	=	躍(뛸 약)
稻(벼 도)	=	禾(벼 화)
敦(도타울 돈)	=	篤(도타울 독)
盟(맹세 맹)	=	誓(맹세할 서)
模(본뜰 모)	=	倣(본뜰 방)
迷(미혹할 미)	=	惑(미혹할 혹)
邦(나라 방)	=	國(나라 국)
配(짝 배)	=	匹(짝 필)
飜(번역할 번)	=	譯(번역할 역)
分(나눌 분)	=	析(나눌 석)
墳(무덤 분)	=	墓(무덤 묘)
崩(무너질 붕)	=	壞(무너질 괴)
朋(벗 붕)	=	友(벗 우)
賓(손 빈)	=	客(손 객)
詐(속일 사)	=	欺(속일 기)
山(산 산)	=	岳(큰 산 악)
散(흩을 산)	=	漫(흩어질 만)
相(서로 상)	=	互(서로 호)

昔(예 석)	=	古(예 고)	舟(배 주)	=	船(배 선)
洗(씻을 세)	=	濯(씻을 탁)	俊(준걸 준)	=	傑(뛰어날 걸)
誦(욀 송)	=	講(욀 강)	贈(줄 증)	=	與(줄 여)
收(거둘 수)	=	穫(거둘 확)	且(또 차)	=	亦(또 역)
搜(찾을 수)	=	索(찾을 색)	慙(부끄러울 참)	=	愧(부끄러울 괴)
楊(버들 양)	=	柳(버들 류)	菜(나물 채)	=	蔬(나물 소)
抑(누를 억)	=	押(누를 압)	添(더할 첨)	=	加(더할 가)
輿(수레 여)	=	車(수레 거)	逮(잡을 체)	=	捕(잡을 포)
閱(볼 열)	=	覽(볼 람)	招(부를 초)	=	聘(부를 빙)
傲(거만할 오)	=	慢(거만할 만)	丑(소 축)	=	牛(소 우)
遙(멀 요)	=	遠(멀 원)	側(곁 측)	=	傍(곁 방)
云(이를 운)	=	謂(이를 위)	墮(떨어질 타)	=	落(떨어질 락)
吟(읊을 음)	=	詠(읊을 영)	誕(낳을 탄)	=	生(날 생)
泣(울 읍)	=	哭(울 곡) / 鳴(울 명)	貪(탐낼 탐)	=	慾(욕심 욕)
宜(마땅 의)	=	當(마땅 당)	怠(게으를 태)	=	慢(게으를 만)
災(재앙 재)	=	殃(재앙 앙)	販(팔 판)	=	賣(팔 매)
竊(훔칠 절)	=	盜(도둑 도)	畢(마칠 필)	=	竟(끝날 경)
拙(졸할 졸)	=	劣(못할 렬)	婚(혼인할 혼)	=	姻(혼인 인)
終(마칠 종)	=	了(마칠 료)	鴻(기러기 홍)	=	雁(기러기 안)
			懷(품을 회)	=	抱(안을 포)

동음이의어 – 음은 같으나 뜻이 다른 한자어

건조	乾燥	말라서 습기가 없음
	建造	건물이나 배 따위를 설계하여 만듦
고문	顧問	의견을 물음
	古文	갑오개혁 이전의 옛 글
공모	公募	일반에게 널리 공개하여 모집함
	共謀	두 사람 이상이 어떤 불법적인 행위를 하기로 합의하는 일
교정	校庭	학교의 마당이나 운동장
	矯正	틀어지거나 잘못된 것을 바로잡음
	校訂	남의 문장 또는 출판물의 잘못된 글자나 글귀 따위를 바르게 고침
구축	構築	어떤 시설물을 쌓아 올려 만듦
	驅逐	어떤 세력 따위를 몰아서 쫓아냄
기한	期限	미리 한정하여 놓은 시기
	飢寒	굶주리고 헐벗어 배고프고 추움
동요	動搖	생각이나 처지가 확고하지 못하고 흔들림
	童謠	어린이를 위하여 동심을 바탕으로 지은 노래
사기	詐欺	나쁜 꾀로 남을 속임
	士氣	의욕이나 자신감 따위로 충만하여 굽힐 줄 모르는 기세
소동	小童	열 살 안팎의 어린아이
	騷動	사람들이 놀라거나 흥분하여 시끄럽게 법석거리고 떠들어 대는 일
수미	首尾	사물의 머리와 꼬리
	秀眉	뛰어나게 아름다운 눈썹
수행	修行	행실, 학문, 기예 따위를 닦음
	遂行	생각하거나 계획한 대로 일을 해냄

신장	身長	키
	伸張	세력이나 권리 따위가 늘어남
신축	伸縮	늘고 줆
	新築	새로 지음
우열	優劣	나음과 못함
	愚劣	어리석고 못남
	右列	오른쪽의 대열
점등	點燈	등에 불을 켬
	漸騰	시세가 점점 오름
지연	地緣	출신 지역에 따라 연결된 인연
	遲延	무슨 일을 더디게 끌어 시간을 늦춤
탈취	奪取	빼앗아 가짐
	脫臭	냄새를 빼어 없앰
해금	解禁	금지하던 것을 풂
	奚琴	향악기에 속하는 찰현 악기의 하나
혼수	婚需	혼인에 드는 물품
	昏睡	정신없이 잠이 듦
효성	曉星	샛별
	孝誠	마음을 다하여 부모를 섬기는 정성

사자성어 -네 글자로 이루어진 말

街談巷說 (가담항설)	거리나 항간에 떠도는 소문
刻骨難忘 (각골난망)	남에게 입은 은혜가 뼈에 새길 만큼 커서 잊히지 아니함
刻舟求劍 (각주구검)	융통성 없이 현실에 맞지 않는 낡은 생각을 고집하는 어리석음을 이르는 말
感慨無量 (감개무량)	마음속에서 느끼는 감동이나 느낌이 끝이 없음
乞人憐天 (걸인연천)	거지가 하늘을 불쌍히 여긴다는 뜻으로, 불행한 처지에 놓여 있는 사람이 부질없이 행복한 사람을 동정함을 이르는 말
牽強附會 (견강부회)	이치에 맞지 않는 말을 억지로 끌어 붙여 자기에게 유리하게 함
牽牛織女 (견우직녀)	견우와 직녀를 아울러 이르는 말
鷄鳴狗盜 (계명구도)	비굴하게 남을 속이는 하찮은 재주 또는 그런 재주를 가진 사람을 이르는 말
高枕安眠 (고침안면)	베개를 높이 하여 편안히 잔다는 뜻으로, 근심 없이 편안히 지냄을 이르는 말
矯角殺牛 (교각살우)	소의 뿔을 바로잡으려다가 소를 죽인다는 뜻으로, 잘못된 점을 고치려다가 그 방법이나 정도가 지나쳐 오히려 일을 그르침을 이르는 말
口蜜腹劍 (구밀복검)	입에는 꿀이 있고 배 속에는 칼이 있다는 뜻으로, 말로는 친한듯하나 속으로는 해칠 생각이 있음을 이르는 말
口尙乳臭 (구상유취)	입에서 아직 젖내가 난다는 뜻으로, 말이나 행동이 유치함을 이르는 말
勸善懲惡 (권선징악)	착한 일을 권장하고 악한 일을 징계함
錦上添花 (금상첨화)	비단 위에 꽃을 더한다는 뜻으로, 좋은 일 위에 또 좋은 일이 더하여 짐을 비유적으로 이르는 말
堂狗風月 (당구풍월)	서당에서 기르는 개가 풍월을 읊는다는 뜻으로, 무슨 일 하는 것을 오래 보고 듣고 하면 자연히 할 줄 알게 됨을 이르는 말
塗炭之苦 (도탄지고)	진구렁에 빠지고 숯불에 타는 괴로움을 이르는 말

사자성어	뜻
獨也靑靑 (독야청청)	남들이 모두 절개를 꺾는 상황 속에서도 홀로 절개를 굳세게 지키고 있음을 비유적으로 이르는 말
同病相憐 (동병상련)	같은 병을 앓는 사람끼리 서로 가엾게 여긴다는 뜻으로, 어려운 처지에 있는 사람끼리 서로 가엾게 여김을 이르는 말
罔極之恩 (망극지은)	끝없이 베풀어 주는 혜택이나 고마움
門前乞食 (문전걸식)	이 집 저 집 돌아다니며 빌어먹음
傍若無人 (방약무인)	곁에 사람이 없는 것처럼 아무 거리낌 없이 함부로 말하고 행동하는 태도가 있음
背恩忘德 (배은망덕)	남에게 입은 은덕을 저버리고 배신하는 태도가 있음
普遍妥當 (보편타당)	특별하지 않고 사리에 맞아 타당함
朋友有信 (붕우유신)	벗과 벗 사이의 도리는 믿음에 있음을 이르는 말
四顧無親 (사고무친)	의지할 만한 사람이 아무도 없음
塞翁之馬 (새옹지마)	인생의 길흉화복은 변화가 많아서 예측하기가 어렵다는 말
騷人墨客 (소인묵객)	시문·서화를 일삼는 사람이란 뜻으로, 문사, 시인과 서예가, 화가 등 풍류를 아는 사람을 이르는 말
小貪大失 (소탐대실)	작은 것을 탐하다가 큰 것을 잃음
脣亡齒寒 (순망치한)	입술이 없으면 이가 시리다는 뜻으로, 어느 한쪽이 망하면 다른 한쪽도 그 영향을 받아 온전하기 어려움을 이르는 말
乘勝長驅 (승승장구)	싸움에 이긴 형세를 타고 계속 몰아침
食少事煩 (식소사번)	먹을 것은 적은데 할 일은 많음
哀乞伏乞 (애걸복걸)	소원 따위를 들어 달라고 애처롭게 사정하며 간절히 빎

羊頭狗肉 (양두구육)	양의 머리를 걸어 놓고 개고기를 판다는 뜻으로, 겉보기만 그럴듯하게 보이고 속은 변변하지 아니함을 이르는 말
焉敢生心 (언감생심)	어찌 감히 그런 마음을 품을 수 있겠냐는 뜻으로, 전혀 그런 마음이 없었음을 이르는 말
五里霧中 (오리무중)	오 리나 되는 짙은 안개 속에 있다는 뜻으로, 무슨 일에 대하여 방향이나 갈피를 잡을 수 없음을 이르는 말
吾鼻三尺 (오비삼척)	내 코가 석자라는 뜻으로, 자기 사정이 급하여 남을 돌볼 겨를이 없음을 이르는 말
烏飛梨落 (오비이락)	까마귀 날자 배 떨어진다는 뜻으로, 아무 관계도 없는 일이 공교롭게도 때가 같아 억울하게 의심을 받거나 난처한 위치에 서게 됨을 이르는 말
傲霜孤節 (오상고절)	서릿발이 심한 속에서도 굴하지 아니하고 외로이 지키는 절개라는 뜻으로, 국화를 이르는 말
曰可曰否 (왈가왈부)	어떤 일에 대하여 옳거니 옳지 아니하거니 하고 말함
搖之不動 (요지부동)	흔들어도 꼼짝하지 아니함
遠禍召福 (원화소복)	화를 물리치고 복을 불러들임
唯我獨尊 (유아독존)	세상에서 자기 혼자 잘났다고 뽐내는 태도
吟風弄月 (음풍농월)	맑은 바람과 밝은 달을 대상으로 시를 짓고 흥취를 자아내어 즐겁게 놂
泥田鬪狗 (이전투구)	진흙탕에서 싸우는 개라는 뜻으로, 자기의 이익을 위하여 비열하게 다툼을 비유적으로 이르는 말
一魚濁水 (일어탁수)	한 마리의 물고기가 물을 흐린다는 뜻으로, 한 사람의 잘못으로 여러 사람이 피해를 입게 됨을 이르는 말
自暴自棄 (자포자기)	절망에 빠져 자신을 스스로 포기하고 돌아보지 아니함
朝令暮改 (조령모개)	아침에 명령을 내렸다가 저녁에 다시 고친다는 뜻으로, 법령을 자꾸 고쳐서 갈피를 잡기가 어려움을 이르는 말
朝三暮四 (조삼모사)	간사한 꾀로 남을 속여 희롱함을 이르는 말

사자성어	뜻
指鹿爲馬 (지록위마)	윗사람을 농락하여 권세를 마음대로 함을 이르는 말
千辛萬苦 (천신만고)	온갖 어려운 고비를 다 겪으며 심하게 고생함을 이르는 말
取捨選擇 (취사선택)	여럿 가운데서 쓸 것은 쓰고 버릴 것은 버림
貪官汚吏 (탐관오리)	백성의 재물을 탐내어 빼앗는 행실이 깨끗하지 못한 관리
抱腹絶倒 (포복절도)	배를 그러안고 넘어질 정도로 몹시 웃음
飽食暖衣 (포식난의)	배부르게 먹고 따뜻하게 입는다는 뜻으로, 의식(衣食)이 넉넉하게 지냄을 이르는 말
匹夫匹婦 (필부필부)	평범한 남녀
咸興差使 (함흥차사)	심부름을 가서 오지 아니하거나 늦게 온 사람을 이르는 말
螢雪之功 (형설지공)	반딧불과 눈빛으로 이룬 공이라는 뜻으로, 가난을 이겨내며 반딧불과 눈빛으로 글을 읽어가며 고생 속에서 공부하여 이룬 공을 이르는 말
昏定晨省 (혼정신성)	밤에는 부모의 잠자리를 보아 드리고 이른 아침에는 부모의 밤새 안부를 묻는다는 뜻으로, 부모를 잘 섬기고 효성을 다함을 이르는 말
弘益人間 (홍익인간)	널리 인간을 이롭게 한다는 뜻으로, 우리나라의 건국 시조인 단군의 건국이념

약자 - 간략하게 줄여서 쓰는 글자

기본자		약자
驅	⇒	駆
龜	⇒	亀
棄	⇒	弃
惱	⇒	悩
濫	⇒	滥
獵	⇒	猟
廟	⇒	庙
嘗	⇒	甞
敍	⇒	叙

기본자		약자
攝	⇒	摂
哉	⇒	烖
竊	⇒	窃
慘	⇒	惨
遞	⇒	逓
墮	⇒	堕
縣	⇒	県
螢	⇒	蛍
擴	⇒	拡

중앙에듀북스 Joongang Edubooks Publishing Co.
중앙경제평론사 | 중앙생활사 Joongang Economy Publishing Co./Joongang Life Publishing Co.

중앙에듀북스는 폭넓은 지식교양을 함양하고 미래를 선도한다는 신념 아래 설립된 교육·학습서 전문 출판사로서 우리나라와 세계를 이끌고 갈 청소년들에게 꿈과 희망을 주는 책을 발간하고 있습니다.

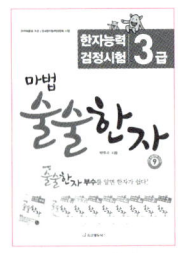

마법 술술한자 ⑨ (한자능력검정시험 3급)

초판 1쇄 발행 | 2014년 1월 28일
초판 2쇄 발행 | 2021년 9월 15일

지은이 | 박두수(DuSu Park)
펴낸이 | 최점옥(JeomOg Choi)
펴낸곳 | 중앙에듀북스(Joongang Edubooks Publishing Co.)

대　　표 | 김용주
책임편집 | 박두수
본문디자인 | 박근영

출력 | 영신사　종이 | 한솔PNS　인쇄·제본 | 영신사

잘못된 책은 구입한 서점에서 교환해드립니다.
가격은 표지 뒷면에 있습니다.

ISBN 978-89-94465-24-1(13700)

등록 | 2008년 10월 2일 제2-4993호
주소 | ㉾04590 서울시 중구 다산로20길 5(신당4동 340-128) 중앙빌딩
전화 | (02)2253-4463(代)　팩스 | (02)2253-7988
홈페이지 | www.japub.co.kr　블로그 | http://blog.naver.com/japub
페이스북 | https://www.facebook.com/japub.co.kr　이메일 | japub@naver.com
♣ 중앙에듀북스는 중앙경제평론사·중앙생활사와 자매회사입니다.

Copyright ⓒ 2014 by 박두수
이 책은 중앙에듀북스가 저작권자와의 계약에 따라 발행한 것이므로 본사의 서면 허락 없이는
어떠한 형태나 수단으로도 이 책의 내용을 이용하지 못합니다.

※ 이 도서의 국립중앙도서관 출판시도서목록(CIP)은 서지정보유통지원시스템 홈페이지(http://seoji.nl.go.kr)와
국가자료공동목록시스템(http://www.nl.go.kr/kolisnet)에서 이용하실 수 있습니다.(CIP제어번호: CIP2013024874)

중앙에듀북스에서는 여러분의 소중한 원고를 기다리고 있습니다. 원고 투고는 이메일을 이용해주세요.
최선을 다해 독자들에게 사랑받는 양서로 만들어드리겠습니다. 이메일 | japub@naver.com